Christiane Gohl

Das KOSMOS-BUCH vom REITEN

Kosmos

Impressum

Der Verlag dankt dem Reit- und Fahrverein Leonberg e.V., insbesondere seinem 1. Vorsitzenden Gerhard Ziegler sowie Sigrid Adam, Michaela Baisch und allen Kindern der Ponygruppe, für die tatkräftige Unterstützung. Unser Dank gilt außerdem allen geduldigen Pferden, ohne die dieses Buch nicht entstanden wäre.

Umschlaggestaltung: Theodor Bayer-Eynck, Berlin, unter Verwendung von fünf Farbfotos von W. Ernst (o. l.), E. Schöpal (o. r.), E. Pott (u.) und Foto Kusemeier (Rückseite).

Mit 15 Bestimmungszeichnungen von Marianne Golte-Bechtle, 22 Cartoons von Peter Ruge und einer Vignette und 22 Zeichnungen von Rahel Schale.

Die Deutsche Bibliothek – CIP-Einheitsaufnahme

Gohl, Christiane:
Das Kosmos-Buch vom Reiten / Christiane Gohl. [Mit 15 Bestimmungszeichn. von Marianne Golte-Bechtle, 22 Cartoons von Peter Ruge und 22 Zeichn. von Rahel Schale. Mit 304 Farbfotos von Waltraud Bischoff ...]. – Stuttgart: Franckh-Kosmos, 2. Auflage 1997
ISBN 3-440-07500-1

2. Auflage, 1997

ISBN 3-440-07500-1
Lektorat: Almuth Sieben
Lektoratsassistenz: Birgit Lockheimer
Printed in Italy/Imprimé en Italie
Layout und Herstellung: Concept GmbH, Höchberg bei Würzburg
Reproduktion: PHG-Lithos GmbH, Martinsried bei München
Druck und Binden: Printer Trento s.r.l., Trento

Mit 304 Fabfotos von Waltraut Bischof (57 o. l., 64); Werner Ernst (4 u., 5 M.o., 6, 25 o. l. + u., 26 u., 27, 28 u., 29 o., 30 u., 31 o., 33 o., 61 u. r., 63 o., 65, 68 u., 90 o., 93 u. r., 94, 95 r., 115, 117 u. r., 118 r., 133, 137 o., 149 o.); Sigrun Geveke (9 o., 10 u., 15 o. l., 25 o. r., 31 u., 44, 60 o., 87 l., 93 u. l., 122 o., 134 o., 145 r.); Stefan Giesbert (127 l.); Christiane Gohl (9 u., 12, 15 u. l., 37, 39 u., 43 r., 45, 48, 55 o., 56, 71 M., 73 o., 78 r., 80 o., 81, 83 u. r., 86, 87 r., 88 u., 93 o., 98 l., 101 u., 102, 105); Marion Großblotekamp (69 u.); Susanne Huber (58, 59); Juliane Klingner-Kossmann (8 u., 11, 14); Sabine Küpper (5 u., 91 u. r., 117 o. l. + o. r., 137 u., 143); Foto Kusemeier (3, 77 o., 98 r., 101 o., 110, 111, 112 o., 114, 119, 120, 122, 123 o., 125 u.); Doris Melzer (136, 138, 139); Ponygruppe Leonberg (67 u. r.); Klaus Rehfeld (13 u.); Reinhard-Tierfoto (4 M. o., 33 u., 55 u., 60 u., 63 u., 68 o., 88 o., 89, 90 u., 91 o. + u. l., 92 u. l., 95 l. + M., 131 u., 132 M., 140); Werner Renken (16, 19 o., 28 o., 32 o., 116 r., 149 u.); Thomas Rothkegel (61 l., 80 u., 93 o.); Elke Schenzel (117 u. l.); Hans-Jörg Schrenk (21, 29 u., 32 u., 39 o., 153); Edgar Schöpal (1, 5 M. u., 17 l., 20 u., 26 o., 33 M., 38 u., 69 o., 82 u., 85 u. r., 92 o. + u. r., 118 l., 121, 126, 132 u., 134 u. r., 141, 144); Hildegard Tollkötter-Büttner (13 o., 35 o. r., u. r., 36, 42, 43 l., 51, 53 u., 72, 78 M., 79 u., 85 l. u., 106, 107, 108, 109, 132 o., 146, 147, 148); André Welle (116 l.); Hermann Wetehof (127 r.). Alle anderen Fotos: Dr. Eckart Pott, Stuttgart.

Alle Angaben in diesem Buch sind sorgfältig erwogen und geprüft. Aber Wissen entwickelt sich weiter, und Pferde sind lebendige Wesen und kräftige Tiere, auf die sich jeder, der mit ihnen umgeht, individuell einstellen muß. Eine Haftung der Autorin oder des Verlags für etwaige Personen-, Sach- und Vermögensschäden ist deshalb ausgeschlossen. Auch Gesetze müssen im Umgang mit Pferden, bei ihrer Haltung und im Reitsport beachtet werden.
Einige der abgebildeten Personen auf den Fotos dieses Buches tragen keine Reitkappe. Wir möchten aber ausdrücklich darauf hinweisen, daß eine Reitkappe, die allen Sicherheitsnormen entspricht, möglichst getragen werden sollte und in vielen Fällen sogar Pflicht ist.

Kosmos Verlag Mitglied in der
Deutsche Vereinigung zum Schutz des Pferdes e.V.
Wienkamp 11 rechts
46354 Südlohn

Mit Pferden leben

Wenn ich morgens aus dem Haus komme, begrüßt mich ein trompetendes Wiehern. Vier Pferdeköpfe schieben sich über den Auslaufzaun, und Blacky verlangt im Namen aller energisch das Frühstück. Glaumur, mein Zweijähriger, „hilft" eifrig beim Ausmisten, indem er im Weg steht und am Besen kaut. Und irgendwann beschließt Hrifla, die Leitstute, daß es jetzt reicht mit der Reinlichkeit. Entschlossen marschiert sie zu ihrem Futterplatz und ist von dort nicht mehr wegzubewegen, bevor ich die Krippe gefüllt habe.

Warum ich ein Buch über das Reiten mit einem Bericht über hungrige Pferde anfange?

Einfach deshalb, weil Reiten eben nicht nur eine Sportart ist wie Tennis oder Schwimmen. Reiten bedeutet immer auch Umgang mit Pferden. Füttern und Ausmisten gehören ebenso dazu wie der oft erträumte Galopp über Stoppelfelder, die Turnierteilnahme oder das Anreiten des selbstgezogenen Fohlens.

Dies ist ein Buch für alle, die Pferde mögen und mehr über sie wissen wollen. Es gibt Auskunft über ihr Verhalten, ihre Eigenarten, ihre Vorlieben und Abneigungen und zeigt, wie man Pferde richtig pflegt und versorgt. Das Reiten selbst steht dabei im Mittelpunkt. Ihr lernt die wichtigsten Hilfen kennen und versteht, wie sie auf das Pferd wirken und warum. Und zwischendurch könnt ihr auch mal in verschiedene Reitweisen „hineinschnuppern" und Westernreiten, Gangpferde und vieles mehr kennenlernen.

Ich selbst gehe schon lange, genauer gesagt seit meinem 9. Lebensjahr, mit Pferden um. Damals wohnte ich mitten in der Großstadt und mußte meine Eltern mühsam überreden, bevor sie mir erlaubten, im Reitstall vor der Stadt Reitstunden zu nehmen. Es war jedesmal eine endlose Fahrt mit Bus und Straßenbahn, bis ich schließlich bei den Pferden war!

Heute habe ich vier eigene Pferde. Die Fotos auf dieser Seite zeigen mich mit Hrifla, meiner Islandstute, und auf Piroschka, dem Pferd meiner Freundin. Seit langem bedeutet Reiten für mich, mit Pferden zu leben. Für euch ist das sicher noch ein Wunschtraum, denn wahrscheinlich geht es euch wie den meisten jungen Reitern: Ihr habt noch kein eigenes Pferd und reitet nur ein- oder zweimal wöchentlich im Reitstall. Mit der Pflege und Versorgung der Pferde habt ihr dabei sicher weniger zu tun, als ihr euch wünscht, aber für die meisten Menschen ist die Reitschule nun einmal die einzige Möglichkeit, mit Pferden in Kontakt zu kommen und reiten zu lernen. Wenn ihr es dann besser könnt, findet sich vielleicht einmal ein Pflegepferd oder eine Reitbeteiligung, die es euch ermöglicht, Pferde stärker in euer Leben einzubeziehen. Auch dazu findet ihr Tips und Anregungen in diesem Buch.

Ein Buch wie dieses kann man nicht ganz alleine machen. Viele Pferdefreunde und Pferdehalter in Detmold und Leonberg haben mir dabei geholfen, indem sie ihre Pferde und sich selbst für Fotos zur Verfügung gestellt und die Texte immer wieder gelesen und kritisiert haben. Ich möchte ihnen an dieser Stelle dafür danken. In den Text selbst ist vieles von dem eingegangen, was ich von Linda Tellington-Jones, Ursula Bruns und der Zeitschrift „Freizeit im Sattel" gelernt habe.

Übrigens, ich bin mir natürlich darüber klar, daß die meisten Leser dieses Buches Mädchen sind. Wenn trotzdem immer wieder davon die Rede ist, daß „der Reiter" dies machen oder das unterlassen sollte, dann nur deshalb, weil ein Text ziemlich unlesbar wird, wenn man ständig „der Reiter und die Reiterin" schreibt. Fühlt euch also bitte als Mädchen genauso angesprochen wie als Junge. Ihr könnt sicher sein, daß ich beim Schreiben der Reitanweisungen immer Mädchen und Jungen vor Augen hatte.

Viel Spaß beim Lesen wünscht euch

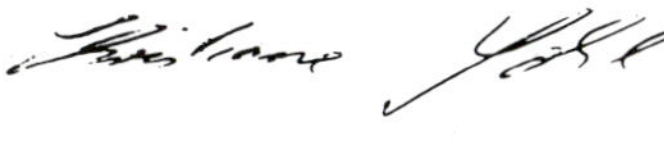

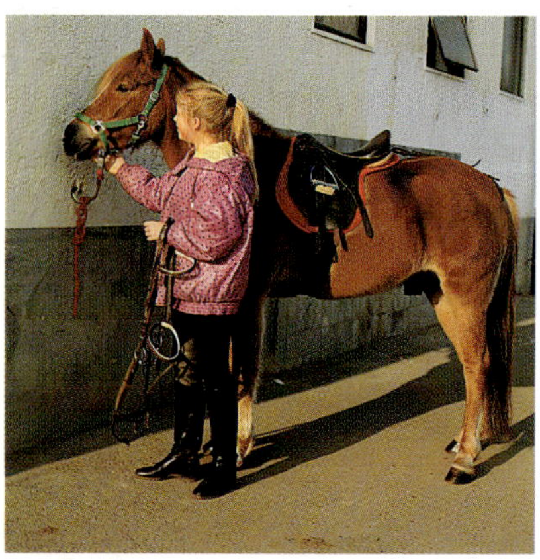

Dieses Pferdchen weist auf eine Reportage hin

So sind Pferde

Pferde beobachten und daraus lernen

Jeder Reiter sollte soviel wie möglich über Pferde wissen. Nur wer jede Gelegenheit nutzt, ihr Verhalten zu beobachten, kann sie verstehen und sich in sie hineindenken.

Leider hat man heute nur noch selten Gelegenheit, große Pferdeherden zu beobachten. Aber auch in kleinen Gruppen auf der Weide oder im Auslauf zeigen Pferde typische Verhaltensweisen. Je häufiger wir ihnen zusehen und je mehr wir von der Natur des Pferdes wissen, desto besser werden wir seine Verhaltensweisen verstehen. Je mehr wir auf das Pferd eingehen, desto harmonischer wird unsere Partnerschaft mit ihm.

Leben in der Herde

Pferde sind Herdentiere. In der Freiheit leben sie in größeren oder kleineren Gemeinschaften, die aus einem Hengst und mehreren Stuten und Fohlen bestehen. Junge Hengste werden zunächst geduldet, aber vertrieben, wenn sie anfangen, dem „Chef" Konkurrenz zu machen. Sie bilden dann eine kleine Herde unter sich, bis sie ganz erwachsen sind und mit anderen Stuten eine neue Pferdefamilie gründen können.

Die Herde wird von einer Leitstute geführt und vom Hengst bewacht. Droht der Herde Gefahr, treibt der Hengst sie zusammen und geht dem Angreifer entgegen. Das macht er allerdings nur, wenn der „Angreifer" ein anderes Pferd ist. Ist es ein Raubtier, ein Mensch oder auch ein Mähdrescher, so ergreifen meist alle die Flucht. Von Natur aus sind Pferde nämlich Fluchttiere. Sie suchen keinen Streit mit anderen Lebewesen und treten deshalb auch

Im Merfelder Bruch bei Dülmen lebt eine Pferdeherde fast wie in freier Wildbahn.

Pferde sind gesellig

Pferde fühlen sich nur in einer Gemeinschaft rundum wohl. Zwingt man sie, allein zu leben, sind sie unglücklich und fühlen sich unsicher. Die Herde ist die Familie des Pferdes. Ihre Angehörigen kümmern sich umeinander und passen aufeinander auf. Auch der schönste Stall, der netteste Pfleger und das beste Futter können keinem Pferd die Herde ersetzen. Alleinlebende Pferde schlafen sogar unruhig, weil es keinen Artgenossen gibt, der wach bleibt, um sie bei drohender Gefahr zu warnen.

Wenn man ein Pferd allein halten muß, sollte man ihm wenigstens ein Rind, eine Ziege oder ein Schaf zur Gesellschaft geben. Das ist zwar kein Ersatz für einen Artgenossen, aber besser als völlige Einsamkeit.

◀ ***In Australien gibt es noch halbwilde Pferdeherden, die Brumbies.***

dem Menschen nur selten aggressiv entgegen.

Das Leben in der Herde bestimmt das gesamte Verhalten der Pferde. Daran hat sich auch nichts geändert, als der Mensch vor Tausenden von Jahren anfing, Pferde in Ställen zu halten und als Reit- und Arbeitstiere zu nutzen. Ihre Ängste, Gefühle und Bedürfnisse sind immer noch die des freien, wildlebenden Pferdes, das im Herdenverband seine Heimat hat.

Einige dieser natürlichen Eigenschaften des Herdentiers Pferd machen es zum idealen Partner des Menschen. Seine Friedfertigkeit und Bereitschaft zur Zusammenarbeit ermöglichte uns überhaupt erst, es zu zähmen. In den Erbanlagen des Fluchttieres Pferd sind aber auch die Eigenheiten verankert, die unseren Umgang mit ihm manchmal erschweren, zum Beispiel die Neigung, zu scheuen und durchzugehen.

Pferde, die so zusammenstehen wie diese Camargue-Pferde, wehren sich gegenseitig die Fliegen ab. ▶

Immer in Bewegung

In einer Pferdeherde ist immer etwas los. Hier spielen Fohlen, dort streiten sich zwei Jungtiere, der Hengst weist einen aufmüpfigen Sohn in seine Schranken, eine Stute scheut, weil sie meint, einen Wolf gesehen zu haben, und die ganze Herde rennt mal vorsichtshalber mit. Freilebende Pferde sind immer in Bewegung. Langsam und gemächlich schlendern sie von einem Grasbüschel zum anderen, ziehen von einem Weideplatz zum nächsten. Die stetige, ruhige Bewegung der Pferde sorgt für eine gute Verdauung und ein ausgeglichenes Temperament.

Pferden, die man in Boxen und dunklen Ställen unterbringt, fehlen Unterhaltung und Bewegung. In offenen Ställen mit Ausläufen fühlen sie sich wohler.

◀ ***Pferde bewegen sich beim Grasen langsam vorwärts.***

▼ ***Alles döst, einer wacht.***

▲ *Ruhende Pferde heben ein Hinterbein an und stützen es auf.*

Schlafen Pferde im Stehen?

Tief einschlafen können Pferde nur im Liegen, aber oft dösen sie im Stehen vor sich hin. Dazu heben sie ein Hinterbein leicht an, um Muskeln und Sehnen zu entlasten. Der Kopf ist gesenkt, die Ohren sind ganz entspannt, und das Pferd macht den Eindruck, als sei es in Tagträume versunken. Oft bemerken dösende Pferde nicht sofort, daß man sich nähert. Dann erschrecken sie leicht. Man sollte Pferde deshalb immer ansprechen, bevor man an sie herantritt, besonders, wenn man von hinten kommt. Zum Schlafen legt sich ein Pferd jedoch hin, und zwar ganz flach auf den Boden. Mitunter kommen dann entsetzte Spaziergänger zu seinem Besitzer und befürchten, es sei tot!

Manchmal scheinen Pferde auch zu träumen und wiehern im Schlaf. Aber das erlebt man nur bei Tieren, mit denen man sehr vertraut ist. Vor dem Einschlafen oder auch, wenn sie sich nur zum Ausruhen niedergelegt haben, „sitzen" Pferde mit erhobenem Kopf.

Pferde legen sich allerdings nur dann hin, wenn sie sicher sind, im Falle einer Gefahr schnell wieder aufspringen zu können. Verletzte, kranke und sehr alte Pferde haben oft Angst, sich niederzulegen. Pferde, die in Gruppen leben, legen sich öfter und sorgloser hin als Boxpferde, denn sie können sicher sein, von einem Artgenossen geweckt zu werden, wenn Gefahr droht. Alle Pferde schlafen nie gleichzeitig.

◀ *Diesem Pferd fehlt nichts – es schläft nur.*

Wer ist der Chef?

Jedes Pferd, das zu einer Herde gehört, hat darin seinen ganz bestimmten Platz, seinen Rang. Es muß sich stärkeren Pferden unterordnen, kann aber schwächeren seinerseits befehlen. Wenn ein neues Pferd in eine Herde kommt, gibt es in der ersten Zeit eine Menge Raufereien, bis es seinen Platz in der Rangordnung ausgefochten hat. Diese Rangeleien beginnen meistens damit, daß sich zwei Pferde beschnuppern, quietschen und nach vorne ausschlagen. Ernster wird der Streit, wenn sie anfangen, sich gegenseitig mit den Hinterbeinen zu treffen. Aber auch dabei sind schwere Verletzungen sehr selten. Die meisten Kämpfe sehen viel gefährlicher aus, als sie es sind.

Pferde sind nicht ehrgeizig, zumindest nicht in derselben Art wie Menschen. In der Regel fühlen sie sich auf ihrem Platz in der Herde wohl und sicher. Sie ordnen sich meist problemlos unter, und das erleichtert auch unseren Umgang mit ihnen sehr. Für unser Reitpferd sind wir nämlich das Leittier. Wir bestimmen, wo es langgeht, sorgen für Sicherheit und achten darauf, daß „unsere Herde" zu fressen hat. Je

▲ *Kämpfende Junghengste auf Island.*

◀ *Nase an Nase: Pferde schließen Bekanntschaft miteinander.*

Mein Pferd beißt und schlägt – Kann ich ihm das abgewöhnen?

Pferde sind von Natur aus selten aggressiv. Von Ausnahmen abgesehen, beginnen sie erst zu schlagen und zu beißen, wenn sie Todesangst haben und keine andere Möglichkeit sehen, sich zu retten! Natürlich versucht ein kleines Fohlen schon mal, mit einem Menschen umzugehen wie mit seinesgleichen, also zu kneifen oder unwillig das Hüfchen zu heben. Wenn ihm das aber energisch verboten wird, hört es schnell wieder damit auf. Leider gibt es immer wieder Pferdebesitzer, die es ihm nicht verbieten.
Am Anfang sehen ja besonders Ponies so niedlich aus, wenn sie ihre Besitzer anspringen, und wenn sie Tante Anna pfiffig in den Allerwertesten kneifen, findet das die ganze Familie komisch. Später, wenn das Kneifen beginnt weh zu tun oder wenn einen das „süße Fohlen" in die Ecke drängt und bedroht, kauft man sich mit Leckerlis frei – und irgendwann hat man ein großes, dickes Tier auf der Weide, das beißt und schlägt, sobald nicht alles nach seinen Wünschen geht!
Ein solches Pferd zu korrigieren ist fast unmöglich. Wenn überhaupt, so geht es nur mit äußerster Härte, möglichst mit Unterstützung einer Pferdeherde, die mit Menschen vertraut ist und den Frechdachs in seine Schranken verweist. Ein normales, partnerschaftliches Verhältnis zu einem derart verdorbenen Pferd bekommt man aber nie mehr, denn man kann ihm nicht trauen. Nachdem es Menschen als schwächere Wesen kennengelernt hat, wird es immer wieder versuchen, sich ihnen gegenüber durchzusetzen. Deshalb erspart euch lieber die Sorgen, Ängste (und Unfälle!) mit solchen Pferden, indem ihr ihnen aus dem Weg geht!

Die meisten Raufereien sehen gefährlicher aus, als sie es wirklich sind.

klarer wir unsere Anweisungen geben und je „stärker" im Sinne von „klüger" und „umsichtiger" wir uns zeigen, desto mehr wird das Pferd uns vertrauen. Ein freundlicher, aber energischer Pfleger und Reiter ist in „Pferdekreisen" angesehener als ein ängstlicher. Daran ändern auch Taschen voller Leckerbissen nichts. Um sich durchzusetzen, muß man das Pferd von seiner Überlegenheit überzeugen.

Es gibt Reiter, die es nicht so wichtig finden, wer in der Miniherde, die sie mit ihrem Pferd bilden, bestimmt. Sie lassen das Pferd Gangart und Weg wählen, und wenn es keine Lust hat, reiten sie eben eine kürzere Runde. Würden wir alle noch in der Steppe leben, wäre das nicht weiter schlimm, aber in unserer straßendurchzogenen Umwelt ist es gefährlich! Auch die umsichtigste Leitstute kennt keine Verkehrsregeln, und wenn sie erst mal fröhlich auf die nächste Hauptstraße zugaloppiert, ist es für den Reiter zu spät, sich auf seine Anführerrolle zu besinnen!

Streit

Wenn zwei Pferde sich kennenlernen, wollen sie eine Rangordnung ausmachen. Dabei entsteht fast unausweichlich ein Streit. Laufen die beiden Pferde auf einer genügend

Blacky greift an …

… die Fohlen haben ihn geärgert, und er weist sie zurecht.

großen Weide frei herum, macht das nicht viel. Wenn sie aber einen Reiter tragen, heißt es aufpassen!

Ein Pferd, das geritten wird, soll arbeiten und nicht gleichzeitig neue Bekanntschaften schließen. (Die Reitstunde ist für ein Pferd das, was für euch eine Schulstunde ist. Schwatzen, Unsinn machen oder streiten sind unerwünscht!) Als Reiter achtet man deshalb darauf, daß es kein anderes, ihm unbekanntes Pferd berühren kann! Vor allem darf es nicht Nase an Nase mit anderen schnuppern, denn dann wird es fast immer quietschen und nach vorn austreten. Besonders gefährlich ist das, wenn eines der streitenden Pferde hinter einem Stacheldrahtzaun steht, an dem es sich verletzen kann. Beim Ausritt läßt man sein Pferd deshalb nie an Pferde heran, die auf einer Weide am Wegrand stehen!

Viele Pferde reagieren auch aggressiv, wenn sich ihnen ein anderes von hinten nähert. Schlagen sie aus, treffen sie oft den Reiter dieses Pferdes. Beim Reiten in der Gruppe hält man deshalb im eigenen Interesse Abstand.

Wenn Pferde frei auf der Weide laufen und sich streiten, dürft ihr auf keinen Fall dazwischengehen! Sollen sie zum ersten Mal zusammen grasen, ist es klug, sich das Gelände vorher genau anzusehen. Es darf ihnen keine Möglichkeit bieten, sich gegenseitig in Ecken zu drängen und dort zu schlagen. Kommt es trotzdem zu Raufereien, kann man nur noch hoffen, daß der Stärkere vom Unterlegenen abläßt, bevor etwas passiert. Sich selbst in den Kampf einzumischen, wäre lebensgefährlich! Im Eifer des Gefechtes achtet ein Pferd nämlich nicht mehr darauf, wohin es schlägt, und Menschenknochen brechen viel schneller als Pferdeknochen.

Flucht

Ein Pferd ist kein Kämpfer, sondern ein Flüchter.

Sieht es etwas, das ihm gefährlich erscheint, rennt es immer erst einmal los. Wenn ihr die Sache mit den Augen eines freilebenden Pferdes betrachtet, ist dieses Verhalten auch ganz sinnvoll. In der Steppe schadet es schließlich niemandem, wenn die Pferdeherde ein paar hundert Meter flüchtet, nur weil sich die Leitstute vor einem fallenden Ast erschreckt hat. Würde sie stattdessen zögern und feststellen, ob Flucht wirklich nötig ist, hätte beispielsweise ein Puma schon Zeit zum Angriff.

Auch heute noch gibt es in den Köpfen der Pferde Pumas und Säbelzahntiger, aber leider keine Bundesstraßen. Ein Pferd, das wie seine in Freiheit lebenden Vorfahren reagiert und vor Kleinigkeiten scheut, rennt noch genauso kopflos davon. Es kann nicht verstehen, daß es sich und seinen Reiter damit gefährdet. Deshalb ist es sinnlos und falsch, ein Pferd für Scheuen oder Durchgehen zu strafen.

Hilfe, mein Pferd scheut!

Normalerweise fürchtet Gersemi sich nicht vor Hunden. Doch als dieser plötzlich aus einem Gebüsch auftaucht, erschrickt sie und scheut.

Pferde scheuen, weil sie sich vor etwas fürchten oder vor etwas erschrecken. Um ihnen die Furcht zu nehmen, kann man schon ganz junge Pferde mit beängstigenden Gegenständen wie bunten Plastikplanen, aufgespannten Regenschirmen oder großen, lärmenden Autos vertraut machen. Idealerweise lernt ein Pferd lange, bevor es geritten wird, daß ihm nichts passiert, wenn sein menschlicher Herdenchef es am Halfter führt. Bei den ersten Ausritten sollte es weiterhin die Möglichkeit haben, hinter einem erfahrenen, ruhigen Artgenossen die Umwelt zu erkunden. So vorbereitete Pferde scheuen nicht vor jedem ungewohnten Anblick und gehen auch nicht kopflos durch.

Die beste Gewöhnung kann ein Pferd aber nicht davor bewahren, z. B. vor einem Hasen zu erschrecken, der plötzlich vor ihm aufspringt. Davor sind schließlich auch wir Menschen nicht gefeit! Ein geländegewohntes Pferd, das seinem Reiter vertraut, wird allerdings selbst dann nicht durchgehen, sondern höchstens ein paar Sprünge machen und sich dann daran erinnern, daß ihm draußen, mit dem „Chef" auf dem Rücken, keine Gefahr droht. Auf keinen Fall darf man ein Pferd, das vor Schreck einen Satz gemacht hat, dafür bestrafen. Sprecht ihm statt dessen freundlich zu, es wird sich rasch beruhigen.

Oft rennen Pferde erst los und besinnen sich dann. Unter dem Reiter kann das gefährlich werden.

Fünf Sinne – und ein sechster

Sehen

Pferde sehen anders als Menschen. Da ihre Augen seitlich am Kopf sitzen, sehen sie erstens mit jedem Auge ein anderes Bild und haben zweitens fast einen Rundumblick. Lediglich direkt hinter sich können sie nicht schauen, ohne den Kopf zu wenden.

Nur einen kleinen Teil dieses Blickfeldes sieht ein Pferd jedoch scharf. Der weitaus größere wird nur schemenhaft wahrgenommen.

Ein grasendes Pferd kann also schräg hinter sich eine Bewegung wahrnehmen. Um genau hinzusehen und festzustellen, ob es sein Pfleger ist oder ein Raubtier, muß es jedoch den Kopf heben und drehen. Meist stürmt es aber sicherheitshalber erst los und guckt dann.

Wenn man ein Pferd erzieht, kann man es immer wieder dazu anregen, erst zu gucken und dann zu flüchten. Wenn man es führt oder reitet, kann man seinem Kopf genug Freiheit geben, damit es ihn drehen und sich umsehen kann. Auch vor einem Sprung muß ein Pferd den Kopf heben, um das Hindernis anschauen und seine Höhe abschätzen, man sagt auch „taxieren", zu können. Hält man seinen Kopf fest oder hindert es gar durch Hilfszügel daran, ihn zu bewegen, zwingt man es zum „Blindflug".

Unsinn ist übrigens die oft gehörte Behauptung, Pferde sähen den Menschen dreimal so groß, wie er tatsächlich ist, und würden ihn deshalb als stärker respektieren. Würde das Pferdeauge den Menschen tatsächlich vergrößert wahrnehmen, so sähe es schließlich auch alles übrige größer, und die Größenverhältnisse würden wieder stimmen.

Pferde sind Steppentiere. Ihre natürliche Umgebung sind weite Ebenen, die sie gut übersehen können. Auch Offenstall- und Weidepferde stehen oft stundenlang herum und schauen in die Weite. Ihr Lieblingsplatz ist immer der höchstgelegene Teil der Weide, der ihnen die beste Rundumsicht ermöglicht. Viele Leute, die ihre Pferde selten aus der Box lassen, machen immer wieder die Bemerkung: „Was soll ich den rauslassen? Der steht draußen sowieso nur rum und guckt in die Gegend." Erinnert solche Menschen ruhig mal daran, wie viele Stunden am Tag sie vor dem Fernseher verbringen, und fragt, wozu sie dann eine große Wohnung brauchen. Es würde doch reichen, wenn sie statt dessen in ein Klohäuschen zögen, das vom Platz und Geruch her etwa der Pferdebox entspricht.

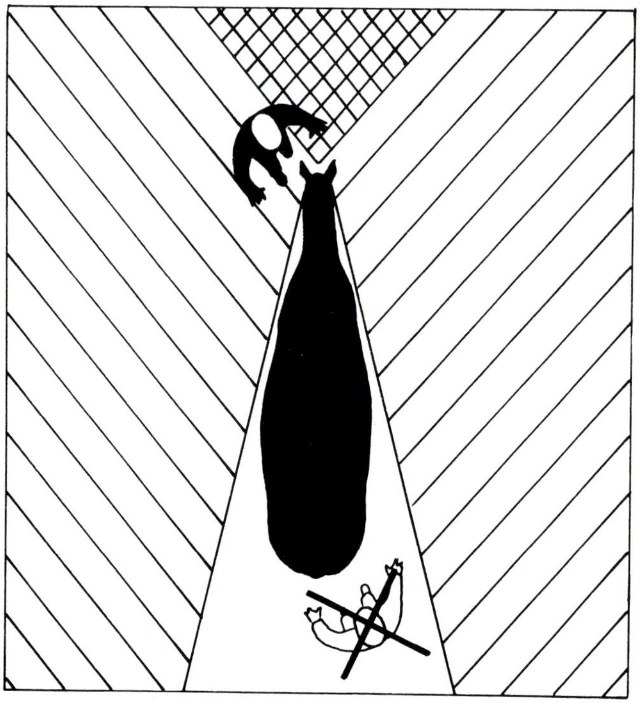

◀ *Ein Pferd hat fast „Rundumsicht", aber nur einen kleinen Ausschnitt (kariert gezeichnetes Feld) sieht es ganz scharf. Wer direkt hinter ihm steht, wird überhaupt nicht gesehen.*

Um genau zu sehen, was sich hinter ihm tut, muß ein Pferd den Kopf drehen. ▶

Hören

Pferde hören sehr viel besser als Menschen. Ihre beweglichen Tütenohren sind regelrechte „Richtmikrophone". Mit ihnen horchen sie ihre Umwelt ständig nach Tönen ab, die auf Gefahr hindeuten könnten. Pferde mögen es, wenn man freundlich zu ihnen spricht. Schreit man sie an, tut das ihren Ohren weh. Sie können lernen, Kunststücke auf Stimmkommando auszuführen, und auch beim Reiten kann die Stimme des Reiters seine Hilfen verdeutlichen.

▲ *Ginseng wird gewaschen und horcht mit leicht zurückgestellten Ohren nach hinten.*

Dieses Pferd schaut mit gespitzten Ohren interessiert aus seiner Box. ▶

Blackys angelegte Ohren zeigen, daß er sich ärgert. ▼

Die Stellung der Pferdeohren, das *Ohrenspiel*, läßt den erfahrenen Pferdemenschen auf die Stimmung des Pferdes schließen.

Nach vorn gestellte Ohren bedeuten zum Beispiel freundliches Interesse. Hebt das Pferd jedoch alarmiert den Kopf, spitzt die Ohren extrem, verspannt den Hals und steht still wie eine Salzsäule, so hat es eben etwas gehört, das es beunruhigt. Vielleicht stuft es die Sache als ungefährlich ein und senkt gleich wieder beruhigt den Kopf. Vielleicht wird es aber auch vorsichtshalber ein paar Galoppsprünge machen, um sich in Sicherheit zu bringen. Macht euch bei einem solchen Verhalten also auf einen Satz gefaßt und sprecht beruhigend auf das Pferd ein. Haben Pferde Vertrauen zum Reiter, glauben sie ihm, daß keine Gefahr droht, und unterlassen das Scheuen.

Zurückgelegte Ohren gehören oft zur Drohhaltung. Wenn sie wirklich ganz angelegt sind, und das Pferd dabei insgesamt ein böses Gesicht zeigt, ist mit ihm nicht zu spaßen. Ein sonst freundliches und entspanntes Pferd, das die Ohren leicht nach hinten richtet, horcht aber wahrscheinlich nur auf ein Geräusch hinter sich. Es wäre sehr verwundert, wenn ihr euch ängstlich und übervorsichtig nähert.

Riechen

Pferde haben einen sehr guten Geruchssinn, auch wenn sie nicht solche „Nasentiere" sind wie Hunde. Schnobern sie auf der Weide oder im Auslauf herum, erkennen sie, welches Pferd vor ihnen draußen war. Anhand des Geruchs vom Mist anderer Pferde stellen sie fest, ob da Hengst, Stute oder Wallach geäpfelt hat. Oft lehnen Pferde Wasser oder Futter ab, weil es für ihre Nasen schlecht oder ungewohnt riecht. Auch aus fremden Futtergefäßen oder Wassereimern bedienen empfindliche Pferde sich nicht.

Manchmal sieht man Pferde die Nüstern hochziehen und mit vorgestrecktem Hals ausgiebig *flehmen*, wenn sie einen interessanten Geruch aufgenommen haben. Um ihn

Dieser Islandhengst hat einen interessanten Geruch aufgenommen: Er flehmt.

Auch dieses Pferd öffnet das Maul und zieht die Lippen hoch: Es gähnt.

Pferde mögen gerne Äpfel.

zu bestimmen, bedienen sie sich des *Jakobschen Organs*, eines Riechorgans, das wir Menschen im Laufe unserer Entwicklung verloren haben. Es dient hauptsächlich dazu, Düfte, die sexuell interessant sind, aufzunehmen. Man sieht Flehmen deshalb besonders häufig bei Hengsten.

Schmecken

Beim Schmecken haben Pferde, genauso wie Menschen, ihre Vorlieben und Abneigungen. Im allgemeinen mögen sie süßen Geschmack und lehnen bitteres Futter ab. Gegen saure Nahrung haben sie dagegen nichts einzuwenden, denn sie futtern auch unreife Äpfel mit Appetit und mögen Silage. (Das ist eingesäuertes Futter, also Gras, das ähnlich vergoren ist wie Sauerkraut.) Auch Salz schlecken sie gern, und viele Pferde lieben sogar den Geschmack von rostigem Eisen, der uns Menschen unangenehm ist. Es ist deshalb keine Nachlässigkeit, wenn manche Reiter rostige Trensen verwenden. Ihre Pferde mögen einfach den Geschmack und kauen darauf besonders gut ab (vgl. S. 81).

Der Geschmackssinn dient auch dazu, bekömmliche und nicht so bekömmliche Pflanzen auseinanderzuhalten. Man darf sich darauf aber nicht verlassen, denn besonders bei exotischen Giftpflanzen, die in unseren Gärten stehen, versagt der Instinkt der Tiere oft. Viele Giftpflanzen verlieren auch den unangenehmen Geschmack, sobald sie gepflückt werden, und so sterben gelegentlich Pferde an Pflanzen, die sie niemals selbst abgerupft hätten, die ihnen aber von „tierlieben" Spaziergängern über den Zaun gereicht wurden! Dies ist auch einer der Gründe, warum Heu immer erst drei Monate ablagern muß, bevor man es an Pferde verfüttert. So lange brauchen nämlich die Giftstoffe im Hahnenfuß, der auf vielen Weiden wächst und beim Heuen mitgeschnitten wird, um sich zu verflüchtigen. Ihren bitteren Geschmack verliert die geschnittene Pflanze dagegen schon nach wenigen Stunden.

Übrigens: Auf den Seiten 40/41 findet ihr Zeichnungen der bei uns häufigsten und für Pferde gefährlichen Giftpflanzen.

Tasten und Fühlen

Pferde verfügen über lange Tasthaare am Kinn und rund um das Maul, die ihnen helfen, ihre nähere Umgebung zu erkunden. Außerdem haben Pferde eine empfindliche Haut und nehmen auch kleine Berührungen, wie die einer Fliege auf ihrem Rücken, deutlich wahr. Natürlich sind nicht alle Pferde von Natur aus gleich empfindlich. Manche, wie z. B. viele Schulpferde, sind auch abgestumpft und nehmen einige Berührungen nicht mehr so sensibel wahr wie andere. Das ist aber selbstverständlich kein Grund, gröber mit ihnen umzugehen.

Insgesamt sind Berührungen eine wichtige Hilfe, um ein Pferd kennenzulernen, ihm „näherzukommen". Es ist deshalb gut, wenn ihr die Pferde, die ihr reiten wollt, vorher ausgiebig streichelt und krault. Den Pferden macht das genausoviel Freude wie euch!

Der sechste Sinn...

Es ist nicht selten, daß man eine besondere Beziehung zu einem Pferd entwickelt, die auf „natürliche" Weise nicht zu erklären ist. Am deutlichsten zeigt sich das bei den vielen „Liebe auf den ersten Blick"-Geschichten, die man selbst erlebt hat oder von anderen hört. An die erste Begegnung mit meinem Pferd Blacky kann ich mich zum Beispiel noch erinnern, als wäre es gestern gewesen. Ich sah das Pferd bei einem Festumzug, und der Funke

▲ ***Von soviel Freiheit können viele Pferde nur träumen.*** ▼

◀ ***Liebe auf den ersten Blick.***

sprang sofort über. Ich fand Blacky außerordentlich schön – das ist, nüchtern betrachtet, mindestens ein bißchen übertrieben – und hatte sofort eine Verbindung zu ihm. Als ich ihn später reiten durfte, ging er unter mir besonders gut. Wir machten viele wunderschöne Ritte und holten, als ich ihn schließlich gekauft hatte, eine Menge Turnierschleifen.

Eine Freundin von mir erlebte fast dasselbe mit ihrem Isländer. Sie kaufte das Pferd, ohne es auch nur probegeritten zu haben, und tatsächlich klappte ihre Partnerschaft von Anfang an. Ich dagegen fand nie den richtigen „Draht" zu diesem Pferd. Natürlich konnte ich es reiten, und es gehorchte mir auch, aber was in seinem Kopf vor sich ging, verstand ich nie.

Auch ihr habt sicher ein Lieblingspferd, das ihr gern reitet und in das ihr euch besonders gut hineindenken könnt. Wahrscheinlich merkt ihr schnell, ob seine Stimmung gut oder schlecht ist, und kommt besser mit ihm zurecht als andere Reiter. Kennt man ein Pferd sehr gut, so spürt man auch, ob es sich wohl fühlt oder nicht, und wenn es krank ist, bemerkt man das eher als der Tierarzt.

Natürlich könnt ihr jetzt den Kopf schütteln und so etwas murmeln wie „Blödsinn". Aber jeder Reiter, der seinen Sport nicht nur mechanisch betreibt, sondern sich mit seinen Pferden beschäftigt, wird euch bestätigen, daß es Pferde gibt, mit denen „man kann", und andere, mit denen „man nicht kann". Es gibt schließlich auch Menschen, die einem mehr oder weniger sympathisch sind.

Im übrigen kommen im Umgang mit Pferden auch noch andere unerklärliche Dinge vor. So habe ich z. B. schon zweimal erlebt, daß Pferdebesitzer über große räumliche Entfernung hinweg spürten, daß den ihnen vertrauten Pferden etwas passiert war.

Henry Blake, ein englischer Pferdeausbilder, hat vor einigen Jahren begonnen, diese außersinnlichen Wahrnehmungen im Umgang mit Pferden zu untersuchen. Er stellte dabei auch Kontakte der Pferde untereinander fest. So verlangte ein von seinem Weidegenossen getrenntes Pferd immer dann nach Futter, wenn dieser Kilometer von ihm entfernt gefüttert wurde. Es sieht aus, als handele es sich dabei um eine weitere Möglichkeit der Pferde, sich verständlich zu machen und Botschaften zu übermitteln.

Pferde aus Sonne und Wind – Pferde in Sagen und Geschichten

Götter- und Heldensagen

Für unsere Vorfahren bot das Pferd die einzige Möglichkeit, über die unmittelbare Nähe ihres Geburtsortes hinauszukommen. Von jeher war es deshalb ihr Symbol für Freiheit, Ungebundenheit und Glück. Kein Wunder, wenn es hieß, die Götter hätten die Pferde aus der Sonne oder aus dem Wind geschaffen.

Allah, der Gott der Mohammedaner, machte die erste Stute aus dem Südwind. Ein Segen für den Guten sollte sie sein, aber auch ein Unheil für den Bösen, und Glück sollte auf ihrem Rücken wohnen. Wer seine Stute liebe und gut behandele, so sagt der Koran, das heilige Buch des Islam, könne der Gnade Gottes sicher sein, aber wer sie mißhandele, der werde von ihm verflucht.

Die Götter und Göttinnen der Inder schufen Arwan, das erste Pferd, aus der Sonne, und Indra, eine der wichtigsten indischen Gottheiten, durfte es als erster besteigen. Der Gott Wishnu ritt den Rappen Kalighi, wenn er als Todesbote in die Welt kam. Zur Erlösung der Menschen, so sagt eine Prophezeihung, wird er auf einem Schimmel kommen.

Auch andere Gottheiten der verschiedensten Völker waren beritten oder fuhren ihre Pferde. Die alten Griechen z.B. glaubten, daß der Sonnengott Helios jeden Morgen seine beiden Pferde vor den Sonnenwagen spannte und damit am Firmament von Osten nach Westen fuhr. Eines Tages wollte sein Sohn es ihm nachmachen, aber die Pferde gehorchten nicht. Sie gingen durch, warfen den Wagen um, und der Sohn des Sonnengottes starb.

Ein Pferd zieht den Sonnenwagen über den Himmel: Bronze-Darstellung aus Dänemark, die aus der Zeit um 1300 v. Chr. stammt

Achilleus, der griechische Held, erhielt von den Göttern ein Gespann unsterblicher Pferde. Sie zogen im Trojanischen Krieg seinen Streitwagen, und als sein Freund Patroklos und später er selbst fiel, sollen die beiden Pferde wie Menschen Tränen geweint haben.

Der altisländische Chefgott Wotan hatte einen achtbeinigen Schimmel namens Sleipnir, auf dem er in die Schlacht mit Riesen und anderen finsteren Gestalten ritt. Schimmel bedeuteten von jeher Glück.

Helle und dunkle Pferde symbolisierten für die Menschen

Reiterzug aus dem griechischen Parthenon-Altar (5. Jh. v. Chr.)

Eine isländische Pferdeskulptur in Reykjavik

der Vorzeit aber auch Tag und Nacht. Ein uraltes isländisches Gedicht erzählt von Skinfaxi, der den Morgen bringt, indem er seine Sonnenstrahlmähne über das Land legt, und Hrimfaxi, dem Hengst mit der Reifmähne, der die Nacht heranzieht. Von der Schwere seiner Arbeit zeugt morgens der Tau in den Tälern, denn das ist der Schaum, der von seinem Gebiß gefallen ist.

Oft weihten unsere Vorfahren auch wirkliche Pferde den Göttern. Die durfte dann kein Mensch reiten, ohne ihre Rache befürchten zu müssen. Nur bei den Kelten mußten die heiligen Pferde gelegentlich arbeiten, denn sie dienten dem Blick in die Zukunft. Man ließ dazu einen Rappen und einen Schimmel gegeneinander Rennen laufen, und wenn der Schimmel gewann, verhieß das Gutes, während der Sieg des Rappen Unheil ankündigte. Sehr sicher war diese Methode allerdings nicht, denn man darf wohl davon ausgehen, daß der Jockey auf dem schwarzen Pferd nicht gerade auf Sieg geritten sein wird!

Auch in den Heldensagen vieler Völker spielten Pferde eine wichtige Rolle. Grani (Das spricht sich „Grauni") z.B. war das Pferd von Sigurd, den wir aus der Nibelungensage als „Siegfried" kennen. Sigurd versprach seinem Freund Gunther, ihm zu helfen, die Hand der Königin Brunhildur zu erobern. Um zu dieser Dame zu gelangen, brauchte man ein Pferd, das mutig durch einen Flammengürtel galoppierte. Grani war bereit, das mit Sigurd zu tun, aber mit Gunther, der wohl eher ein schwacher Reiter war, traute er sich

Bronzestatue eines Reiters aus dem Mittelmeerraum (6. Jh. v. Chr.)

nicht durchs Feuer. So griff Sigurd zur Tarnkappe, und es kam zu allerlei Verwicklungen, die letztlich zum Untergang aller Beteiligten führten.

Pferde, die berühmten Menschen gehörten, wurden oft bewundert und hochgeehrt. Der römische Kaiser Caligula z. B. liebte sein Pferd so sehr, daß er ihm einen Sitz im Senat, also in der Regierung des Römischen Reiches, einräumte. Ein großer Philosoph soll dazu gesagt haben, daß das Pferd besser regierte als die meisten menschlichen Senatoren, denn immerhin sei es nicht bestechlich und neige auch nicht dazu, dauernd Intrigen zu spinnen.

Weniger Glück brachte der Ruhm den Pferden keltischer Herrscher. Wenn ihr Herr nämlich vor ihnen starb, wurden sie getötet, aufrecht in eine Grube gestellt, und er wurde auf ihnen sitzend bestattet.

Die Teilnahme von Pferden an den Begräbnisfeiern ihrer Besitzer findet man übrigens bis heute. Wenn in England ein Würdenträger stirbt, so führt man sein Pferd gesattelt hinter dem Leichenwagen her und steckt seine Stiefel verkehrt herum in die Steigbügel.

Ausschnitt einer mittelalterlichen Buchmalerei des Duc de Berry: Ausritt zur Jagd mit Falken

Ritterspiele zu Pferd in Originalkostümen erfreuen sich zunehmender Beliebtheit.

Pferdegeschichten

Um berühmte Pferde gibt es viele Geschichten. Einige der schönsten sind die Legenden um die Entstehung der Vollblut-Pferderassen. Alle Arabischen Pferde z. B. stammen angeblich von den Al Khamsa, den fünf Stuten Mohammeds, ab.

Nach einer Schlacht hatte der Prophet alle Pferde freigelassen, und sie strebten durstig einem Wasserlauf zu. Dann kam es wohl zu einem neuen Angriff, und Mohammed rief sie zurück, bevor sie trinken konnten. Nur fünf Stuten – sie hießen Kuhaylah, Saqleweyah, Abbayah, Hadbah und Hamdaneyah – folgten dem Ruf, und Mohammed machte sie zu den Stammüttern der arabischen Pferdezucht.

Auch die Züchter des Englischen Vollblutes können zur Entstehung ihrer Pferderasse eine spannende Geschichte erzählen. Angeblich gehen alle ihre Pferde auf drei Stammhengste zurück, zwei Araber und einen Berber, Godolphin Barbian. Dieser Hengst kam ursprünglich als Geschenk des Beys von Tunis an den Hof Ludwigs XV. Dem französischen König gefiel er aber nicht, denn damals waren stämmigere Pferde, die eher im Typ des Andalusiers oder Lipizzaners standen, in Mode. Der edle Hengst wurde also verkauft, geriet an einen schlechten Besitzer nach dem anderen und landete schließlich als geschundener und entkräfteter Karrengaul bei einem Pariser Kutscher. Als er eines Tages im Geschirr zusammenbrach, kaufte ihn ein Engländer aus Mitleid und nahm ihn mit nach England. Dort gelangte er in den Besitz des Earls of Godolphin, der ihn zunächst als „Probierhengst" einsetzte. Ein Probierhengst hat die undankbare Aufgabe, für einen wertvollen Zuchthengst festzustellen, ob eine Stute rossig ist. Godolphin Barbian probierte für den Hengst Hobglobin, der wohl kein sehr charmantes Exemplar war, denn er weigerte sich konsequent, die hübsche Stute Roxana zu decken. Godolphin sprang im wahrsten Sinne des Wortes ein, und Lath, das Fohlen, das er mit Roxana zeugte, wurde ein berühmtes Rennpferd. Natürlich wurden dadurch auch seinem Vater alle Ehren zuteil, und Godolphin Barbian wurde zum Stammvater der Englischen Vollblutzucht.

Eine Araberstute des Landgestüts Marbach: Auch zu ihren Vorfahren gehören die 5 legendären Stuten Mohammeds.

Wie heißt was beim Pferd?

„Eine wunderschöne lange Mähne hat er und einen ganz tollen Schweif. Widerristhöhe so etwa 1 Meter 50 … und eine schöne runde Kruppe. Man muß aufpassen, daß man ihn nicht auf der Vorhand reitet, aber sonst ist er vollkommen!"

Nicola schwärmt von ihrem Lieblingspferd. Marion, zum ersten Mal im Reitstall, versteht kein Wort. Das alles, befürchtet sie, wird sie nie lernen.

Wie Marion empfinden zunächst alle Anfänger, die ihre ersten Stunden in der Welt der Reiter und Pferde verbringen. Alle benutzen fremdartige Begriffe und lachen jeden aus, der ganz harmlos zu bemerken wagt, daß dieses Pferd da einen sehr schönen langen Schwanz habe. „Beim Pferd heißt das Schweif!" erklärt der Reitlehrer, und fünf Minuten später spricht Petra im gleichen Zusammenhang vom „Behang" und Conny vom „Langhaar".

Das braucht euch jedoch nicht zu entmutigen. Wenn ihr die Teile des Pferdekörpers wie auf der Zeichnung richtig zu benennen wißt, könnt ihr schon fast mitreden.

Wie bitte, die „Vorhand" habt ihr nicht gefunden?

Das liegt daran, daß sie kein einzelner Körperteil ist.

Vorhand nennt man alle Teile des Pferdes, die vor der Reiterhand liegen. Der Reitlehrer meint aber meistens die Vorderbeine des Pferdes, wenn er davon spricht. Alles was hinter der Reiterhand liegt, beson-

1 Genick
2 Mähnenkamm
3 Widerrist
4 Sattellage
5 Kruppe
6 Schweifrübe
7 Schweif
8 Hinterbacke
9 Sprunggelenk
10 Röhre
11 Fesselkopf
12 Fessel
13 Kastanien
14 Schlauch bei Hengst und Wallach (oder Euter bei Stute)
15 Flanke
16 Bauch
17 Huf
18 Kronrand
19 Röhre
20 Vorderfußwurzelgelenk
21 Brust
22 Schulter
23 Hals
24 Ganaschen
25 Kinngrube
26 Nüstern
27 Mähnenschopf

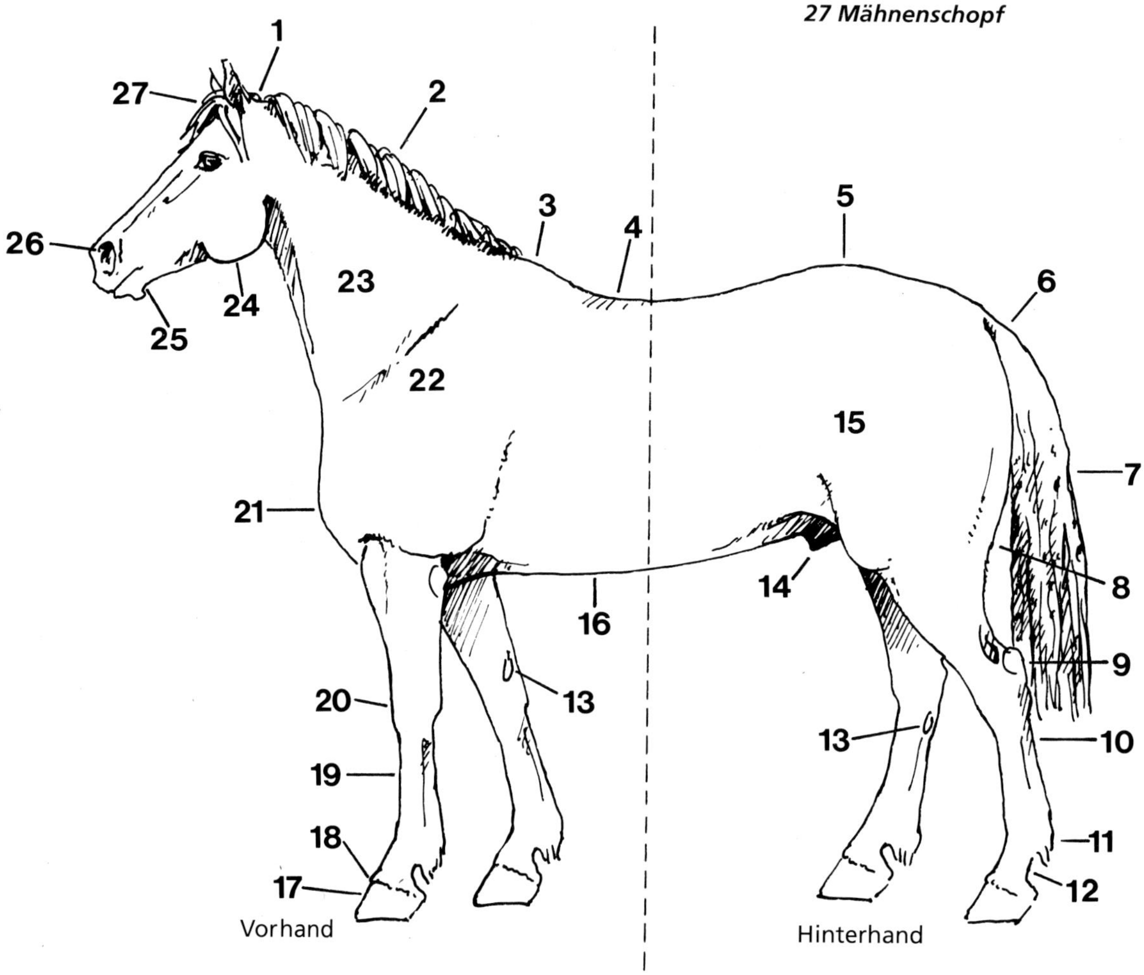

ders die Hinterbeine, wird *Hinterhand* genannt.

Mit *Behang* oder *Langhaar* meint man Mähne und Schweif eines Pferdes. Beides wird oft zusammen genannt, weil ein Pferd, das eine schöne, volle Mähne hat, meistens auch über einen dicken Schweif verfügt.

Auch über den Knochenbau eines Pferdes solltet ihr Bescheid wissen, wenn ihr reiten lernen wollt. Vielen Reitern fällt es schwer, sich die korrekten Bezeichnungen der Pferdebeine zu merken. Besonders häufig wird das Vorderfußwurzelgelenk mit dem Knie verwechselt.

Damit ihr nicht nur auswendig lernt, sondern versteht, warum manche Körperteile nicht da aufzufinden sind, wo man sie vermutet, trägt das gezeichnete Pferdeskelett einen Reiter. Vergleicht doch mal Menschenarm und Pferdevorderbein und Menschenfuß und Pferdehinterbein!

Jetzt wollt ihr nur noch wissen, warum Nicola ihr Lieblingspferd nicht „auf der Vorhand" reiten soll? Ganz einfach: Das Pferd soll sein Gewicht und das seiner Reiterin mit den Hinterbeinen tragen, denn darin hat es mehr Kraft. Läuft es „auf der Vorhand", so belastet es die Vorderbeine zu stark und kann dadurch auf die Dauer Knochen- und Sehnenschäden davontragen.

Denkt einfach daran, daß die Hinterhand unseren Füßen und Beinen und die Vorhand unseren Händen und Armen entspricht!

1 Schulter
2 Oberarmknochen
3 Ellenbogengelenk
4 Unterarmknochen
5 Vorderfußwurzelgelenk (entspricht dem menschlichen Handgelenk)
6 Griffelbein
7 Röhrbein
8 Gleichbein
9 Fesselbein
10 Hufbein (6 – 10 entsprechen den Knochen der menschlichen Hand)
11 Hüftgelenk
12 Knie
13 Sprunggelenk
14 Laden
15 Nasenbein

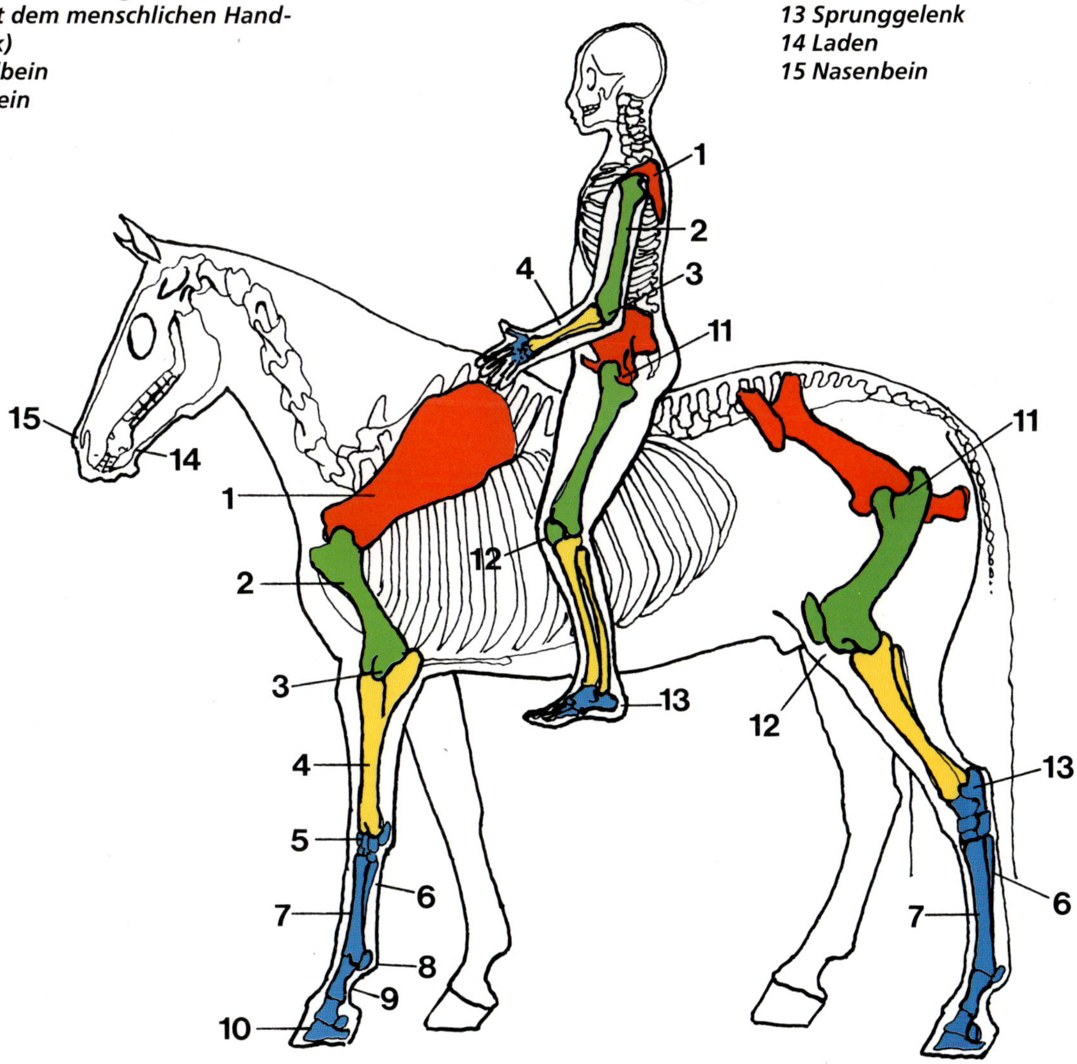

Der große Caletto und die kleine Mucki: Beide sind Ponies.

Alles Pferde – und doch so verschieden

Pferde unterscheiden sich durch Größe, Schwere, Bewegungen und Farbe, aber natürlich auch in Bezug auf Charakter und Geschlecht.

Da bestimmte Eigenarten Pferde für bestimmte Sportarten oder Reitweisen besonders geeignet machen, wurden diese Merkmale gezielt gezüchtet. So entstanden die vielen Pferderassen, über deren Entwicklung sorgfältig Buch geführt wurde und wird. Aus dieser züchterischen Betreuung der Pferde ergab sich ein weiteres Unterscheidungsmerkmal, nämlich die Frage, ob das Pferd „Papiere hat", also nachweislich reinrassig ist, oder nicht.

Wann ist ein Pferd ein Pferd?

Wenn in diesem Buch von Pferden die Rede ist, so sind grundsätzlich Pferde aller Rassen und Größen gemeint, denn was die Grundlagen der Pflege und Haltung, Verhalten und Ausbildung angeht, gibt es keine entscheidenden Unterschiede zwischen kleinen und großen Pferden, Rassetieren und „Feld-, Wald- und Wiesen-Ponies".

Trotzdem ist es interessant, mehr darüber zu erfahren, wie man die verschiedenen Pferde richtig benennt. Wir müssen sie dazu erst einmal in Groß- und Kleinpferde unterteilen, was im Prinzip ganz einfach ist. Im offiziellen Sprachgebrauch der Pferdezuchtverbände ist ein Pferd bis zum Stockmaß 1,48 Meter ein *Kleinpferd*; ist es größer, so ist es ein *Großpferd*. (Die Zahl 1,48 Meter ergibt sich daraus, daß man hier eine englische Maßangabe ins Deutsche übertragen hat.)

Im Alltagssprachgebrauch schwirren neben diesen klaren Begriffen jedoch auch noch die Worte *Pony*, *Doppelpony* und *Cob* durch die Pferdewelt, und so mancher Begriff ist heiß umstritten. Das beginnt schon bei den einfachen Worten „Pony" und „Pferd". Eigentlich ist „Pony" nur das englische Wort für Kleinpferd, aber im Deutschen bezeichnet man damit besonders die sehr kleinen Rassen (Shetlandpony) und die *Robustrassen* (Haflinger, Norweger, Isländer), deren urwüchsiges Aussehen sie mehr als ihre Größe vom Warmblutpferd unterscheidet. Die Besitzer dieser Rassen wehren sich jedoch energisch gegen den Namen „Pony" für ihre Pferde, da er sie angeblich herabsetzt. Immerhin, so argumentiert man, sind die korrekten Rassebezeichnungen für Isländer und Fjordings „Islandpferd" und „Fjordpferd".

Die Reiter der Quarter Horses (Fotos auf S. 29/30) dagegen, die nun jedes Anrecht auf die Bezeichnung „Pferd" für ihre Western-Pferde hätten, denn diese sind in aller

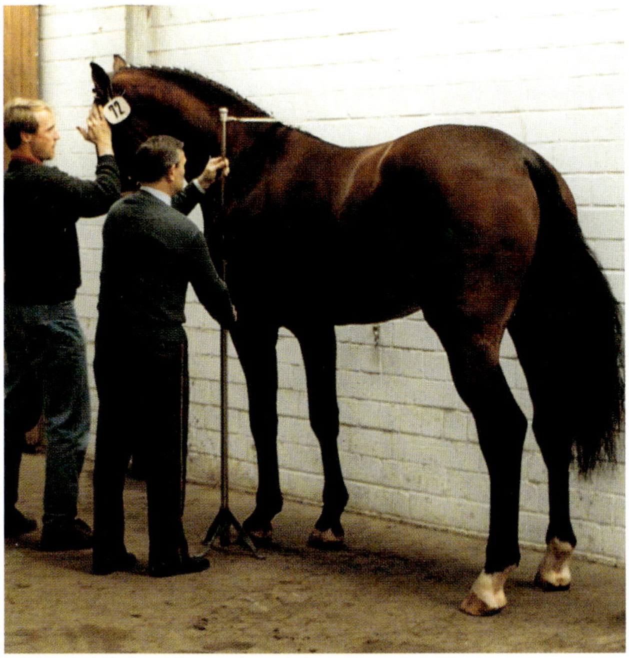

▲ *Hier wird das Stockmaß genommen.*

▲ *Santhos, ein Vollblut-Araberhengst.*

Regel über 150 cm hoch, sprechen in alter Cowboytradition gern mal von ihren „Ponies", und auch in altenglischen Liedern und Geschichten wird „Pony" als freundliche Sammelbezeichnung für verschiedene Pferde gebraucht.

Und dann gibt es da natürlich auch ein paar Großpferdereiter, die partout kein Großpferd haben wollen, sondern nur ein „Pferd". Alles, was kleiner ist als 1,70 Meter, hat in ihren Augen kein Recht auf die Bezeichnung „Pferd", und so brauchte man auch nicht zwischen „Klein- und Großpferd" zu unterscheiden.

Wahrscheinlich habt ihr spätestens jetzt erkannt, wie albern die Diskussion um die Größenbezeichnungen für Pferde ist. Oft hängt sie mit der Frage zusammen, ob man sich in irgendeiner Weise schämen müsse, Kleinpferde zu reiten oder nicht. Tatsächlich ist es wirklich nur eine Frage der persönlichen Vorliebe, ob man lieber ein kleines oder ein großes Pferd reitet. Kleine Pferde bestechen durch ihre Wendigkeit und ihre raschen, flinken Bewegungen. Sie sind oft leichter zu sitzen als große, und – was ja auch ein Argument ist – ihr Unterhalt ist deutlich billiger. Große Pferde dagegen haben oft eine traumhafte Galoppade und vermitteln im Trab ein Gefühl des Schwebens. Sie faszinieren durch ihre Stärke und Schnelligkeit, während kleine Pferde sich wiederum durch Ausdauer und größere Belastbarkeit auszeichnen.

Welsh Cobs sind vielseitige Reit- und Wagenpferde aus England. ▶

Unsere Vorfahren, die Pferde nicht wie wir nach ihren Vorlieben, sondern nach ihrem „Gebrauchswert" auswählten, bevorzugten durchweg ein mittleres Maß. Alle „Gebrauchspferde", vom Araber bis zum Quarter Horse, lagen und liegen größenmäßig um 1,50 Meter.

Diese Größe haben auch Pferde, die im „Cob-Typ" stehen, also einen kräftigen Körperbau mit einem edlen Kopf und lebhaftem Temperament verbinden. Welsh Cobs, zum Beispiel, sind vielseitige Reit- und Wagenpferde, die aus England kommen, aber in den letzten Jahren auch bei uns viele Freunde finden. In den Zuchtbüchern werden sie meist als Kleinpferde geführt, dürfen aber ausnahmsweise auch über das magische Maß 1,48 Meter herauswachsen, ohne anders beurteilt zu werden.

Vollblut, Warmblut, Kaltblut

Ein weiteres Unterscheidungsmerkmal für Pferde ist das *Kaliber.* Es bezeichnet die Schwere des Knochenbaus eines Pferdes und ist für die Bestimmung des Gewichtes, das ein Pferd lange tragen kann, ohne Schaden zu nehmen, viel wichtiger als die Größe. Cobs z. B. sind kalibrige Pferde. Ein Cob, der genau wie die Araberstute Gersemi (ihr findet sie auf S. 106) ein Stockmaß von 1,48 Meter hat, kann ohne weiteres einen Zwei-Zentner-Mann tagelang durchs Gelände tragen. Die leichte Gersemi könnte das nicht unbeschadet tun, und eine Englische Vollblutstute ähnlichen Kalibers, die zwanzig Zentimeter größer wäre, könnte es auch nicht. Schwere Reiter brauchen deshalb nicht unbedingt große Pferde, sondern schwere, kalibrige Pferde.

Durch Abstammung und Kaliber und nicht etwa durch die Körpertemperatur, unterscheiden sich auch „Vollblüter", „Warmblüter" und „Kaltblüter".

Vollblüter darf sich jedes Pferd

Warmblüter sind gute Sportpferde und im Springen international erfolgreich.

Englische Vollblüter werden vor allem für den Rennsport gezüchtet. Hier laufen sie bei einem Wattrennen.

nennen, das auf eine rein arabische Abstammung zurückblicken kann. Außerdem tragen die Pferde, die auf die drei Stammhengste der Englischen Vollblutzucht, „Godolphin Barbian", „Byerley Turk" oder „Darley Arabian", zurückgehen, diesen Titel. Zum Zeichen ihrer Abstammung führen die Araber traditionell die Buchstaben „OX" hinter ihrem Namen, die Englischen Vollblüter „XX".

Kaltblüter heißen die extrem schweren Pferde, die zum Ziehen schwerer Lasten und zur Feldarbeit gezüchtet worden sind. Sie verfügen meist über einen ruhigen Charakter und haben sich damit wohl den Ruf erworben, besonders „kaltblütig" zu sein.

Warmblüter liegen vom Kaliber her zwischen Vollblut und Kaltblut. Sie wurden und werden hauptsächlich zum Reiten oder Ziehen leichter Wagen gezüchtet.

Warmblut und Kaltblut sind keine Rassebezeichnungen. Es gibt verschiedene Warmblut- und Kaltblutrassen. Aber auch Pferde, deren Abstammung nicht mehr nachprüfbar ist, können ihrem Kaliber nach als Warm- oder Kaltblüter eingeordnet werden.

Kaltblutpferde beim Holzrücken. Die „Dicken" leisten im Wald umweltfreundlichen Einsatz.

Drei bis fünf Gänge

Auch bezüglich ihrer Gangveranlagung unterscheiden sich Pferde. Es gibt solche mit *viel Aktion*, die die Beine beim Traben sehr hoch nehmen und dadurch sehr elegant aussehen, und andere mit weniger Aktion. Ihre „flachen Bewegungen" sind für den Reiter bequemer zu sitzen, sehen aber nicht so schön aus.

Neben den drei Grundgangarten Schritt, Trab und Galopp haben manche Pferde zusätzlich noch weitere Gänge. In Pferderassen, wie z. B. den Isländern, sind „Tölt" und „Paß" als Erbanlagen fest verankert. (Mehr darüber im Kapitel über Gangpferde auf S. 116/117.)

Ob man ein Pferd mit flachen oder hohen Gängen, Drei- oder Mehrgänger bevorzugt, hängt von der Reitweise ab, die man betreiben will. Die Dressurreiter wünschen sich „schwebende Gänge", die Westernreiter bevorzugen gut zu sitzende Bewegungen, die Freunde der mehrgängigen Pferde lieben solche mit viel Aktion. Für keine Reitweise empfehlenswert sind Pferde mit kurzen, abgehackten Bewegungen. Oft kann man sie jedoch durch reiterliche Einwirkungen zu besserem Untertreten der Hinterhand und geschmeidigeren Bewegungen veranlassen.

Ein Islandpferd im Tölt, einer Viertakt-Gangart, deren Fußfolge genau der des Schrittes entspricht.

Die Dressurreiterin Anne-Grete Jenssen aus Dänemark mit ihrem Hengst „Marzog" im starken Trab.

Schimmel, Rappen, Braune

„Ein gutes Pferd hat keine Farbe." Dieses Sprichwort meint, daß man ein Pferd nicht nach seiner Farbe auswählen soll, denn sie sagt nichts über seine Reiteigenschaften aus. Trotzdem darf man natürlich seine persönlichen Vorlieben haben. Vor allem sollte man die Farbe seines Pferdes richtig bezeichnen können.

Also: Beginnen wir mit den *Schimmeln*. Die Schimmelfarbe ergibt sich, so komisch das klingt, aus einer „vorzeitigen Vergreisung", d.h., der Schimmel entspräche einem Menschen, der schon als Kind graue Haare bekäme. Von seiner Farbe einmal abgesehen, zeigt er jedoch keine Spuren vorzeitiger Alterung. Schimmel sind genauso gesund und langlebig wie andere Pferde auch. Je nachdem, ob sie als Rappen, Braune oder Füchse – gelegentlich auch als Schecken – geboren werden, sind sie in ihren ersten Lebensjahren Rotschimmel oder Grauschimmel. Manche bleiben lange grau oder rötlich, andere sind verhältnismäßig früh schneeweiß.

Das Gegenstück zum Schimmel ist der *Rappe*. Er wird schwarz oder anthrazitfarben geboren und bleibt dann auch schwarz oder braun-

▲ ***Dieses Quarter Horse ist ein Falbe: Sein Fell ist hellbraun mit schwarzem Langhaar.***

▼ ***Schimmel, Füchse, Braune auf den Sommerweiden des Landgestüts Marbach.***

schwarz. Nur ganz selten sieht man richtig tiefschwarze Pferde. Die meisten haben einen leichten Braunton, den man aber manchmal nur im Winter, manchmal nur im Sommer erkennt.

Schwieriger als bei Schimmeln und Rappen wird es bei Füchsen und Braunen. Viele Anfänger haben hier Probleme mit der Unterscheidung, aber es ist ganz einfach, wenn ihr euch eine Grundregel merkt: Das Langhaar (also Mähne und Schweif) ist beim *Fuchs* immer heller oder gleichfarben wie das Körperhaar, beim *Braunen* ist es schwarz. Auch die Pferde, deren Langhaar im Ansatz schwarz ist, nach unten hin aber heller wird, gelten als Braune.

Durch einen sogenannten „Aufhellungsfaktor", der im Erbgut mancher Pferde verankert ist (Farbzucht ist sehr kompliziert!), wird aus einem Fuchs ein *Isabelle* (oder *Palomino*) und aus dem Braunen ein *Falbe*. Isabellen und Falben haben beide eine cremefarbene bis hellbraune Grundfarbe. Das Langhaar ist beim Isabellen hell, beim Falben schwarz. Gelegentlich kommt beim Versuch, einen Isabellen zu züchten, ein ganz cremefarbenes Fohlen mit blauen Augen heraus. Im Dartmoor, einem Sumpfgebiet in England, aus dem die Dartmoor-Ponies kommen, sagt man, diese *Cremellos* seien besondere Pferde, und ihre Augen hätten die Farbe des Himmels über dem Moor. Auch zu den Isabellen gibt es eine romantische Geschichte. Sie sollen ihren Namen der mittelalterlichen Markgräfin Isabella verdanken, die, als ihr Gatte auf einen Kreuzzug zog, einen seltsamen Schwur tat. Sie gelobte, ihr Hemd so lange nicht zu wechseln, bis ihr Mann zurückkäme, und hielt das auch sieben Jahre durch. Als der Markgraf dann endlich wohlbehalten wieder da war, hatte Isabellas Hemd die gelbliche Farbe angenommen, die auch das Fell der Isabellen auszeichnet.

Weitere interessante Pferdefarben sind die des *Schecken* und die des *Tigerschecken*. Die gefleckten und gepunkteten Pferde sind insbe-

Isabellfarbene Pferde sind cremefarben bis hellbraun mit hellem Langhaar.

Schecken haben eine auffallende Fellzeichnung. Ihre Flecken kommen in allen Farben und Formen vor.

◀ *Appaloosas zählen zu den Tigerschecken. Sie wurden früher von den Nez Percé-Indianern in Amerika gezüchtet.*

sondere bei Westernreitern beliebt, aber ihre Zucht ist nicht einfach. Viele Leute, die aus ihrer einfarbigen Stute gern ein geschecktes Fohlen ziehen möchten und sie dafür weite Strecken zu Scheckhengsten fahren, werden enttäuscht. Wenn man also unbedingt ein farbiges Pferd oder Pony möchte, sollte man sich unter den Vertretern entsprechend durchgezüchteter Farbrassen umsehen. *Paint Horses* sind gescheckte Westernpferde, und bei den Tigerschecken hat man die Wahl zwischen Appaloosas und Knabstruppern. *Pintos* werden neuerdings auch von Pferdezuchtverbänden betreut. Im Grunde ist „Pinto" jedoch keine Rassenbezeichnung, sondern nur das amerikanische Wort für „Schecke".

Stute, Hengst, Wallach

Die Pferde, die ihr im Reitstall kennenlernt, sind in der Regel Stuten oder Wallache. Nur selten werden Hengste als Reitpferde gehalten.

Im großen und ganzen sind *Wallache* die besten und ausgeglichensten Reitpferde. Ein Wallach kommt als Hengst zur Welt und wird im Alter zwischen einem und drei Jahren kastriert, d. h., daß ihm mittels einer kleinen Operation, natürlich unter

Flehmender Hengst und paarungsbereite Stute. ▼

Betäubung, die Hoden entfernt werden. Er kann dann keine Fohlen mehr zeugen und hat keinen großen sexuellen Ehrgeiz mehr. Daß Wallache aber keinerlei Triebe hätten und sich gar nicht für Stuten interessierten, ist falsch. Wenn sie gemeinsam mit Stuten gehalten werden, haben sie ihre Freundinnen und kümmern sich auch wie Hengste um die Fohlen, die in der Herde zur Welt kommen.

Auch *Stuten* eignen sich gut zum Reiten. Sie werden regelmäßig rossig, also bereit zur Paarung mit einem Hengst. In dieser Zeit können sie besonders empfindlich und kitzelig sein.

Selbstverständlich kann man auch *Hengste* reiten. Für bestimmte reitsportliche Disziplinen, wie etwa die klassische Dressur, sind sie sogar besonders gut geeignet. Die dort geforderten Übungen ähneln den Bewegungen der Hengste in der Herde. Das Problem dabei ist nur, daß ein Hengst, der nicht decken darf, sich von Stuten besonders angezogen fühlt und sich dadurch schlecht auf seine Arbeit konzentrieren kann. Das wird um so schlimmer, wenn er in einem Reitstall steht, in dem er regelmäßig Stuten sieht und riecht, aber niemals zu ihnen darf. Wenn er obendrein noch zuwenig Bewegung hat, kann er sehr heftig und aggressiv werden. Viele Leute meinen deshalb, alle Hengste seien gefährlich, und wer sie reite, beweise damit besonderen Mut.

Hengste, die in „Junggesellenställen" leben, wie etwa auf Hengststationen oder in Ställen wie der Spanischen Hofreitschule in Wien, sind nicht so schwierig im Umgang. Auch mit einem wohlerzogenen und gutgerittenen Deckhengst kann jedes Kind umgehen. Grundsätzlich sind nur unglückliche, schlecht erzogene Pferde gefährlich, und die sind unter Hengsten, die nie decken dürfen und nicht artgemäß gehalten werden, leider besonders häufig. Ein Hengst, der nicht zur Zucht eingesetzt werden soll, wird deshalb besser kastriert. Dann kann er mit Stuten und anderen Wallachen zusammenleben und ist zufrieden.

▲ ***Der Islandhengst Thor, ein typischer Vertreter seiner Rasse.***

Englische New-Forest-Stute mit Fohlen. ▶

Hengste, die artgemäß gehalten und regelmäßig geritten werden, sind so wohlerzogen wie dieser Andalusier unter seiner Reiterin bei einer Schaunummer. ▼

▲ Artgerechte Tierhaltung: Jungpferdeaufzucht im Laufstall. Außerdem kommen diese Pferde täglich auf die Weide oder in den Auslauf.

◄ Pferde mit Blickkontakt in hellen Boxen. Auch hier, im Landgestüt Moritzburg, kommen sie regelmäßig nach draußen.

▲ In großen Ställen gibt es abgetrennte Freßboxen, damit jedes Pferd in Ruhe fressen kann. Auch rangniedrige Pferde kommen so zu ihrem Recht.

Wie Pferde wohnen

Im Tierschutzgesetz steht, daß jeder, der ein Tier hält, es „artgerecht" unterzubringen hat. Wenn ihr euch erinnert, was ihr ganz am Anfang dieses Buches über das Leben der Pferde in Freiheit gelesen habt, wird euch schnell klar, was das für die Haltung von Pferden bedeutet. Pferde brauchen Gesellschaft und Bewegung in frischer Luft. Sie sind glücklich, wenn sie sich gegenseitig kraulen können und Platz haben, um miteinander zu spielen. Sie wollen sich nach Herzenslust wälzen und den Auslauf nach interessanten Gerüchen untersuchen. Wenn sie müde sind, möchten sie sich auf sauberem Boden niederlassen und mit der Gewißheit einschlafen, daß einer der Artgenossen wach bleibt und nach eventuellen Feinden Ausschau hält.

Was Pferde hassen, sind enge, dunkle Einzelboxen, in denen sie den Tag damit verbringen müssen, gegen die Wand zu schauen. Sie mögen auch keinen Mist- und Uringeruch. Der „Duft" der von großen Ställen ausgeht, und den viele Reiter so faszinierend finden, macht Pferde krank.

Obwohl man das alles längst weiß, stehen immer noch viele Pferde tagelang eingesperrt in dunklen Käfigen. Für ihre Reiter ist das bequem, denn das Pferd steht bereit, wenn sie reiten wollen, und es ist immer trocken und sauber. Auch die Reinigung einer Box macht längst nicht soviel Arbeit, wie das regelmäßige Mistabsammeln in einem Auslauf. Oft läßt man das Pferd auch einfach im Mist stehen. Wer wirft schon einen Blick in die Boxen, solange nur die Stallgasse sauber ist?

Vorschläge zur Veränderung einer solchen, nicht artgemäßen Pferdehaltung lehnen Pferdebesitzer oft mit den Worten: „Das geht bei uns nicht!" ab. Das ist aber Unsinn, denn tatsächlich „geht es" fast überall.

Auf den nächsten Seiten seht ihr einige Beispiele für artgerechte Pferdehaltung.

Amigo wohnt im Reitstall

▲ **Amigo ist ein 10-jähriger Reitponywallach. Er wohnt in einer Box mit Blick nach draußen.**

Kommt da jemand? Über die Tür der Außenbox schiebt sich ein fuchsfarbener Ponykopf mit Blesse. Der Reitponywallach Amigo hat einen guten Ausblick und nutzt ihn, um nach seiner Freundin Janine auszuschauen. Wenn Janine oder ihr Bruder Dominic kommen, wird es nämlich interessant. Dann darf Amigo die Box verlassen, um geputzt und geritten zu werden. Oft kommt er auch mit den anderen Ponys in die Reitbahn oder auf die Weide, und dann toben alle nach Herzenslust herum.

Janine, Dominic und Amigo gehören zur Ponygruppe des Reitervereins Leonberg. Amigo ist im Reitstall untergebracht, weil das für seine jungen Besitzer besonders praktisch ist. Janine und Dominic leben nämlich in der Stadt und haben keinen Platz, um ihr Pferd am Haus zu halten. Außerdem fehlen ihnen auch die Zeit und die Erfahrung, um Amigo ganz allein zu betreuen. Im Reitstall ist er gut versorgt, und für Janine und Dominic ist die regelmäßige Teilnahme am Reitunterricht gesichert.

Natürlich kommen die Kinder fast jeden Tag, um Amigo zu putzen und zu reiten. Ausmisten müssen sie nicht, und auch das Füttern ihres Ponys ist im Pensionspreis inbegriffen. Wenn Amigo allerdings auf die Weide oder in einen Auslauf gebracht werden soll, müssen Janine und Dominic das selbst erledigen.

Amigo geht es gut im Reitstall, denn seine Außenbox und die regelmäßigen Besuche seiner jungen Besitzer bieten ihm ein abwechslungsreiches Leben. Das ist leider nicht bei allen Pferden so, die in Reitställen wohnen. Die

Janine oder ihr Bruder Dominic kommen Amigo jeden Tag besuchen. ▶

Amigos Box ist so groß, daß dort noch ein zweites Pony Platz hat. Und in Gesellschaft wohnt sich's besser. ▶

◀ **Im Reitstall übernehmen Pferdepfleger das Füttern und Ausmisten.**

meisten von ihnen stehen nämlich in Innenboxen, die durch Gitterstäbe voneinander getrennt sind. Die Aussicht reicht nur bis auf die Stallgasse, und der Kontakt zu anderen Pferden beschränkt sich darauf, einander zu sehen und durch die Gitterstäbe zu beschnuppern. Soziale Fellpflege, gemeinsames Toben und Rennen sind nicht möglich. Reitstallpferde sind deshalb darauf angewiesen, daß die Pferdepfleger sie auf die Weide oder in den Auslauf lassen. Oder ihre Besitzer holen sie so oft wie möglich aus der Box zum Reiten und Freilaufen in der Halle und draußen. Bei den Pferden der Ponygruppe Leonberg beschäftigen sich die Kinder jeden Tag einige Stunden mit ihren Ponys.

Noch immer gibt es nicht genug Pensionsställe und Reitschulen, in denen artgemäße Pferdehaltung mit Außenboxen, Ausläufen und Gruppenhaltung betrieben wird. Das wird sich aber ändern, wenn immer mehr Reiter danach fragen. Jeder Pferdebesitzer kann dazu beitragen, indem er bei der Suche nach einem Pensionsstall mehr auf die guten Bedingungen für sein Pferd als auf einen großen Springplatz und das gemütliche Reiterstübchen achtet.

▲ „Komm, Amigo, jetzt geht's nach draußen."

Flocki wohnt im Offenstall

Das ist Flocki, ein 12-jähriger Islandwallach. Er wohnt mit seiner kleinen Herde im Offenstall.

Flocki ist mit 12 Jahren der jüngste in einer kleinen Herde von Islandpferden. Alle sind gesund und fühlen sich wohl in ihrem Offenstall, der wirklich musterhaft angelegt ist.

Ein Offenstall ist nicht irgendein Schuppen. Es handelt sich dabei um einen winterfesten, ordentlichen Stall mit feststehenden Freßplätzen für jedes Pferd. Eine Sattel- und Futterkammer gehören ebenso dazu wie ausreichend Platz zur Lagerung des Winterfutters. Außerdem muß man die Pferde vorübergehend im Offenstall einschließen können, z. B., wenn sie krank sind oder verschwitzt nach dem Reiten. Normalerweise bleibt der Stall jedoch offen. Die Pferde können vom Stallraum gleich in den Sandauslauf gehen oder betreten einen befestigten Stallvorplatz, auf dem man satteln und putzen kann.

Normalerweise ist ein Auslauf mehr als ein eingezäuntes Stück Land. Wer nicht in einem Gebiet mit natürlichem Sandboden wohnt, muß leider das Erdreich in seinem Auslauf ausheben lassen, Drainagerohre verlegen und das Ganze mit Sand auffüllen. Sonst hat man nämlich binnen kürzester Zeit einen tiefen Sumpf vor der Stalltür, in dem sich die Pferde nicht gern aufhalten. Die Anlage von Ausläufen ist schwierig und teuer, und die meisten Offenstallpferde müssen sich mit ein paar Quadratmetern Sandplatz zum Beinevertreten begnügen. Aber wenn sie oft geritten werden, reicht das aus.

Neben der Anlage von

◄ **Ein Offenstall. ist nicht irgendein Schuppen.**

Ausläufen ist die der Futterplätze das größte Problem bei der Planung eines Offenstalles. Pferde fressen nicht alle gleich schnell, sie vertragen nicht alle das gleiche Futter bzw. dieselbe Futtermenge, und sie sind nicht gleichberechtigt bei der Futteraufnahme: Die Rangordnung ist genau festgelegt. Wer stärker ist, jagt den Schwächeren vom Futter weg und ruht oft nicht, bis dieser auch den Stall verläßt. Manchmal verstellt er ihm sogar den Eingang. Viele Offenställe haben deshalb zwei Eingänge, und alle Pferdebesitzer, denen an Gerechtigkeit bei der Futtervergabe gelegen ist, sorgen für feste Futterplätze, an denen die ranghohen Pferde angebunden werden. Auch durch Stangen abgetrennte Freßboxen, in die Offenstallpferde während der Futteraufnahme eingesperrt werden, sind praktisch. Für Großställe gibt es inzwischen schon computergesteuerte Anlagen, bei denen sich die Futterplätze nur für die Pferde öffnen, die ihr Soll an Heu und Hafer noch nicht hatten.

Das Fütterungsproblem in Offenställen besteht hauptsächlich im Winter. Im Sommer ist meistens Gras die Nahrungsgrundlage. Die Futteraufnahme wird dadurch gesteuert, daß man die Pferde mehr oder weniger lange auf der Weide läßt. Junge Pferde und Zuchtpferde kann man auch Tag und Nacht auf der Weide halten. Man braucht dann natürlich genügend Weideland, das gut eingezäunt ist, denn wenn die Wiese schon abgefressen ist, neigen Pferde dazu, sich selbständig zu machen. Auch um reine Weidepferde muß man sich jeden Tag kümmern. Sie werden gegen Insektenbefall eingesprüht oder eingerieben, und man kontrolliert, ob sie nicht krank geworden sind oder sich irgendwo verletzt haben. Wenn keine Selbsttränke vorhanden ist, muß man weiterhin darauf achten, daß immer genug Wasser auf der Weide zur Verfügung steht.

Manche Leute sind immer noch der Meinung, daß man nur bestimmte Pferderassen in Offenställen halten kann. Sie unterteilen in „Robustpferde" wie Isländer, Norweger, Haflinger und andere wie Vollblüter und Warmblüter. Letztere müsse man hätscheln und pflegen, während man erstere bei jedem Wetter unbesorgt auf die Weide schicken könne. Eine solche Einstellung ist Unsinn. Jedes Pferd, vom Isländer bis zum Achal Tekkiner, ist von Natur aus ein Freiluftfanatiker. Einen offenen, kühlen Stall mit Ausblick nach draußen ziehen Pferde jeder warmen und „gemütlichen" Box vor. Was sie allerdings nicht unbegrenzt vertragen, ist Feuchtigkeit. Jedes Pferd kann nur eine gewisse Zeit im Regen stehen, ohne zu frieren. Wie lange das jeweils ist, hängt nicht von seiner Rasse, sondern nur von seiner Fellqualität ab. Im Klartext: Ein Isländer im Sommerfell friert schneller als ein Warmblutpferd im Winterfell, aber im tiefsten Winter wächst Flocki ein dichterer Pelz als dem Warmblüter, und er hält es folglich in Regen und Schnee länger aus. Nun treibt natürlich kein vernünftiger Mensch Studien damit, wie lange ein Pferd im Regen stehen kann, ohne sich zu erkälten. Dem Offenstallpferd steht ein trockener Unterstand zur Verfügung, und es sucht ihn von selbst auf, sobald ihm der Regen zu viel wird.

Naßgeschwitzte Pferde müssen allerdings im Stall bleiben, bis sie trocken sind. Bei kaltem, nassem Wetter gehört ein verschwitztes Pferd mit Decke in den Stall – egal, ob seine Vorfahren aus Island oder Arabien stammten! (Einen Eskimo würdet ihr nach dem Jogging doch auch nicht in den Kühlraum bitten, oder?) Und hier sind wiederum die Warm- und Vollblüter im Vorteil. Ihr Winterfell trocknet viel schneller, und sie dürfen schon wieder aus dem Stall, wenn die Isländer noch feucht sind.

Flocki und seine Freunde im Sandauslauf

Kim und Piroschka leben auf dem Bauernhof

▲ **Sommertags auf der Weide: Kim und Piroschka.**

Das ist Kim, ein westfälischer Warmblutwallach. Er lebt mit Piroschka, einer Rheinländer Stute, auf dem Bauernhof.

Vom Auslauf aus gibt es immer etwas Interessantes zu sehen.

Landmaschinen gehören für Piroschka zum Alltag.

Wer auf den Bauernhof zufährt, sieht Kim und Piroschka schon von weitem in ihrem Auslauf. Interessiert schauen der Rappe und die Schimmelstute den Besuchern entgegen.

Kim, ein westfälischer Warmblutwallach, und Piroschka, Rheinländerin, bewohnen einen kleinen Boxenstall auf dem Bauernhof ihrer Besitzer. Darin verbringen sie aber nur die Nächte. Tagsüber kommen sie auf die Weide oder in den Sandauslauf. Leider schließt er nicht an den Stall an, so daß Offenstallhaltung nicht möglich ist. Das beeinträchtigt die Zufriedenheit der beiden Pferde jedoch nicht. Beim Füttern hat es sogar Vorteile, denn Kim ist von Natur aus ein Vielfraß, während Piroschka eher zögernd frißt. Hielte man beide in einem Stall, käme die Stute ständig zu kurz. Kims und Piroschkas Besitzer haben die Boxen und den Auslauf selbst gebaut. Sie nutzten dazu schon vorhandene Ställe und Freiflächen.

Platz für ein oder mehrere Pferde gibt es fast auf jedem Bauernhof, und viele Landwirte stellen ihn gegen einen entsprechenden Pensionspreis gern auch Pferdehaltern zur Verfügung. Oft interessieren sie sich für Pferde, erzählen gern aus der Zeit, als sie selbst noch welche hatten, und sind auch bereit, ihre vierbeinigen Pensionsgäste regelmäßig zu füttern und auf die Weide zu bringen. Misten und Futter kaufen muß man allerdings oft selbst. Futter bekommt man meist im Landhandel.

Im Sommer ist es gut, die Pferde gegen Fliegen einzusprühen.

Pferde, die gehalten werden wie Kim und Piroschka, müssen nicht jeden Tag geritten werden. Im Auslauf machen sie sich selbst genug Bewegung. Dabei buckeln und toben sie sich morgens erst mal die lange Boxnacht aus den Knochen. Wie Offenstallpferde bekommen sie ein Winterfell, aber da sie keine Möglichkeit haben, selbst zu entscheiden, wann ihnen der Regen langt und sie wieder in den Stall wollen, muß man ihren Auslauf bei schlechtem Wetter begrenzen. Das ist übrigens ganz im Sinne der Pferde. Wenn es regnet oder schneit, verlangt Kim laut wiehernd in den Stall gebracht zu werden!

Pferde sind Dauerfresser und sollten ständig etwas zu knabbern haben. Hier zwei Camargue-Pferde im Sumpfgebiet des Rhône-Deltas.

Die Pferdespeisekarte

Der gesamte Verdauungsapparat eines Pferdes ist auf sein Leben in der freien Natur, also auf den Tageslauf eines Weidetieres, zugeschnitten. Freilebende Pferde bewegen sich fast den ganzen Tag langsam von einem Grasbüschel zum anderen. Sie pflücken winzige Portionen ab, kauen sie in Ruhe und lassen sie dann durch einen engen Schlund in einen kleinen Magen wandern. Dort bleibt das Futter nicht lange, denn die Hauptverdauungsarbeit leistet der sehr lange Darm, der ständig in Bewegung ist und Nachschub zum Verdauen braucht, um gesund zu bleiben. Pferde sind also ausgesprochene Dauerfresser und nicht darauf eingerichtet, ihren Nährstoffbedarf mit zwei oder drei großen Mahlzeiten am Tag zu decken. Auch wenn wir sie im Stall oder im Auslauf halten, sollten sie deshalb ständig etwas zu knabbern haben. Auf keinen Fall dürfen sie zu große Futtermengen auf einmal erhalten, denn das kann ihren kleinen Magen überlasten.

Ob als Haustiere oder in der freien Wildbahn: die Futtergrundlage für Pferde besteht immer aus Gras. Im Sommer sollten sie idealerweise frisches Gras bekommen, im Winter gibt es getrocknetes, also Heu. Insgesamt setzt sich der Speiseplan für Pferde aus Rauhfutter, Saftfutter und Kraftfutter zusammen. Dazu kommt in der Regel noch ein Vitamin- und Mineralstoffprodukt, das für ein schönes Fell und genügend Abwehrstoffe gegen Krankheiten sorgt.

Saftfutter

Im Sommer deckt frisches Gras den Saftfutterbedarf eines Pferdes vollkommen. Eine gute Weide, die verschiedene Gräser und Kräuter bietet, versorgt die Tiere optimal. Wo genügend Weideland vorhanden ist, können Pferde, die nicht so leicht dick werden, im Sommerhalbjahr ruhig Tag und Nacht auf der Wiese bleiben. Gute Futterverwerter darf man dagegen nur stundenweise auf die Weide lassen, denn sonst werden sie zu dick und auch krank. Zum Knabbern zwischendurch stellt man ihnen dann Stroh zur Verfügung.

Im Winter sowie bei Pferden, die ganzjährig in der Box oder in Ausläufen gehalten werden, sichern Möhren, gelbe Rüben, Futterrüben oder Äpfel die Saftfutterversorgung. Sehr gesund sind auch Rote Bete, aber nicht alle Pferde mögen sie.

Rauhfutter

Rauhfutter bildet im Winter die Grundlage der Pferdespeisekarte. Das wichtigste Rauhfutter ist Heu, aber besonders bei Pferden, die leicht dick werden, spielt auch das kalorienärmere Stroh eine große Rolle. Man verfüttert dann meist Weizen- oder Haferstroh.

Das beste Heu kommt von kräuterreichen Wiesen, die nach der Grasblüte geschnitten worden sind. Es riecht ein bißchen wie Tee und sieht grün aus. Gelbes, schimmeliges oder staubiges Heu eignet sich nicht für Pferde. Auf die Dauer macht es sie krank! Ab und zu gibt es Pferde, die Heu, manchmal auch Stroh, nicht vertragen. Das äußert sich darin, daß sie mehr oder weniger schwere Hustenanfälle bekommen, obwohl sie eindeutig nicht mit Hustenviren infiziert sind. Solchen „Heu-Allergikern" muß man ihr Heu naß verfüttern, denn ihre Atmungsorgane reagieren empfindlich auf das Hochfliegen der winzigen Staubanteile, die auch gutes Heu enthält. Das Tauchen des Heus, am besten in Salzwasser, ist zwar viel Arbeit, aber es hilft fast immer!

Kraftfutter

Wie der Name schon sagt, sichert „Kraftfutter" die Arbeitskraft des Pferdes. Es wird nur gebraucht, wenn das Pferd geritten oder sonstwie gefordert wird. Das wichtigste Kraftfutter in unseren Breiten ist Hafer, der ganz oder gequetscht verfüttert wird. Außerdem sind viele fertige Kraftfuttermischungen auf dem Markt. Als Kraftfutter absolut ungeeignet ist Brot, denn sein hoher Phosphatgehalt ist für Pferde schädlich.

Zusatzfutter

Nur wenige Weiden und Heuwiesen liefern so gutes Futter, daß auf zusätzliche Gaben von Vitaminen und Mineralien verzichtet werden kann.

Kraftfutter brauchen Pferde nur, wenn sie regelmäßig arbeiten oder besonders gefordert werden.

Eine gute Weide mit verschiedenen Gräsern und Kräutern ist im Sommer der ideale Saftfutterlieferant für Pferde.

Normalerweise füttert man also ein Fertigfutter zu, das die Pferde mit diesen wichtigen Spurenelementen versorgt. Weiterhin unerläßlich ist ein Salzleckstein, der in einer Halterung, die ihn vor Regen und Verunreinigung schützt, ständig zur Verfügung stehen sollte.

Besonders im Winter freuen sich Pferde auch mal über warmes Futter, z.B. über Mash (Das spricht sich „Mäsch"). Pro Pferd werden dazu drei Hände voll Leinsamen einen halben Tag in viel Wasser eingeweicht und eine Viertelstunde gekocht. (Aufpassen, Mash kocht schnell über!) Dann verrührt man ihn mit Weizenkleie und Hafer zu einem Brei, der den Pferden das Wasser im Munde zusammenlaufen läßt, und verfüttert ihn lauwarm. Mash ist sehr gut für die Verdauung und für das Fell des Pferdes. Er soll auch Erkältungskrankheiten vorbeugen. Man kann ihn mit verschiedenen Zutaten wie Hustentee, Honig, Melasse oder Malzbier verfeinern. Pferde mögen überhaupt sehr gern Tee, z. B. Hustenteemischungen, Pfefferminz- oder Kamillentee. Man läßt die Kräuter drin und gießt den etwas ausgekühlten Tee über das Kraftfutter.

Leckerbissen

Als Leckerbissen oder Leckerli bezeichnet man die guten Dinge, die man in der Tasche mit sich herumschleppt, um ein Pferd während oder nach der Arbeit schnell belohnen zu können. Ob das gut ist, bleibt umstritten. Die Gegner des „Leckerli" führen zu Recht an, daß „Bestechung" nicht im Sinne der Arbeit mit Pferden ist, und daß viele Pferde durch das ständige „aus der Hand füttern" zu Beißern werden. Sie halten es für besser, junge Pferde mit einem Bissen aus einer Futterschüssel zu belohnen, wenn sie etwas besonders gut gemacht haben. Erwachsene Pferde bekommen während der Arbeit seltener eine Belohnung. (Bevor ihr jetzt den Kopf schüttelt, denkt daran, daß Reiten für Pferde dasselbe ist, wie Schule für euch. Auch ihr habt in den ersten Klassen öfter mal ein „Sternchen" oder eine andere Belohnung bekommen, aber kriegt ihr jetzt vielleicht nach jeder Mathestunde ein Bonbon?)

Ein aufgeschnittene Kanister als preiswerter und regengeschützter Behälter für den Salzleckstein.

Nach der Reitstunde kann man sich aber mit einem gesunden Leckerli bei seinem Pferd bedanken. Gesund sind eine Möhre, ein Apfel, etwas hartes (auf keinen Fall verschimmeltes!) Brot oder auch die Leckerbissen, die es in Reitsportfachgeschäften zu kaufen gibt. Absolut ungesund ist Würfelzucker!

Vor dem Füttern solltet ihr aber grundsätzlich den Reitlehrer oder den Besitzer eines Pferdes fragen, ob das Tier einen Leckerbissen haben darf oder nicht. Manchmal müssen Pferde nämlich Diät halten, und ihr könntet ihnen mit eurer Gabe sehr schaden. Bitte sagt jetzt nicht: „Ach, das bißchen!" Denkt daran, daß Susi schließlich nicht nur von euch geliebt und verwöhnt wird, sondern auch von den Kindern aus der Abteilung vor euch und nach euch!

Vorsicht – giftig!

Die Zeichnungen auf den Seiten 40/41 zeigen die fünfzehn wichtigsten Giftpflanzen, die einem Pferd gefährlich werden können, wenn es davon nascht. Stehen Giftpflanzen in den Gärten in der Nähe einer Weide, muß der Zaun so gut gesichert werden, daß Spaziergänger nicht an die Pferde herankommen und sie aus Unwissenheit damit füttern. Mit mehreren Reihen Elektrozaun geht das einigermaßen, aber wenn man die Wahl zwischen mehreren Weiden hat, sollte man doch eine bevorzugen, in deren Nähe kein Gift zu finden ist. Häufiger als auf der Weide vergiften sich Pferde jedoch beim Ausritt. Das liegt daran, daß sie auf der Weide seltener hastig fressen. Pflanzen, die komisch schmecken, lassen sie stehen. Auf dem Ausritt jedoch stibitzen Pferde schnell einen Happen von irgendeinem Baum. Dabei irren sie sich mitunter in der Einschätzung von giftigen und ungiftigen Pflanzen.

Es gibt übrigens auch kaum einen Reiter, der sich mit Pflanzen so gut auskennt, daß er beim Vorbeireiten sofort erkennt, ob sie giftig sind oder nicht. Deshalb sollte man sein Pferd unterwegs grundsätzlich nicht fressen lassen.

1 Liguster
2 Goldregen
3 Schwarzes Bilsenkraut
4 Gelber Fingerhut
5 Großblütiger Fingerhut
6 Roter Fingerhut
7 Schwarze Tollkirsche
8 Eibe
9 Weiße Robinie (Falsche Akazie)
10 Schöllkraut
11 Buchsbaum
12 Gefleckter Schierling
13 Herbstzeitlose
14 Maiglöckchen
15 Frühlings-Adonisröschen

7
8
9
10
11
12
13
14
15

Wenn Pferde krank sind

Ein gesundes Pferd erkennt man an seinem glänzenden Fell, seinen wachen Augen, seinem lebhaften Ohrenspiel und seinem guten Appetit. Zeigt sich ein Pferd dagegen auffällig müde und teilnahmslos oder außergewöhnlich unruhig und lehnt es sein Futter ab, so ist es wahrscheinlich krank. Als wenig erfahrener Pferdehalter ruft man bei solchen Anzeichen am besten sofort einen Tierarzt. Ein erfahrener Pfleger kann selbst noch ein paar Untersuchungen vornehmen, damit er dem Tierarzt schon am Telefon genauere Auskünfte geben kann.

1. Sind Atmung und Puls normal?

Ein Pferd, das ruhig auf der Weide oder im Stall steht, atmet gewöhnlich 8- bis 16mal in der Minute. Man kann seine Atemzüge zählen, indem man die Bewegungen der Flanken beobachtet. Noch sicherer ist es, ihm die Hand vor die Nüstern zu halten. Man spürt dann den Luftzug, wenn es ausatmet.

Den Puls erfühlt man mit Zeige- und Mittelfinger an der Unterseite der Kinnpartie des Pferdes. Er liegt normalerweise bei 28 bis 48 Schlägen pro Minute.

Probiert das Messen von Atmung und Puls ruhig mal bei einem eurer Schulpferde aus!

2. Hat das Pferd Fieber?

Die Normaltemperatur eines erwachsenen Pferdes liegt zwischen 37,5 und 38,2 Grad Celsius. Man mißt sie mit einem gewöhnlichen, angefeuchteten oder eingefetteten Thermometer im After des Pferdes. Nicht alle Pferde lassen das allerdings gern mit sich machen. Oft hampeln sie dabei herum oder klemmen den Schweif ein. Ist es einem glücklich gelungen, das Thermometer einzuführen, so drücken sie es mitunter wieder heraus. Manchmal rutscht es auch zu tief in den Darm hinein. Um solchen Situationen vorzubeugen, versieht man das Stall-Thermometer mit einem etwa 40 cm langen Bändchen, an dessen anderem Ende man eine Wäscheklammer befestigt. Das Bändchen dient zum Zurückholen eines „im Pferd verschwundenen" Thermometers, und mit der Wäscheklammer steckt man es am Schweif fest, so daß es nicht auf den Boden fällt und kaputtgeht, wenn das Pferd es herausstößt.

3. Hat das Pferd Darmgeräusche?

Legt bei Gelegenheit mal den Kopf an den Bauch eines – ruhigen – Pferdes und horcht auf seine Darmgeräusche. Ihr werdet feststellen, daß es da drinnen ganz schön hoch hergeht! Bleiben diese Darmgeräusche aus, so ist das ein Alarmzeichen, denn dann hat das Pferd eine Kolik.

Kolik ist ein Sammelbegriff für Bauchschmerzen beim Pferd. Man erkennt sie daran, daß das Pferd unruhig ist, sich häufig nach seinem Bauch umdreht, mit den Hufen scharrt und sich immer wieder hinlegt und wälzt. Meistens lehnt es auch das Futter ab, und man sollte dann auf keinen Fall versuchen, es zum Fressen zu überreden. Grundsätzlich muß bei einer Kolik der

Mit der Hand vor den Nüstern spürt man den Luftzug, wenn das Pferd atmet.

So sieht ein Fieberthermometer für Pferde aus.

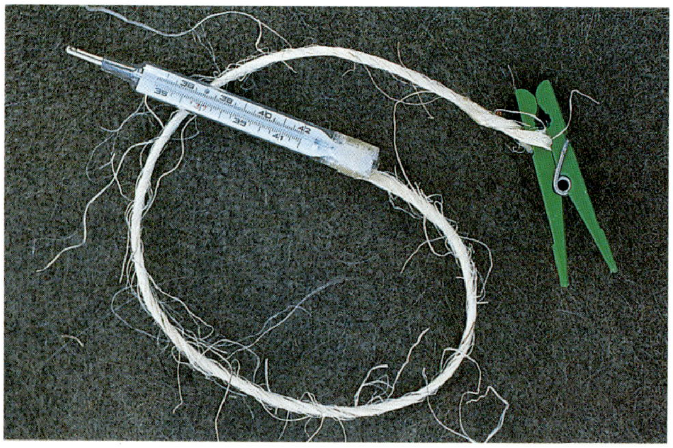

Tierarzt zugezogen werden. Bis er eintrifft, kann man dem Pferd den Bauch massieren. Auch eine Massage der Ohren kann helfen, denn da liegen die Akupunkturpunkte, deren Berührung Bauchschmerzen lindert.

Manchmal bessert sich eine Kolik, wenn das Pferd etwas herumgeführt wird, denn dadurch kommt auch der Darm in Bewegung. Auf keinen Fall darf man es aber in flottem Tempo longieren. Das belastet unnötig das Herz!

Früher sagte man, es wäre sehr gefährlich, wenn ein Kolikpferd sich hinlegte. Heute sehen die Tierärzte das nicht mehr so streng. Habt also nicht gleich Angst, wenn sich ein Koliker, den ihr herumführen sollt, einmal hinwirft und wälzt. Ihr braucht ihn nicht hektisch hochzutreiben. Eine freundliche Aufforderung genügt.

4. Hustet das Pferd?

Husten und Nasenausfluß, schweres Atmen und allgemeine Mattigkeit deuten auf eine Erkältungskrankheit oder Grippe hin. Beim Pferd ist das sehr ernst zu nehmen, und es muß unbedingt sofort vom Tierarzt behandelt werden! Pferde sind nicht „ein bißchen erkältet" wie wir. Sie können eine „verstopfte Nase" nicht einfach dadurch ausgleichen, daß sie durch den Mund atmen. Deshalb bekommen sie viel schneller Erstickungsanfälle als Menschen.

Die Lunge des Pferdes ist sehr empfindlich, und viele Pferde leben zudem unter ungünstigen Umständen. Ställe, in denen es keine frische Luft gibt, aber dafür Feuchtigkeit und Urindunst, begünstigen Lungenerkrankungen. Staubende Hallenböden und staubiges Heu

Die Nasenbremse – Tierquälerei?

Nicht alle Pferde lassen sich die Behandlung durch den Tierarzt bereitwillig gefallen. Der greift dann oft zur Nasenbremse, einem Holzstock mit einer Seilschlaufe an einem Ende, die sehr fest um die Oberlippe des Pferdes gezogen wird. Erstaunlicherweise hören die meisten Pferde sofort auf zu toben, sobald sie angebracht ist, und viele Reiter meinen, daß die Pferde jetzt vor lauter Schmerz in der Nase ruhig stehen. Tatsächlich steckt aber Akupunktur hinter der Wirkung der „Bremse". Wissenschaftler in Holland fanden heraus, daß der Druck auf die Oberlippe den Ausstoß beruhigender Stoffe im Gehirn des Pferdes auslöst.

Auch Fiebermessen will geübt sein.

Die Nasenbremse ist keine Tierquälerei.

machen Pferde krank. Besonders für Stallpferde ist ein Virushusten deshalb lebensgefährlich. Obendrein ist er oft sehr ansteckend, und leider sind es meistens Reitschüler, die ihn übertragen, indem sie einem Pferd nach dem anderen die Nase streicheln! Besonders auf Ausstellungen oder Turnieren, wo viele fremde Pferde zusammenkommen, solltet ihr euch deshalb mit dem Streicheln und Schmusen zurückhalten.

5. Steht das Pferd ganz still und rührt sich nicht?

Wenn ein solches Verhalten während eines Rittes oder kurz danach auftritt und auch noch mit Kurzatmigkeit und Schwitzen verbunden ist, so liegt meist ein Kreuzverschlag vor. Das ist eine Muskelerkrankung, die – vereinfacht gesagt – davon kommt, daß das Pferd bei zu viel Haferfütterung zuwenig gearbeitet hat. Das Pferd darf nun auf keinen Fall bewegt werden, bis der Tierarzt kommt. Man kann ihm Erleichterung verschaffen, indem man ihm wärmende Umschläge auf den Rücken legt oder den Rücken massiert.

Ein ähnliches Krankheitsbild zeigt sich bei der Hufrehe (Huflederhautentzündung). Auch sie entsteht durch zu gute Fütterung. Die Pferde, die davon befallen werden, sind meist zu dick! Neben der Behandlung durch den Tierarzt hilft hier ein Spezialbeschlag und – das ist das Allerwichtigste – eine strenge Diät. Ein Pferd, das einmal Rehe hatte, bleibt sein Leben lang anfällig und darf nie mehr rund gefüttert werden.

6. Verletzungen

Auf der Weide oder auch beim Reiten wird sich ein Pferd mitunter verletzen. Ein paar Kratzer beim Spiel mit Artgenossen bleiben nicht aus, und auch beim Reiten kann ein Ausrutschen und Vertreten vorkommen. Nur sehr selten tut sich ein Pferd, das auf ordentlich eingezäunten Weiden gehalten und ruhig geritten wird, ernstlich weh. Verletzungsgefahr ist deshalb kein Grund, auf Ausritte zu verzichten oder dem Pferd den Weidegang zu verwehren. Auch in der Box und in der Reitbahn kann sich leicht ein Pferd verletzen!

7. Blutet das Pferd?

In jede Stallapotheke gehört ein Desinfektionsspray, das man anwen-

In schwierigen Fällen kann der Tierarzt nur durch eine Röntgenaufnahme feststellen, warum das Pferd lahmt.

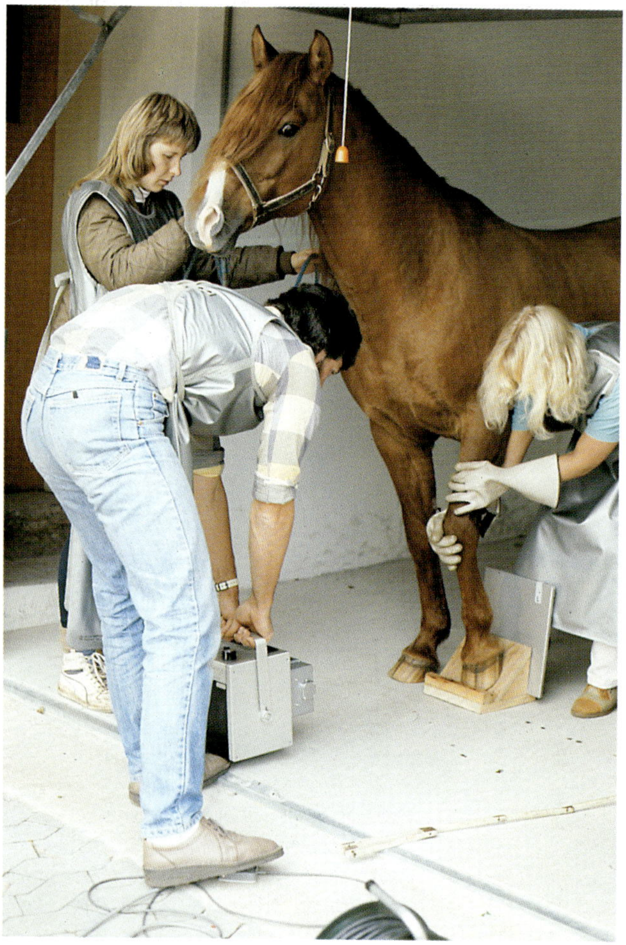

Beinekühlen bei Lahmheiten – ein guterzogenes Pferd behält den Fuß auch längere Zeit im Eimer.

det, wenn ein Pferd eine frische, oberflächliche Wunde hat. Ältere Wunden behandelt man mit einer Wundsalbe aus der Apotheke. Liegt die Wunde an einem der Beine des Pferdes, muß man ihr besonders viel Aufmerksamkeit schenken, denn hier kommt es leicht zu einem ,,Einschuß", einer Unterhautentzündung. Man kann die Heilung durch feuchte Umschläge unterstützen, die mit einem leichten Desinfektionsmittel getränkt sind.

Viele Reiter erschrecken, wenn sie sehen, daß ihr Pferd sich verletzt hat und stark blutet. Sie sind dann zu keinem klaren Gedanken mehr fähig. Solltet ihr einmal in die Lage kommen, könnt ihr euch damit beruhigen, daß Pferde sehr viel mehr Blut haben als Menschen: je nach Größe 50 Liter und mehr! Auch wenn sie einen ganzen Eimer davon verlieren, macht ihnen das nicht viel aus. Ihr braucht also keine Angst zu haben, daß euer Pferd verblutet, bevor der Tierarzt kommt.
In allen Zweifelsfällen und bei verdächtigen Anzeichen ist es jedoch immer besser, sofort einen Tierarzt hinzuzuziehen, als selbst „herumzudoktern".

8. Lahmt das Pferd?

Wenn einem Pferd ein Bein weh tut, versucht es, dieses beim Laufen zu entlasten: Es „lahmt".

Der Reiter – und später der Tierarzt – muß nun zuerst herausfinden, auf welchem Bein das Tier lahmt und welche Ursache der Schmerz hat. Man läßt das Pferd dazu vortraben und achtet dabei nicht nur auf die Beine, sondern auch auf seinen Kopf oder, wenn es hinten lahmt, auf die Kruppe. Das lahmende Pferd „nickt" nämlich mit dem Kopf, d. h., es senkt den Kopf, wenn es mit dem gesunden Fuß auftritt, und hebt ihn wieder, wenn das kranke Bein an der Reihe ist. Bei Lahmheiten der Hinterhand ist an der Kruppe ein ähnliches „Wippen" zu bemerken. Um genau sagen zu können, auf welchem Fuß ein Pferd lahmt, braucht man besonders bei leichten Lahmheiten viel Erfahrung. Laßt euch also keine „Lahmheitsdiagnose" entgehen und paßt dabei auf wie ein Luchs!

Beim Herausfinden der Lahmheitsursache haben oft sogar Tierärzte große Schwierigkeiten. Wenn das Bein nicht warm oder geschwollen ist, muß man es röntgen, um die Ursache zu ermitteln.

Die meisten Lahmheiten werden durch warme oder kalte Packungen oder Einreibungen behandelt. Zum Kühlen der Beine bei einer Lahmheit oder auch einfach zur Vorbeugung nach einem langen Ritt, kann man ein Pferd in einen Eimer mit kaltem Wasser stellen. Man sollte das gelegentlich mit ihm üben, damit es im Ernstfall keine Angst davor hat.

Wenn das Mittel richtig eingegeben wird, machen die meisten Pferde keine Schwierigkeiten bei einer Wurmkur.

Vorbeugung

Vielen Pferdekrankheiten kann man vorbeugen, indem man einen Gesundheitsplan einhält. Dazu gehört grundsätzlich eine Impfung gegen Tetanus – die sollte übrigens auch jeder Reiter haben – und die Durchführung von drei bis vier Wurmkuren im Jahr. Wurmeier und Larven im Stall oder auf der Weide lassen sich nicht vermeiden, und die Parasiten können im Magen und Darm der Pferde großen Schaden anrichten. *Wurmkuren* gibt es beim Tierarzt, und es ist sehr einfach, sie zu verabreichen. Beachtet aber, daß die leeren Behälter in den Sondermüll gehören!

In Gegenden, in denen Tollwutgefahr herrscht, ist auch die Tollwutimpfung ein Muß! Weiterhin kann man die Pferde gegen Grippe und andere Viruserkrankungen impfen lassen.

Umgang mit Pferden

Sicher habt ihr schon einmal zwei Pferde gesehen, die zusammen auf einer Weide oder in einem Auslauf standen und einander genüßlich kraulten. In der Fachsprache nennt man dieses Verhalten *soziale Fellpflege*. Pferde bekunden einander damit Freundschaft und gegenseitiges Verständnis.

Wenn wir ein Pferd putzen und es spürt, daß wir das gern tun, bauen wir genau dieselbe freundschaftliche Beziehung zu ihm auf, die unter Pferden durch die soziale Fellpflege ausgedrückt wird.

Das Pferd genießt diese Behandlung. Und ganz nebenbei verrät es uns dabei einiges über seine Vorlieben und Abneigungen, was uns später beim Reiten nützlich sein kann. So erfahren wir, ob es hautempfindlich oder kitzelig ist, wir stellen fest, ob es schreckhaft ist, ob es Vertrauen zu Menschen hat oder sich vor ihnen fürchtet.

Bevor ihr ein Pferd reitet, solltet ihr es also putzen, selbst dann, wenn es eigentlich noch ganz sauber aussieht. Insbesondere bevor man ein Pferd zum ersten Mal reitet, lohnt es sich, diese Gelegenheit zur freundschaftlichen Kontaktaufnahme wahrzunehmen. Sprüche wie: „Ich reite lieber, als daß ich putze" verraten Unkenntnis und mangelndes Interesse am Pferd als Lebewesen und Partner.

Das Putzen hilft beim Kennenlernen, säubert natürlich das Pferd und wirkt auch wie eine Massage. Es lockert und wärmt die Muskeln von Pferd und Reiter vor dem Reiten. Außerdem gibt es dem Pferd Zeit, sich auch seelisch auf die Reitstunde einzustellen.

In diesem Kapitel erfahrt ihr, was man zum richtigen Putzen braucht und wie man es so macht, daß beide, Pferd und Reiter, sich dabei wohl fühlen. Und damit das Pferd beim Putzen nicht spazierengeht, sondern ruhig steht, legt ihr ihm ein Halfter um und bindet es an.

„Soziale Fellpflege" nennt man dieses genüßliche Einanderkraulen .

Vor dem Putzen

Aufhalftern

Wer ein Pferd zum Putzen und Aufsatteln aus dem Stall oder von der Weide holt, zieht ihm ein Stallhalfter über. Man sollte es auch dann aufhalftern und anbinden, wenn man es in der Box putzt, denn es soll sich gar nicht erst angewöhnen, herumzuzappeln, wenn ein Mensch sich mit ihm beschäftigt. Wenig Sinn hat es dagegen, dem Pferd das Stallhalfter ständig am Kopf zu lassen. Pferde, die mit Stallhalfter in der Box oder auf der Weide stehen, können sich damit leicht irgendwo verfangen und verletzen.

Stallhalfter gibt es aus Nylon und aus Leder. Sie bestehen aus einem Nasenteil, einem Nackenteil und einem Kehlriemen. Da sich alle diese Teile ziemlich ähneln, solltet ihr sie euch jedesmal genau ansehen, bevor ihr loszieht, um das Pferd aufzuhalftern. Insbesondere solltet ihr euch dabei vergewissern, ob das Modell, das ihr gerade in der Hand haltet, mit Hilfe einer Schnalle am Nackenriemen oder eines Karabinerhakens am Kehlriemen geschlossen wird.

Zum Aufhalftern nähert ihr euch dem Pferd grundsätzlich von vorn, denn wenn ihr von hinten kommt, kann euch das Pferd zwar sehen, aber nicht sicher als harmlos erkennen. Wenn es euch auf diese Weise mit einem Wolf verwechselt, läuft

Stallhalfter mit Schnalle am Nackenteil:
1 Strick 2 Panikhaken 3 Kehlriemen
4 Nackenteil 5 Nasenteil

Zum Aufhalftern legt Petra der Stute Memory das Halfter erst über die Nase ...

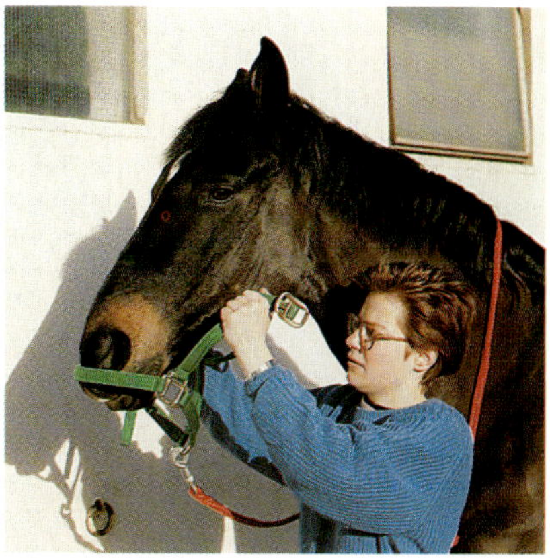

... zieht es hoch ...

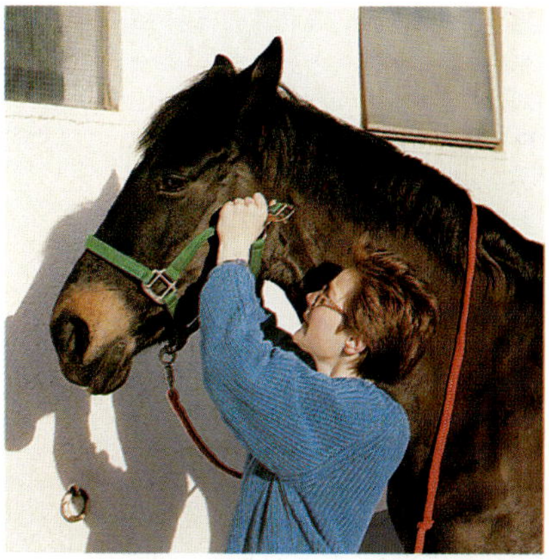

... und schließt die Schnalle.

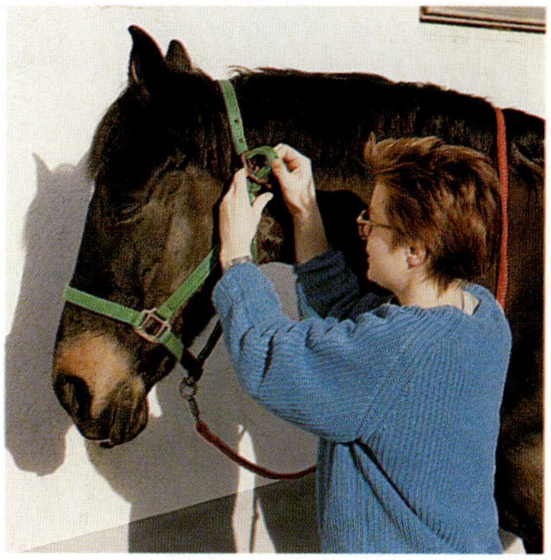

es bestenfalls weg – schlimmstenfalls tritt es aus!

Wenn ihr zu einem Pferd in die Box geht, und es euch das Hinterteil zuwendet, ruft ihr es an, bevor ihr euch nähert. In den meisten Fällen wird es sich dann umdrehen oder euch wenigstens den Kopf zuwenden und die Ohren spitzen. Tut es das nach mehrmaligem, auch etwas lauterem Ansprechen nicht oder legt es sogar die Ohren an, scheut euch nicht, bittet einen erfahreneren Reiter um Hilfe!

Zum Aufhalftern stellt man sich neben den Hals nahe am Kopf des Pferdes und umfaßt seine Nase mit dem rechten Arm. Die rechte Hand legt man ihm auf den Nasenrücken. Mit der linken schiebt man den Nasenriemen des Halfters über den Nasenrücken. Trägen Weidepferden, die lieber weitergrasen wollen, statt zu arbeiten, muß man den Kopf dazu hochdrücken, was meist kein großes Problem darstellt. Schwieriger wird es, wenn sich ein sehr großes Pferd entschließt, den Kopf nicht herunterzunehmen. Da man es dazu nicht zwingen kann, lockt man es am besten mit einem Leckerbissen herunter. Man kann sich auch am Hals entlang nach oben kraulen und versuchen, das Pferd auf diese Art zu überreden. Mit Geduld klappt das fast immer, mit Schimpfen eigentlich nie, denn warum sollte ein Pferd einem so unfreundlichen Menschen seine Freiheit opfern?

Ist der Nasenriemen erst einmal übergestreift, lassen die meisten Pferde ruhig zu, daß man ihnen das Nackenstück über die Ohren zieht. Wenn nichts verdreht ist, könnt ihr das Halfter nun schließen. Falls es am Nackenstück zu verschnallen ist, bitte das Schnallenloch so wählen, daß der Nasenriemen auf dem harten Teil der Nase sitzt (mindestens vier Finger breit oberhalb der Nüstern).

Führen am Stallhalfter

Oft müßt ihr ein Pferd zum Putzen aus der Box oder von der Weide holen und es am Stallhalfter zum Anbindeplatz führen. Dazu befestigt man zunächst einen Strick am Ring unterhalb des Kinns des Pferdes. Diesen faßt man mit der rechten Hand etwa eine Handbreit unter

Lauf doch nicht immer weg!

Manche Pferde, die sich auf der Weide nicht fangen lassen, finden einfach Spaß daran, Menschen ein wenig zu foppen. Wenn man das weiß, kann man darauf eingehen und sie ein paar Minuten jagen. Dabei darf man aber – das ist eine Grundregel beim Einfangen von Pferden – nie hinter ihnen herrennen, sondern muß immer langsam gehen. Hilft das nicht oder hat man es eilig, so fängt man einfach die anderen Pferde ein, die mit dem Spaßvogel auf einer Weide stehen und verteilt etwas Futter an sie. Garantiert wird sich der Witzbold auch bald einstellen, um seinen Anteil abzuholen!

Andere Pferde versuchen, sich durch Weglaufen vor der Arbeit zu drücken. Auch sie lassen sich in den meisten Fällen mit Hilfe einer Futterschüssel umstimmen. Im übrigen halten sie eine Jagd in der Regel nur so lange durch, wie das Weglaufen nicht in Anstrengung ausartet. Im Umgang mit diesen Faulpelzen darf man nur niemals nachgeben. Erreichen sie einmal ihr Ziel und dürfen auf der Weide bleiben, so werden sie es immer wieder versuchen!

Wirklich schwierige Fälle sind jedoch Pferde, die vor Menschen fliehen, weil sie sich ehrlich vor ihnen fürchten. Man erkennt sie verhältnismäßig leicht an ihrem panischen Blick, ihren „Angstaugen". Auch ihre Körperhaltung ist eine andere als bei den Spaßmachern und Faulpelzen. Am besten hilft man diesen Pferden, indem man so lange darauf verzichtet, sie zu reiten, bis sie wieder Vertrauen zum Menschen gefaßt haben. Man fängt sie aber trotzdem regelmäßig ein, denn letztlich kann man sie nur durch Füttern und Anfassen davon überzeugen, daß man es gut mit ihnen meint. Beim Einfangen muß man versuchen, sie sowenig wie möglich zu erschrecken. Am besten sind ein paar ruhige Helfer, mit denen zusammen man sie in eine Ecke treibt. Hat man sie eingefangen, streichelt, krault und füttert man sie. Anschließend läßt man sie sofort wieder laufen. Wenn man das lange genug wiederholt, werden die meisten Pferde zahm. Die Leitung einer solchen Aktion sollte aber unbedingt in den Händen eines erfahrenen Pferdemenschen liegen, denn nur der kann beurteilen, wann die Reaktion des verängstigten Pferdes für Mensch und Tier gefährlich wird.

Zum Einfangen treibt man das Pferd am besten in eine Ecke.

dem Pferdekopf. Das andere Ende des Strickes nimmt man in die linke Hand. Dazu legt man es in Schlaufen, schlingt es aber nie um die Hand, denn ein Pferd, das wegspringt, weil es z.B. vor etwas scheut, kann einem leicht die Finger abreißen! In die linke Hand gehört auch die Gerte, wenn man z.B. mit einem jungen Pferd einen längeren Spaziergang machen will.

Anbinden

In der Regel wird ein Pferd angebunden, damit es nicht herumwandert, während wir es pflegen oder satteln. Auf Ausritten oder Turnieren macht man es auch fest, um sich eine Zeitlang von ihm entfernen zu können. Dazu muß es allerdings an fremde Umgebung gewöhnt sein. Wer nicht sicher ist, ob sein Pferd oder Pony ruhig bleibt und die Pause zum Ausruhen nutzt, sollte es nicht allein lassen.

Bevor man ein Pferd anbindet, schaut man nach, ob der Anbindeplatz sicher ist. Plätze, die es einem Pferd ermöglichen, bei Seitensprüngen in einem Gulli zu landen oder sich an einem landwirtschaftlichen Gerät zu verletzen, sind ebenso zu meiden wie Anbindestangen, die einem ziehenden Pferd nicht stand-

▲ ***So führt man ein Pferd richtig, wenn es ein Stallhalfter trägt.***

▲ ***Dieses Pferd ist mit einem Sicherheitsknoten und dem Panikhaken gut angebunden.***

halten. Auf keinen Fall darf ein Pferd an einen beweglichen Gegenstand gebunden werden!

In den meisten Reitställen gibt es pferdesichere Anbinderinge, die z. B. fest in die Wände eingelassen sind. Gerade dadurch kann jedoch wieder Gefahr drohen, denn wenn ein Pferd scheut, zu zerren beginnt und nicht loskommt, kann es hinfallen und sich verletzen. Um dies zu verhindern, sind die meisten Anbindestricke mit einem „Panikhaken“ versehen, der sich im Notfall öffnet. Außerdem sollte man ein Pferd immer mit einem Sicherheitsknoten anbinden, den man mit einem Handgriff lösen kann.

Wenn ein Pferd zu kurz angebunden wird, neigt es zu Panik, und wenn man es zu lang anbindet, kann es sich mit einem Fuß im Strick verheddern. Ideal ist eine Länge von ca. 60 cm zwischen Halfter und Anbinder.

Sicherheitsknoten: Zwei Möglichkeiten, ein Pferd richtig anzubinden

Sauberkeit und Wohlbefinden

Wie gründlich und mit welchen Putzgeräten man ein Pferd säubert, hängt von der Art seiner Haltung und von der Jahreszeit ab. Im Sommer zum Beispiel haben Pferde ein kürzeres Fell als im Winter und mögen es nicht, mit einer harten Bürste bearbeitet zu werden. Im Winter dagegen lieben sie diese Behandlung. Ein Pferd, das im Offenstall steht, braucht nicht so oft und so gründlich geputzt zu werden wie eines, das man in einer Box hält. Denn erstens braucht es ein bißchen Staub und Fett im Fell als Schutz gegen Regen, und zweitens hat es meistens einen oder mehrere Artgenossen bei sich, die es kraulen, wenn das Fell juckt. Das Stallpferd dagegen ist auf den Menschen als Pfleger angewiesen. Es freut sich, wenn man sich ausgiebig mit ihm beschäftigt! Und da es nicht naß wird und nicht in der Kälte steht, beeinträchtigt ein kurzes und blitzsauberes Fell sein Wohlbefinden nicht.

Auf den Fotos der Seite 51 seht ihr alle möglichen Putzgeräte, die bei der Pflege nützlich sind. Übrigens: Wenn ihr euer Putzzeug regelmäßig bei verschiedenen Pferden benutzt, solltet ihr es mindestens zweimal jährlich auswaschen und desinfizieren! In vielen Reitställen mag man es nicht, wenn ihr eigenes Putzzeug mitbringt. Das hat seinen Sinn, denn durch Putzzeug können Pilze und Bakterien übertragen werden. Es spricht für einen Reitstall, wenn sich Besitzer und Reitlehrer darüber Gedanken machen!

So putzt man richtig

Der erste Putzdurchgang ist das Striegeln. Dazu nehmt ihr den Striegel in die Hand und massiert das Pferd kräftig mit kreisenden Bewegungen. Im Striegel sammelt sich dabei Staub an, den ihr ab und zu auf der Stallgasse abklopfen müßt.

Ihr beginnt mit dem Striegeln am Hals des Pferdes und arbeitet euch dann langsam nach hinten. Das Pferd sollte dabei ruhig stehen und

Beim Putzen wird zuerst mit einem Striegel der grobe Schmutz und Staub aus dem Fell geholt und das Pferd mit kreisenden Bewegungen massiert.

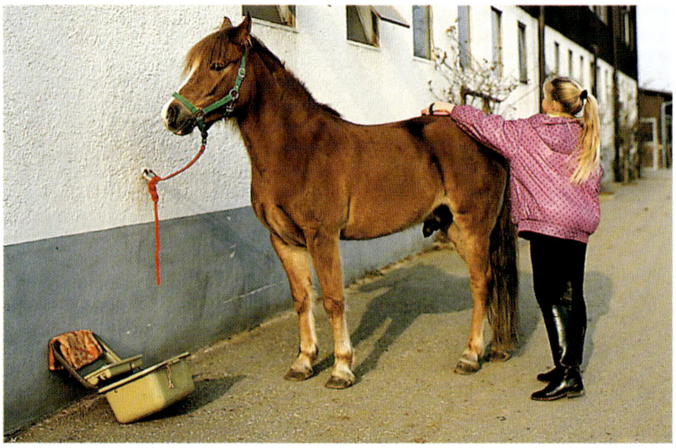

Dann bürstet man mit der Kardätsche den Staub aus dem Fell. Amigo hebt den Kopf und horcht nach hinten.

Die Kardätsche wird am Striegel abgestrichen.

Den Striegel klopft man ab und zu auf dem Boden aus.

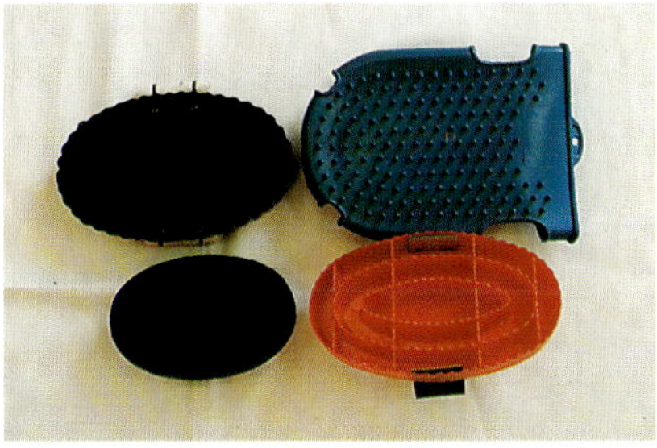

Der Striegel

Striegel aus Metall, Gummi oder Kunststoff, oben rechts in Handschuhform, massieren die Haut und befreien das Fell vom gröbsten Schmutz. Außerdem streift man am Striegel den Staub von der Kardätsche ab, wenn man das Pferd bürstet.

Die Kardätsche

Sie dient dazu, den Staub aus dem Fell des Pferdes zu bürsten und es zum Glänzen zu bringen. Es gibt harte und weiche, feine und grobe Kardätschen. Welche man wählt, richtet sich nach Empfindlichkeit und Fellstruktur des Pferdes.

Die Wurzelbürste

Wurzelbürsten braucht man hauptsächlich zur Reinigung des Hufes, den man manchmal richtig scheuern muß, bevor man ihn einfettet oder teert. Bei Pferden mit grober Fellstruktur benutzt man sie auch oft anstelle von Mähnenkämmen und Kardätschen.

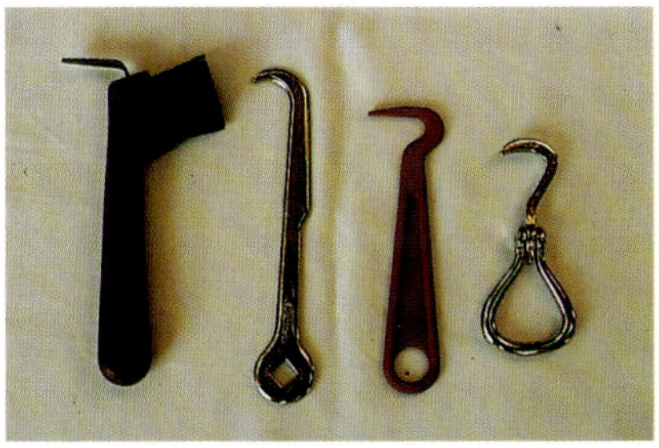

Der Hufkratzer

Es gibt verschiedene Modelle, und ihr könnt ausprobieren, welches euch am besten in der Hand liegt. Grundsätzlich solltet ihr einen Hufkratzer aus Metall wählen. Die Kunststoffmodelle sind zu leicht, entfernen den Schmutz nur unter größter Kraftanstrengung und brechen obendrein spätestens beim ersten Frost ab. Wenig durchdacht sind auch Hufkratzer-Mähnenkamm-Kombinationen. Wer will schließlich seinem Pferd den Mist, den er gerade erst aus den Hufen gekratzt hat, in die Mähne schmieren? Sinnvoller ist da schon das Hufkratzermodell mit der kleinen Hufbürste am anderen Ende.

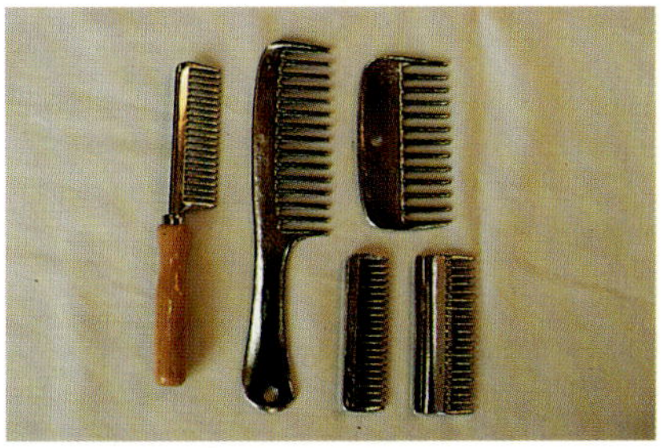

Der Mähnenkamm

Er dient bei Pferden mit empfindlichem Haar, das leicht ausgeht, zur täglichen Mähnenpflege. Zum Einflechten der Mähne vor besonderen Anlässen und auch zum „Verziehen" der Mähne nimmt man feinere Kämme, und wenn man kein besonders empfindliches Pferd hat, kann man im Grunde auch für jeden Tag zu einem feineren Kamm oder einer Wurzelbürste greifen.

Schwämme

Um ein Pferd gründlich zu putzen, braucht man einen Schwamm zum Auswischen der Augenwinkel und Nüstern und einen anderen für die Gegend unter dem Schweif, also After und Geschlechtsorgane.

Neben diesen wichtigsten Putzgeräten gibt es noch verschiedene andere, z.B. Massagehandschuhe oder -pilze, Striegel-Bürsten-Kombinationen, Putztücher u.s.w. Ob ihr so etwas braucht, müßt ihr selbst entscheiden. Erfahrungsgemäß schwört der eine auf dies, der andere auf jenes. Um das Pferd sauber zu bekommen, reichen die abgebildeten Gegenstände aber in aller Regel aus.

die Massage genießen. Tut es das nicht, sondern hampelt nervös herum, ist es in der Regel kitzelig. Dann müßt ihr beim Massieren fester zudrücken oder einen härteren Striegel verwenden. Wenn das Pferd eine besonders empfindliche Haut hat, hilft ein weicherer Striegel, z. B. ein besonders kleiner Gummistriegel. Und wenn das Pferd nicht sehr schmutzig ist, könnt ihr auch gleich zur Bürste greifen, ebenso für die Beine.

Nur bei sehr unempfindlichen Pferden, z. B. bei Ponies im Winterfell, solltet ihr übrigens einen Metallstriegel einsetzen. In der Regel genügt die Behandlung mit dem Gummistriegel vollkommen, um den Schmutz abzureiben und das Pferd warmzumassieren. Der „Finnenstriegel" oder „Nadelstriegel" aus Kunststoff, der inzwischen in den verrücktesten Farben auf dem Markt ist, erzielt zusätzlich einen Bürsteneffekt und kann auch mal als Mähnenbürste verwendet werden, wenn man ein Pferd mit viel und kräftigem Behang hat. Viele hautempfindliche Pferde mögen den Nadelstriegel besonders gern und stehen gleich ruhiger, wenn man ihn einsetzt.

Was ganz sicher nicht hilft, wenn das Pferd beim Putzen irgendwelchen Unwillen zeigt, ist Anschreien oder Schlagen. Meist erregt es die Pferde nur noch mehr, wenn ihr Pfleger ungeduldig und zornig wird. Aber selbst wenn das Pferd auf den Tadel reagiert und ruhig steht, hat man nichts gewonnen, denn es bleibt ängstlich und verspannt. Von gemeinsamer Freude am Putzen kann dann nicht mehr die Rede sein. Besser ist es, herauszufinden, was das Pferd beim Putzen nicht mag. Bei nervösen Pferden helfen oft auch beruhigende Worte.

Ebenso wie ihren Unwillen, können Pferde aber auch ihren Spaß am Putzen deutlich zeigen. Bei vielen wird die Oberlippe immer länger, wenn sie das Striegeln genießen. Oft zeigen sie einem die Stellen, an denen es juckt, indem sie sich selbst dort kratzen. Beide Verhaltensweisen gehören in den Bereich der sozialen Fellpflege, und man sollte auf keinen Fall böse reagieren, wenn das Pferd versucht, die Streicheleinheiten zurückzugeben und einen seinerseits zu kraulen. Weist es in diesem Fall aber freundlich ab, bevor es auf die Idee kommt, die Zähne zu Hilfe zu nehmen.

Wenn ihr beide Seiten des Pferdes mit dem Striegel massiert habt, greift ihr zur Kardätsche, um den Staub aus dem Fell zu bürsten. Ihr nehmt sie in die rechte Hand und den Striegel in die linke und bürstet das Fell mit dem Strich, also in der Richtung, in der die Haare liegen, bis es glänzt. Nach ein oder zwei Bürstenstrichen streift ihr den Staub am Striegel ab. Die Bewegungen des Bürstens und Abstreichens gehen dabei ineinander über. Wenn der Striegel sehr staubig ist, wird er wieder auf dem Boden ausgeklopft. Putzt ihr euer Pferd auf der Stallgasse, so bildet der Staub ein Striegelmuster auf dem Boden. Viele Leute, die früher mit Pferden zu tun hatten, werden euch erzählen, daß z.B. beim Militär ein Pferd erst dann als sauber galt, wenn man 50 solcher Abdrücke auf der Stallgasse nachweisen konnte. Außerdem fuhren die Vorgesetzten damals angeblich mit einem weißen Handschuh über das geputzte Pferd, und wenn sich darauf auch nur ein Stäubchen zeigte, mußte man noch mal anfangen. Ich weiß nicht, ob das wirklich so gehandhabt wurde, aber wenn, dann war es sinnlose Schikane.

Vorsicht beim Mähnekämmen, damit keine Haare herausgerissen werden!

Selbst Stallpferde brauchen etwas Staub und Fett im Haar, um sich wohlzufühlen und Wärme und Kälte ausgleichen zu können. Putzt eure Pferde also immer nur soweit, daß ihr Fell nirgendwo verklebt bleibt und daß es sauber aussieht und glänzt. Wenn ihr dabei mit ihnen redet und euch auf sie konzentriert, habt ihr sowieso keine Zeit, Striegelabdrücke zu zählen!

Nach dem Fell des Pferdes werden Mähne und Schweif gebürstet oder gekämmt. Die meisten Pferde lassen sich das ruhig gefallen, zumindest so lange, bis es ihnen an den Stirnschopf geht. Um den zu glätten, muß man nämlich an ihren Kopf heran, und da sind viele Pferde äußerst empfindlich, „kopfscheu", wie man in der Fachsprache sagt. Kopfscheuheit ensteht, wie die meisten Untugenden von Pferden, durch falsche Behandlung in ihrer Jugend. Immer wieder erlebt man es, daß Pferde, sogar schon kleine

Pferde, die Vertrauen zu ihren Menschen haben, mögen es, am Kopf gekrault und gebürstet zu werden.

Die Nüstern werden vorsichtig mit einem Schwamm ausgewischt.

Fohlen, ins Gesicht geschlagen werden, um sie für eine Kleinigkeit zu bestrafen. Solche Pferde entwickeln später große Angst, sobald sich eine Menschenhand ihrem Gesicht nähert, und die meisten verlieren sie niemals ganz.

Wenn ihr ein Pferd putzen wollt, das solche Ängste zeigt, solltet ihr zunächst einmal all eure Geduld zusammennehmen, denn mit Zorn erreicht man gar nichts. Es ist auch vergebene Mühe, zu versuchen, den Pferdekopf am Halfter herunterzuziehen. Das Pferd hat erstens viel mehr Kraft als ihr und reagiert außerdem auf den Druck im Nacken fast immer mit Panik, denn so hat es bisher jeder versucht, und damit hat es nur schlechte Erfahrungen gemacht. Besser ist es, die Bürste wegzulegen und zu beginnen, das Pferd zu streicheln. Fangt am Hals an und arbeitet euch nach oben zwischen die Ohren. Versucht, ein Ohr zu fassen und es zu kraulen. Fast alle Pferde mögen das. (Falls ihr euch für Akupunktur oder Akupressur interessiert: An der Ohrenspitze liegt – beim Pferd wie beim Menschen und wahrscheinlich auch beim Elefanten und bei der Maus – ein Punkt, dessen Massage die Nerven beruhigt. Ihr könnt das vor der nächsten Mathearbeit ruhig mal an euch selbst probieren!)

Streichelt dann über die Augen und über die Nase des Pferdes, und vergeßt nicht, pausenlos freundlich mit ihm zu reden! Vielleicht läßt es dann auch zu, daß ihr ihm den Kopf bürstet. Nicht immer klappt diese Methode, beim ersten Versuch eigentlich nie, aber wer Geduld hat, erzielt dabei manchmal ganz erstaunliche Wirkung.

Probiert es also ruhig aus, am besten zuerst an einem nicht kopfscheuen Pferd, das euch durch wohliges Kopfsenken und Augenschließen zeigt, an welchen Punkten ein Pferd das Streicheln am liebsten hat. Zuletzt werden die Augenwinkel und Nüstern des Pferdes mit einem sauberen Schwamm ausgewischt.

Hufe auskratzen

Ein weiterer Problempunkt beim Putzen ist oft das Hufeauskratzen. Viele Schulpferde geben nur dann die Hufe, wenn man sie energisch darum bittet, und lassen zaghafte Reitschüler, die entsprechende Aufforderung flüstern, warten, bis sie schwarz werden. Laßt euch von ihnen nicht bangemachen, sondern stellt euch beherzt mit dem Rücken zum Pferdekopf neben ein Vorderbein. Mit der dem Pferd zugewandten Hand greift ihr an die Fessel. Wenn ihr nicht sicher sein könnt, daß das Pferd nicht schlägt, ist es besser, ihr laßt die Hand am Bein des Pferdes bis zur Fessel hinabgleiten – und sagt deutlich und auffordernd: „Fuß!" oder „Huf!" Gibt das Pferd das Bein dann nicht her, so wiederholt ihr den Vorgang und lehnt euch dabei gegen die Schulter des Pferdes. Fast immer verlagert es daraufhin sein Gewicht auf die anderen Beine und läßt euch den Huf heben, den ihr dann mit dem Hufkratzer reinigt, indem ihr Mist und Schmutz entfernt, der sich zwischen Strahl und Eisen festgesetzt hat.

Bei den Hinterbeinen geht es ähnlich. Ihr steht dicht neben der Kruppe, streichelt am Bein entlang bis zur Fessel und zieht das Bein dann nach hinten heraus. Ihr könnt es während der Hufpflege mit eurem Knie stützen. Auch bei den Hinterhufen hilft übrigens der Trick mit dem Anlehnen. Pferde mögen Tuchfühlung mit Menschen, die Sicherheit ausstrahlen. Ängstlichen und zaghaften Pflegern vertrauen sie ihren wertvollen Huf dagegen ungern an!

Aber bei allem Vertrauen zum Pferd: Gewöhnt euch an, beim Hufereinigen immer neben, nie hinter ihm zu stehen, damit es euch nicht mit dem Huf treffen kann, wenn es ihn wegreißt, damit zuckt oder gar ausschlägt. Pferde, die nach ihren Pflegern schlagen, sind natürlich keine geeigneten Putzobjekte für Anfänger. Wenn ihr Bedenken habt, daß euer Pferd das tun könnte, ruft besser einen erfahrenen Pferdemenschen zur Hilfe!

Mit dem Hufkratzer wird der Strahl gesäubert. ▶

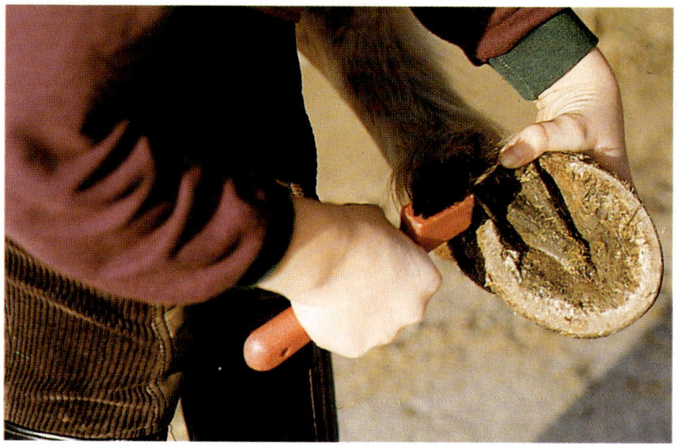

Mit der kleinen Bürste wird der Huf von Mist und Schmutz gereinigt. ▶

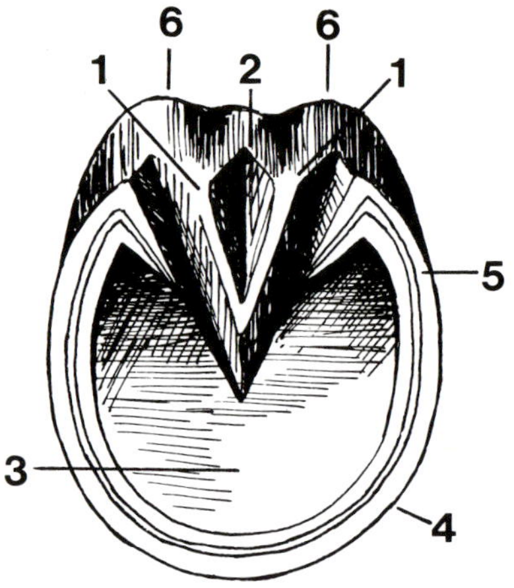

◀ *So sieht ein Huf von unten aus:*
1 Strahlfurchen
2 Strahl
3 Hufsohle
4 Tragrand
5 weiße Linie
6 Hufballen

So sieht ein Huf von der Seite aus: ▶
1 Tragrand
2 Hufwand
3 Kronrand

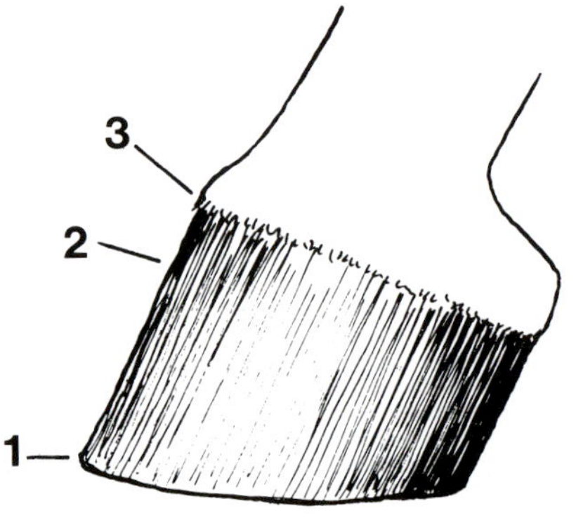

Ein Pferd, das regelmäßig im Gelände geritten wird, braucht alle sechs bis acht Wochen einen neuen Hufbeschlag. Hufeisen sind notwendig, um den Huf zu schützen, denn das Hufhorn nutzt sich beim Reiten auf harten Wegen schneller ab, als es nachwachsen kann. Nur wenn man dauernd auf weichem Grund reitet, kann man auf einen Beschlag verzichten, aber in unserer von Asphaltstraßen durchzogenen Umwelt gibt es kaum noch Gegenden, in denen das möglich ist.

Pflege nach dem Reiten

Auch nach der Reitstunde solltet ihr eurem Pferd die Hufe auskratzen und Augen und Nüstern auswischen. Einfacher als das berühmte Abreiben mit Stroh, das in manchen Reitställen schon am Fehlen einer sauberen Einstreu scheitert, wäre es, wenn das Pferd sich in der Halle, auf einem Sandplatz oder einer Wiese wälzen dürfte. Leider ist das in den meisten Ställen nicht üblich, was von den Pferden als sehr unangenehm empfunden wird. Sie wünschen sich nämlich nach der schweißtreibenden Arbeit nichts mehr als ein Staubbad!

Im Sommer ist es sinnvoll, das Pferd nach dem Reiten mit Wasser abzuspritzen oder abzuwaschen. Im Winter sollte es eingedeckt werden, wenn es geschwitzt hat, damit es nicht friert. Am besten fragt ihr euren Reitlehrer oder eure Reitlehrerin danach, was in eurem Reitstall üblich ist. Aber auch wenn er oder sie meinen sollte, das Pferd brauchte gar keine Nachbehandlung: Es wird eine kleine Massage mit dem Finnenstriegel oder einem Strohwisch und vor allem ein Auswischen von Augen und Nüstern mit einem sauberen Schwamm genießen! Denkt mal daran, wieviel Hallenstaub ihr im Taschentuch wiederfindet, wenn ihr euch nach der Reitstunde die Nase putzt! Das Pferd atmet noch mehr davon ein und ist dankbar, wenn ihr es vorsichtig davon befreit.

Pferde wälzen sich nach dem Reiten gern auf einer Wiese oder im Sand.

An heißen Tagen genießen es die meisten Pferde, nach der Arbeit abgespritzt zu werden.

Ab und zu kann der Schweif mit einem Spezialshampoo ausgewaschen werden.

So sieht ein Schweißmesser aus, mit dem das Wasser nach einem Bad aus dem Fell gestrichen wird.

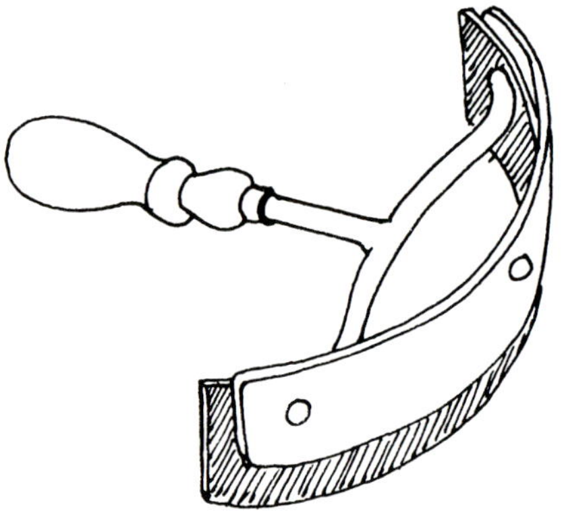

Zusätzliche Pflege

Neben dem täglichen Putzen und dem Putzen vor der Reitstunde kann man das Pferd gelegentlich länger pflegen. Je einmal im Frühjahr und Herbst, manchmal auch vor Schauen und Turnieren, kann man es z. B. waschen. Man nimmt dazu ein Spezialshampoo für Pferde, denn normales Haarshampoo entzieht dem Fell zuviel Fett.

Nach dem Bad wird das Wasser mit der Hand oder einem besonderen Gerät, dem *Schweißmesser*, aus dem Fell gestrichen. Laßt das Pferd auf keinen Fall los, bevor es ganz trocken ist, denn es teilt unsere Begeisterung über den frischen Duft in seinem Haar leider gar nicht und brennt darauf, sich jetzt im dicksten Dreck zu wälzen! Wenn es das tut, nachdem es getrocknet ist, kann man Staub und Sand später leicht wieder aus dem Fell bürsten, aber Dreck, der ins noch feuchte Fell gerieben wurde, sitzt fest!

Vor den meisten Turnieren wird den Pferden die Mähne eingeflochten, ein Verfahren, über dessen Schönheitswert sich streiten läßt, dessen Verfechter aber steif und fest behaupten, daß beim eingeflochtenen Pferd die Halslinie besser zur Geltung käme. Außerdem habe der Reiter einen sichereren Griff am Zügel, wenn ihm keine Mähnenhaare mit in die Hand kämen. Leider schädigt das Einflechten die Haarstruktur des Pferdes. Das Haar wird

◄ ***Zu Turnieren wird die Mähne oft eingeflochten.***

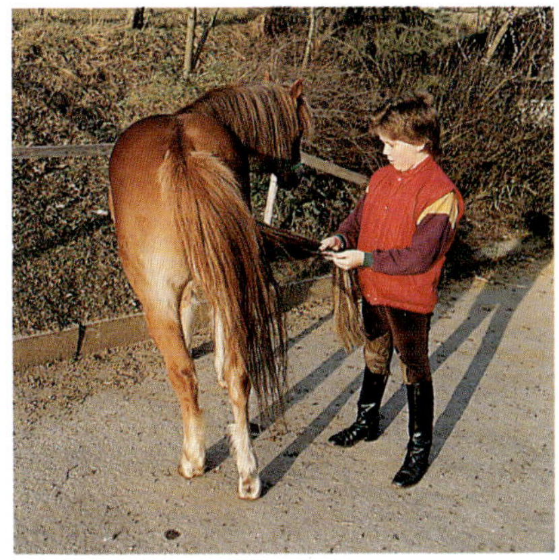

▲ ***Bei einem Pferd mit feinem Langhaar sollte der Schweif nicht gebürstet, sondern sorgfältig verlesen werden.***

Hufwand und Hufunterseite können gelegentlich mit Huffett eingepinselt werden. ▼

brüchig und dünnt in den Spitzen aus. Wer sowieso eine Kurzhaarfrisur für seine Pferde bevorzugt und deshalb die Spitzen regelmäßig kürzt, dem kann das egal sein. Wer Pferde mit langer, wehender Mähne vorzieht, sollte so selten wie möglich einflechten, obwohl gerade dann die schönsten Flechtfrisuren möglich werden. Pferdemähnen werden übrigens nur in Ausnahmefällen geschnitten. In der Regel verzieht man sie, d. h., man reißt die Haare in der gewünschten Länge ab. Wenn der Pfleger das sachkundig erledigt, tut es nicht weh und sieht natürlicher aus als das mit der Schere gekürzte Haar.

Nie aber dürft ihr einem Pferd die Schweifhaare ausreißen oder scheren. Das ziept erstens bei der Behandlung und piekst zweitens unangenehm, wenn die Haare wieder nachwachsen. Außerdem nimmt es dem Schweif den natürlichen Regenschutz, und die empfindlichen Organe darunter werden naß.

Zuletzt noch ein paar Worte zur zusätzlichen Hufpflege. Ein Sprichwort sagt, die beste Hufpflege sei der morgendliche Tau auf den Weiden, und es hat zweifellos recht. Ein Pferd, das immer auf der Weide läuft, braucht in der Regel weder Huffett noch Teer, allenfalls in Trockenzeiten wird man den Huf auswaschen und seine Unterseite mit Holzteer behandeln. Das ist auch die richtige Hufpflege für Offenstallpferde, die abwechselnd im Sand, auf der Wiese und auf einem befestigten Stallvorplatz stehen. Pferde, die immer im Stall stehen, sollte man dagegen gelegentlich mit Huffett behandeln, um ihre Hufe vor Fäulnis durch Mist und Urin zu bewahren. Auch hier gilt: Kein Einfetten ohne vorheriges Auswaschen! Das Huffett versiegelt die Feuchtigkeit im Huf. Es wird auf den ganzen Huf, also Innenseite und Hufwand, aufgestrichen. Das Pferd sieht dann aus, als trage es Lackschuhe.

Gutes Benehmen erwünscht! In der Schmiede

1 **Vor dem Neubeschlag werden die alten Eisen entfernt.**

2 **Die Hufränder werden gekürzt, . . .**

3 **. . . und die Hufe beschnitten . . .**

Heute ist die Islandstute Blanda wieder einmal mit dem Hufbeschlag an der Reihe. Morgens um zehn hat Bettina sie bei der Schmiedin angemeldet. Da Andrea Ferien hat, fährt sie mit und probiert gleich ihre neue Kamera aus: „Ich fotografiere den ganzen Beschlag!" verkündet sie.

Jeder Besuch in der Schmiede beginnt mit dem Abnehmen der alten Hufeisen. Die Nägel werden gelockert, und das Eisen wird abgezogen. Blanda hampelt dabei unruhig herum.

„Sie kann es nicht leiden, wenn man das Eisen unter ihrem Huf wegreißt!" erklärt Bettina. „Kein Problem!" Frau Huber zieht die gelockerten Nägel einzeln heraus, und Blanda steht still. Kleine Ursache, große Wirkung!

Nachdem die alten Eisen entfernt sind, wird Blandas Huf durch fachgerechtes „Ausschneiden" auf den neuen Beschlag vorbereitet. Bettina hält die Hufe auf, und Andrea beruhigt und streichelt Blanda. „Daß ihr das nicht wehtut!"

„Hufhorn", erklärt Bettina, „entspricht unseren Fingernägeln. Die können wir ja auch schneiden, ohne daß es uns wehtut. Unter dem Hufeisen nutzt sich das Horn nicht ab, sondern wächst nach. Das ist so, als würden wir unsere Nägel schonen, indem wir bei jeder Arbeit Handschuhe tragen. Deshalb muß der Huf vor dem Neubeschlag beschnitten und gefeilt werden."

Als nächstes werden vier Hufeisen, die in der Größe zu Blanda passen, heißgemacht und passend geschmiedet.

Das anschließende „Aufbrennen", also das Auflegen des glühenden Eisens auf den bloßen Pferdehuf, sieht für Andrea gefährlich aus. Der aufsteigende Qualm und der Geruch verbrannten Horns bringt Blanda zum Husten.

„Arme Blanda!" meint Andrea.

. . . und in Form geschmiedet, damit sie Blanda genau passen.

6

Aufbrennen – keine Angst, es tut nicht weh!

7

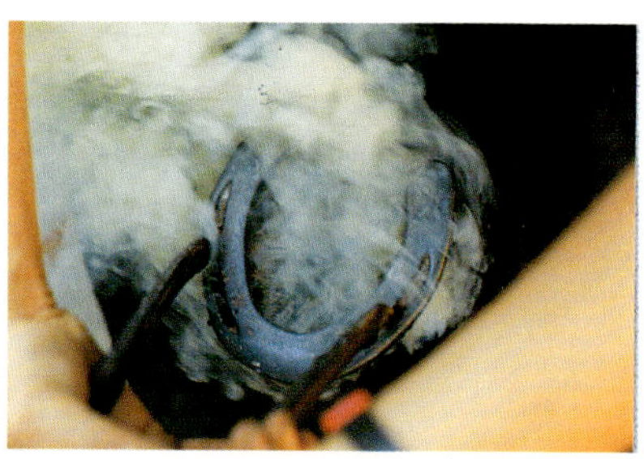

Blanda steht ganz still, während die Schmiedin die Eisen aufschlägt.

8

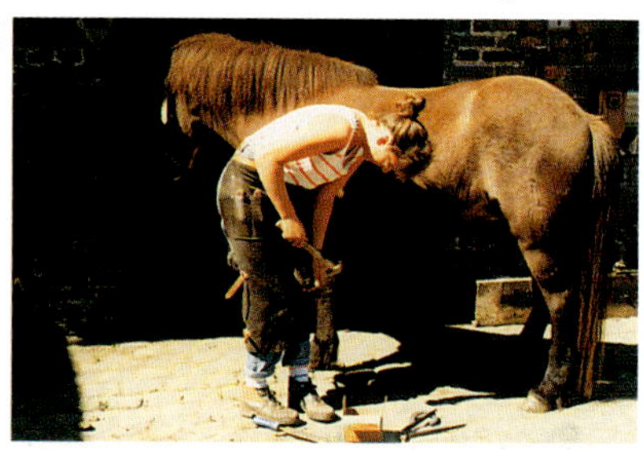

4

... und mit der Hufraspel bearbeitet.

5

Hier werden die Eisen heiß gemacht ...

„Merkt sie davon wirklich nichts?"

„Ein bißchen Wärme unter der Sohle wird sie schon spüren, aber mehr auch nicht. Sonst würde sie wohl auch kaum so stillhalten!" sagt die Schmiedin.

„Aber manche Pferde haben doch Angst vor dem Aufbrennen!" wendet Andrea ein.

„Stimmt", meint Bettina, „das geht nur mit Ruhe und Geduld. Am Anfang ist jedes Pferd etwas mißtrauisch, wenn es qualmt und zischt. Wenn man es dann anschreit oder gar schlägt, wird es immer schlimmer!"

„Manche Pferde lassen das Aufbrennen dann gar nicht mehr zu", erklärt Frau Huber weiter. „Dann machen wir einen Kaltbeschlag. Aber Eisen, die angepaßt werden, ohne sie zu erhitzen, sitzen nicht ganz so perfekt."

Inzwischen sind alle Eisen angepaßt und zum Aufschlagen vorbereitet.

„Jetzt mußt du Blanda wieder trösten!" sagt Bettina zu Andrea. „Das Aufnageln mag sie nämlich gar nicht!"

Mit je sechs bis acht Nägeln werden die Eisen nun an Blandas Hufen befestigt. Das ist eine Wissenschaft für sich, denn man kann die Nägel natürlich nicht irgendwie in den Huf schlagen, sondern muß ganz genau wissen, wo sie angebracht werden können, ohne „lebende Teile" des Hufes zu verletzen. Frau Huber ist deshalb sehr vorsichtig und zieht den Nagel lieber noch einmal heraus, weil Blanda gezappelt hat.

„Wenn man hier etwas falsch macht, kann es dem Pferd wirklich wehtun", erzählt sie Andrea. „*Vernageln* ist für das Pferd sehr schmerzhaft und obendrein eine langwierige Sache, denn man kann das Pferd erst wieder reiten, wenn gesundes Horn nachgewachsen ist."

„Deshalb spricht man ja auch nicht nur vom Schmiedehandwerk, sondern von Schmiedekunst", fügt Bettina hinzu. „Hufbeschlag ist eine Sache für Könner!"

Zuletzt werden die Hufe „schöngemacht", indem die Nägel, deren Spitzen oben aus der Hufwand ragen, *versenkt*, also umgenietet werden. Das Pferd muß seinen Fuß dazu auf einen „Bock" stellen. Blanda ist nicht begeistert. Nach dem langen Stillstehen hat sie die Nase voll. Trotzdem, das letzte Raspeln der Hufe muß noch ausgehalten werden, bevor sie wieder fest auf allen vier Beinen stehen kann!

„Jetzt kannst du die Hufe fetten!" sagt Bettina, und Andrea greift zum Pinsel. Bettina sucht nach ihrem Geldbeutel, und Frau Huber wirft noch einen prüfenden Blick auf den fertigen Beschlag.

„In den nächsten Tagen werden wir nun etwas vorsichtiger reiten als sonst", sagt Bettina auf der Rückfahrt, „denn die Eisen halten erst ganz fest, wenn die Nägel zu rosten begonnen haben. In den ersten Tagen nach dem Beschlag verliert man sie leicht, wenn man nicht aufpaßt."

Jeder Hufnagel wird eingeschlagen und muß genau sitzen.

9

Zuletzt werden die Nägel abgekniffen und „versenkt".

10

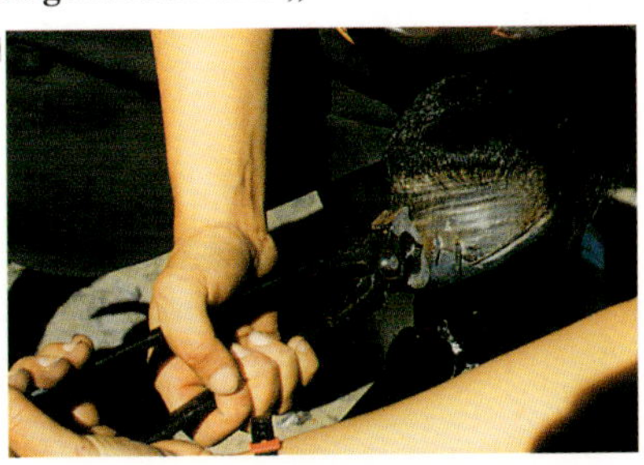

Und zum Abschluß erhält Blanda „Lackschuhe".

11

Reiten lernen – aber wo?

Das Glück dieser Erde – im Galopp durch die Felder.

Ein Galopp durch Felder und Wiesen, Turniererfolge mit dem Lieblingspferd … wie viele Mädchen und Jungen träumen davon, wenn sie ans Reiten denken.

Bevor solche Wünsche in Erfüllung gehen, müssen das Reiten und der Umgang mit Pferden aber gründlich erlernt werden. Reiten bedeutet nämlich mehr als „oben bleiben". Man muß lernen, sich in die Bewegungen des Pferdes einzufühlen, sie „auszusitzen" oder einen Entlastungssitz einzunehmen. Auch wie man ein Pferd lenkt und wie man bestimmt, welche Gangart es gehen soll, weiß man nicht „von Natur aus". Mit „links ziehen", „rechts ziehen", „Hüh!" und „Brr!" ist es nicht getan.

Richtig reiten zu lernen ist für jeden Reiter wichtig, weil er sonst unsicher herumrutscht oder in ständiger Absturzgefahr schwebt. Schlechtes Reiten bedeutet aber auch eine Zumutung für jedes Pferd, denn dem tut es weh, wenn man ihm ins Kreuz fällt oder roh an den Zügeln zieht und dadurch in seinem Maul herumreißt. Erst wenn der Reiter etwas gelernt hat, wird die Reit-

Nicht jeder hat die Chance, von klein auf reiten zu dürfen.

stunde für alle zum Vergnügen – für Reiter, Pferd und Zuschauer!

Welche Möglichkeiten es für euch gibt, mit Pferden in Kontakt zu kommen und reiten zu lernen, wird in den folgenden Kapiteln beschrieben.

Die richtige Reitschule

In den letzten Jahren hat der Reitsport immer mehr Freunde gefunden. Fast jede Stadt hat inzwischen ihren Reitstall oder Reiterverein, und oft kann man sogar unter mehreren wählen. In den meisten dieser Einrichtungen besteht die Möglichkeit, ein eigenes Pferd unterzustellen oder auf „Schulpferden" Reitunterricht zu nehmen.

An der Longe

Bevor ein Reitanfänger der Anfängerabteilung zugeteilt wird, erhält er in der Regel ein paar Longenstunden. Dabei geht es darum, die Grundlagen des richtigen Sitzens zu erlernen, ohne sich gleichzeitig um Zügelhilfen und Gangarten kümmern zu müssen. Ein braves Pferd wird dazu an eine lange Leine genommen, an der es sich im Kreis um den Reitlehrer herumbewegt. Longenstunden sind meist etwas teurer als normale Reitstunden, weil es sich um Einzelstunden handelt. Auch sind sie bei Reitschülern nicht beliebt, denn natürlich will jeder so bald wie möglich „allein reiten". Trotzdem sollte niemand auf Longenstunden verzichten, denn sie geben nicht nur dem Reiter mehr Sicherheit, sondern ersparen auch dem Pferd Unbehagen und Schmerzen. Erst wenn der Sitz soweit gefestigt ist, daß der Reiter nicht mehr Gefahr läuft, den Zügel ständig als Haltegurt zu mißbrauchen und dem Pferd damit weh zu tun, wird ein verantwortungsbewußter Reitlehrer seinen Schüler in eine Anfängerabteilung aufnehmen. Ställe, in denen auf Longenstunden verzichtet wird, oder die sich auf eine oder zwei Stunden an der Longe beschränken, sind nicht zu empfehlen.

In der Abteilung

Wer die Longenzeit hinter sich hat, besucht die Reitschule einmal oder zweimal in der Woche und gehört zu einer *Abteilung*. Das ist eine Gruppe von Reitschülern, die man mit einer Schulklasse vergleichen kann, denn darin sind Schüler zusammengefaßt, die etwa den gleichen Ausbildungsstand haben. Fortgeschrittene und Anfänger in einer Gruppe zu unterrichten, ist nicht sinnvoll. Auch sollte eine Abteilung nicht zu groß sein, denn kein Reit-

Bis zum ersten Turniererfolg braucht man Geduld.

Anfänger kommen erst einmal an die Longe.

Die nächste Stufe ist das Reiten in einer Anfänger-Abteilung.

lehrer kann 15 Reiter und Pferde gleichzeitig im Auge behalten.

Was den Unterricht angeht, so gibt es große Unterschiede zwischen den einzelnen Reitställen. Wieviel und wie schnell man lernt, hängt nicht nur davon ab, wieviel Mühe sich der Reitlehrer oder die Reitlehrerin mit den Anfängern geben, sondern auch davon, wie gut die Pferde ausgebildet sind, die im Unterricht eingesetzt werden. Natürlich darf man von keinem dieser Pferde erwarten, daß es olympiareife Dressur- und Springbegabung mit dem Charakter von Fury verbindet. Aber jedes Schulpferd sollte doch so weit gefördert sein, daß es richtig gegebene Anweisungen des Reiters versteht und auf sie reagiert. Auch sollten Schulpferde freundlich im Umgang sein. Ein Stall, in dem man euch als erstes darauf hinweist, daß „Bubi" beißt und „Flora" auskeilt, ist nicht der richtige!

Der gute Reitstall

In einem guten Reitstall wird die Rittigkeit der Schulpferde dadurch bewahrt, daß sie abwechselnd Anfängern und fortgeschrittenen Reitern zugeteilt werden. Dadurch, daß sie immer wieder fachkundig geritten werden, behalten sie das, was sie einmal gelernt haben. Wenn euch also auffällt, daß es in einem Reitstall keine fortgeschrittenen Schüler gibt, weil sie irgendwann merken, daß sie hier nichts mehr lernen können und in andere Ställe abwandern, solltet ihr euch möglichst bald eine andere Reitschule suchen. Auch Ställe, in denen die Pferde schlecht behandelt werden, in denen sie zuviel arbeiten müssen oder schlecht gefüttert werden, kommen nicht in Frage. Das Argument: „Ich bleibe wegen der armen Susi, damit sie wenigstens dienstags ein paar Apfelstückchen bekommt", spricht zwar für eure Tierliebe, ist aber letztlich sinnlos, denn Susi ist mit den Apfelstückchen nicht geholfen. Das Geld, das ihr für eure Reitstunden bezahlt, ermöglicht es aber dem Reitstallbesitzer, seinen Betrieb auf dieselbe tierquälerische Weise weiterzuführen.

Für einen Reitstall spricht es, wenn Weiden oder Ausläufe dazugehören, auf denen sich auch die Schulpferde am Vormittag oder an Stehtagen von ihrem anstrengenden Job erholen dürfen.

Viele Reitschulen gehören zu Reitervereinen, die sich durch die Ausbildung junger Reiter ihren Nachwuchs sichern. Für die Schüler hat das manche Vorteile, denn Vereine bieten häufiger als reine Verleihställe die Möglichkeit, an Lehrgängen oder kleinen Turnieren teilzunehmen. Bei der Auswahl eurer Reitschule solltet ihr auf solche Angebote achten, auch wenn ihr keine Turnierkarriere plant. Sie beweisen nämlich, daß man sich bei eurer Ausbildung Mühe geben wird, denn schließlich will der Reitlehrer, daß seine Schüler gut abschneiden. Weiterhin solltet ihr Wert darauf legen, daß euch im Rahmen des Unterrichts nicht nur das Reiten, sondern auch die Grundbegriffe im Umgang mit Pferden, also richtiges Satteln, Auftrensen und Putzen, vermittelt werden.

Der Reitstil, der in den meisten Reitschulen unterrichtet wird, ist der, den die Richter auf Dressur- und Springturnieren sehen wollen oder wie er bei Reiterpaß und Reitabzeichen (s. S. 149) gefordert wird. Ausritte finden „im Alltag" selten statt. Wenn man einen gewissen Ausbildungsstand erreicht hat, gibt es aber oft die Möglichkeit, sie gesondert zu buchen. Ihr solltet das allerdings erst tun, wenn ihr euch wirklich sicher fühlt, denn die Pferde, die in den meisten Reitschulen arbeiten, kommen selten ins Gelände. Ihre Freude daran, die Reithalle verlassen zu dürfen, entlädt sich dann oft in Bocksprüngen!

Pferde rund um die Uhr – Ferienkurse

Wer die Schulferien nutzen will, um Pferde besser kennenzulernen, hat die Wahl zwischen Reitkursen und Lehrgängen in einer Reitschule und einem Urlaub auf dem Reiterhof. Auch der Preis für den Aufenthalt spielt natürlich eine Rolle. Adressen von Ferienhöfen, die Reiterurlaub und Reitkurse anbieten, entnimmt man am besten den Inseraten in Pferdefachzeitschriften. Vor der Buchung sollte man sich unbedingt genau erkundigen, mit welchen Pferden dieser Reiterhof arbeitet, wieviel Reitunterricht und wie viele Ausritte im Preis inbegriffen sind und welche Freizeitaktivitäten

Fortgeschrittene Reiter auf einem schön gelegenen Reitplatz.

Gute Reitschulen vermitteln auch den richtigen Umgang mit Pferden.

Auf dem Reiterhof kann man den ganzen Tag mit Pferden zusammensein.

außer dem Reiten angeboten werden. Bei Reitkursen ist es außerdem wichtig, zu erfahren welche Voraussetzungen man mitbringen muß, und ob sie auch wirklich auf die eigenen Fähigkeiten zugeschnitten sind. Manche Veranstalter nehmen es mit der Beratung nämlich nicht so genau. Es kommt vor, daß fortgeschrittene Reiter mit eigenem Pferd in einem Anfängerkurs landen und daß andererseits ein Kurs, bei dem der Beritt junger Pferde im Mittelpunkt stehen soll, mit Reitern aufgefüllt wird, die selbst noch nicht sattelfest sind.

Ferien auf dem Reiterhof

Hier geht es meist weniger um Reitausbildung als um Erlebnisurlaub mit Pferden oder Ponies. Oft setzt man voraus, daß die Gäste ein paar reiterliche Vorkenntnisse mitbringen. Wenn nicht, so beschränkt man sich darauf, ihnen so viel über Sitz und Zügelführung beizubringen, daß sie einen Ausritt auf einem braven Pferd oder Pony unbeschadet überstehen. Der Aufenthalt auf einem Reiterhof ist meist ein wundervolles Erlebnis. Es gibt viele Ferienhöfe, die neben der Reitmöglichkeit auf netten, gut gepflegten Pferden noch verschiedene andere Freizeitaktivitäten anbieten und den Gästen so zu einem unvergeßlichen Urlaub verhelfen. Wer sich danach jedoch mit den Worten: „Ich kann auch schon reiten!" in der Reitschule vorstellt, darf sich nicht wundern, wenn der Reitlehrer ein säuerliches Gesicht macht. Er weiß nämlich ganz genau, daß eure erfolgreiche Reiterei auf dem Ferienhof in erster Linie der Freundlichkeit der dortigen Pferde zu verdanken ist. Die Aufgabe eines Ponyhof-Pferdes besteht darin, in einer vertrauten Pferdegruppe bekannte Wege zu gehen und dabei einen Reiter mitzunehmen, der nichts anderes zu tun hat, als sich durch eine schöne Landschaft tragen zu lassen. Dafür die Aufnahme in eine Fortgeschrittenen-Abteilung im Reitstall zu verlangen ist so, als wolltet ihr euch einen Führerschein ausstellen lassen, weil ihr jahrelang unfallfrei Straßenbahn gefahren seid!

Wenn ihr einen Urlaub plant, bei dem Ausritte im Mittelpunkt stehen, so wählt einen Hof, der geführte Ritte anbietet und keinen, der Pferde stundenweise an Gäste mit und ohne Reiterfahrung vermietet. Sicher ist der Gedanke reizvoll, einmal allein mit einem Pferd durchs Gelände zu streifen, ohne dauernd damit rechnen zu müssen, daß einen der Reitlehrer in rüdem Ton auf nach außen gedrehte Fußspitzen oder den fehlenden Abstand zum Vordermann aufmerksam macht. Die Pferde finden es jedoch gar nicht lustig, jedem Anfänger

Erlebnisurlaub mit Pferden – Ausritte gehören dazu.

Auch auf Ponyhöfen gibt es Reitunterricht in der Bahn.

Reitschulen bieten Intensivkurse auf gut ausgebildeten Schulpferden.

und jedem Rohling, der den Mietpreis bezahlen kann, auf Gedeih und Verderb ausgeliefert zu werden. Reitställe, die so rücksichtslos mit den ihnen anvertrauten Tieren umgehen, sollte man nicht unterstützen.

Ferienreitkurse

Ganz anders ist es mit der Teilnahme an Reitkursen in den Ferien. Sie sind sicher anstrengender, bringen reiterlich aber immer ein gutes Stück weiter.

Intensivkurse für Anfänger und Fortgeschrittene werden von den verschiedensten Ferienhöfen angeboten. Für Anfänger gibt es speziell zusammengestellte Einführungskurse, die Grundkenntnisse über Reiten und Pferdepflege in weit kürzerer Zeit vermitteln können als die meisten Reitställe. Neben den Reitstunden bieten sie theoretischen Unterricht, der oft durch Film- und Diavorführungen aufgelockert wird. Auch Videoaufzeichnungen des Unterrichts lassen die eigenen Fehler leicht erkennen und die Fortschritte verfolgen.

Fortgeschrittenen bieten viele Ferienhöfe die Möglichkeit, im Verlauf eines Kurses das Reitabzeichen oder den Reiterpaß zu erwerben. Besonders die verschiedenen Landesreitschulen besitzen sehr gut ausgebildete Schulpferde.

Ferienkurse ermöglichen es aber auch, andere Reitstile auszuprobieren und Pferderassen kennenzulernen, die es im heimischen Reitstall nicht gibt. So kann man zum Beispiel in einem Western-Reitstall „schnuppern" oder auf einem Islandpferdehof lernen, Tölt und Paß zu reiten.

Wir reiten in der Ponygruppe

„Los, Mucki, jetzt wird gearbeitet!" Energisch holt die 6jährige Miriam das Shetlandpony von der Weide. Wenn man Mucki ließe, wie sie wollte, würde sie sich kugelrund fressen! Aber dazu hat Mucki keine Zeit. Ebenso wie die anderen Ponys im Reiterverein Leonberg hat sie genug damit zu tun, den 45 Kindern aus den drei Ponygruppen das Reiten beizubringen.

Die Kinder der ersten Gruppe, die sich auf dem Putz- und Sattelplatz versammelt haben, sind zwischen sechs und zehn Jahre alt. Eben erklärt ihnen Miriams Mutter, die Reitlehrerin Frau Adam, wie man ein Pony richtig putzt. „Zuletzt wird der Schweif verlesen!" sagt Frau Adam, und Mucki schlägt mit ihrem dicken Ponyschweif. Wer den ordnen will, hat viel zu tun!

Kurz danach sind alle eifrig bei der Sache. Die Ponys werden gestriegelt und gebürstet, als ginge es zum Turnier. So geht die erste Stunde schnell herum. „Pferde richtig pflegen ist genauso wichtig wie reiten!" meint Frau Baisch, die zusammen mit Frau Adam die Ponykinder unterrichtet. Und genauso viel Spaß macht es auch!

Nun wird aber doch gesattelt. Zuerst sind die Kleinsten mit dem Reiten an der Reihe. Die größeren Kinder führen die Ponys, und Frau Adam erklärt den richtigen Sitz. Alle sind mit Feuereifer dabei, denn die Gruppe trainiert für die „Führzügelklasse" beim nächsten Turnier.

Die größeren Kinder reiten schon allein. Demnächst wollen sie schließlich die Prüfung für das „Kleine Hufeisen" ablegen. Dazu müssen sie die wichtigsten Hilfen

„Los, Mucki, jetzt wird gearbeitet." ▶

Eine Abteilung der Ponygruppe im Reiterverein Leonberg. ▼

kennen und in einer Abteilung reiten können.

Den Abschluß der Stunde bildet ein lustiges Reiterspiel. Die Kleinen bauen einen „Parcours" auf und feuern die Großen an.

Am Schluß des Ponynachmittags bringen alle zusammen die Ponys in den Stall. Die Großen helfen den Kleinen beim Absatteln und Abreiben der Ponys.

Frau Adam spricht inzwischen mit den Müttern von Janine und Linda. Sie haben sich für den nächsten Sonntag, an dem die Ponygruppe die Teilnahme an einem Faschingsumzug plant, als Helferinnen zur Verfügung gestellt.

Ausritte, kleine Turniere und Ponyfeste – bei der Ponygruppe Leonberg ist immer etwas los. Alle acht Ponys sind freundlich und gut geritten, und jeder Übungsnachmittag bringt neues Wissen und viel Spaß mit den Ponys. Wie schade, daß es nicht in jedem Reiterverein eine solche Gruppe gibt!

▼ **Gründliches Putzen gehört dazu.**

▼ **Zu dritt nebeneinander – das klappt sogar im Trab.**

▼ **Frau Adam erklärt die richtige Zügelführung.**

▼ **Auf der Weihnachtsfeier des Reitvereins.**

Hier voltigieren Könner.

Turnen auf hohem Roß – Voltigieren

Zum Üben reicht manchmal auch ein Holzpferderücken.

Beim Voltigieren turnt man auf und an einem Pferd, das an der Longe läuft und einen speziellen Gurt mit Griffen trägt. Voltigieren ist ein hervorragendes Mittel, sich an Pferde zu gewöhnen und zu großer Sicherheit auf ihrem Rücken zu gelangen. Oft wird es jüngeren Kindern zur Vorbereitung auf den Reitunterricht empfohlen. Es ist ein merkwürdiges Gefühl, verkehrt herum auf einem Pferd zu sitzen und seinen wippenden Schweif zu betrachten, oder auf seinem Hinterteil zu liegen und in den Himmel zu gucken. Diese Erfahrung sollte sich auch ein älterer Reiter nicht entgehen lassen!

Voltigieren schult den Gleichgewichtssinn, der beim Reiten sehr wichtig ist, und schafft Vertrauen zu dem Pferd, das dabei so geduldig Turngerät spielt.

Zudem ist Voltigieren billiger als der eigentliche Reitunterricht, da sich dabei mehrere Kinder ein Pferd teilen. Oft wird es auch im Rahmen der Nachwuchsförderung von Vereinen bezuschußt.

Voltigieranfänger erlernen die Übungen übrigens zunächst am stehenden oder Schritt gehenden Pferd. Später versucht man es dann im Trab. Ziel der Ausbildung ist jedoch

die Ausführung möglichst komplizierter Figuren am ruhig galoppierenden Pferd. Dabei kann man es gemeinsam mit der Gruppe oder auch als Einzelvoltigierer durchaus bis zur Turnierreife bringen.

Leider ist Voltigieren, zumindest wenn es sehr ernsthaft betrieben wird, kein uneingeschränkt pferdefreundlicher Sport. Pferde, die ausschließlich zum Voltigieren eingesetzt werden, ziehen sich durch die einseitige Belastung beim Rundumlaufen schnell Beinschäden zu. Wenn ihr also die Auswahl zwischen mehreren Voltigierangeboten habt, solltet ihr euch für einen Stall entscheiden, dessen Voltigierpferd auch im normalen Unterricht geritten wird und dessen Voltigierausbilder das Pferd abwechselnd rechts und links herum longieren.

◄ ***Voltigieren als Schaunummer – mit Spaß und Clownerei.***

Wer möchte hier nicht in die Schule gehen? ▼

Reiten als Schulsport

Viele Schüler träumen davon, im Rahmen des ganz normalen Sportunterrichts in der Schule reiten lernen zu können. Bisher bestehen allerdings nur in wenigen Schulen „Reiter-AG's" (Arbeitsgemeinschaften). Eine davon ist die Edith-Stein-Schule in Geseke bei Paderborn.

Die Edith-Stein-Schule ist eine Ganztagsschule, und der Reitunterricht findet nachmittags statt. Die Lehrerin Marion Großblotekamp stellt dafür eigene Pferde zur Verfügung. Da sie sowohl Großpferde als auch Ponys hält, lernen die Schüler verschiedene Pferderassen kennen und können auf Pferden reiten lernen, die größenmäßig gut zu ihnen passen. Außerdem wird viel Wert darauf gelegt, daß sie erfahren, wie Pferde artgemäß gehalten werden und was alles dazugehört, sie richtig zu pflegen und zu versorgen.

Pilotprojekte zur Einführung von Reiten als Schulsport sind zur Zeit an vielen Orten in Deutschland in Vorbereitung.

Das braucht man zum Reiten

Machen Kleider Leute?

Wenn man die Anzeigenseiten mancher Pferdezeitschriften ansieht, möchte man meinen, daß die Beherrschung der Reitkunst nur von der Hose abhängt, in der man aufs Pferd steigt. Kein Pferd, das auf sich hält, scheint außerdem die Anweisungen eines Reiters entgegenzunehmen, der nicht das fabelhafte Marken-Sweatshirt dieser oder jener Firma mit in den Sattel bringt. Das ist natürlich blanker Unsinn. Wer reiten kann, der kann es auch in Jeans, und wer es nicht kann, dem hilft auch die pink-bleu-karierte Ganzlederbesatzreithose nicht über die Sprünge.

Ein paar spezielle Kleidungsstücke sollte man jedoch anschaffen, wenn man regelmäßig reiten möchte. Zweckmäßige Bekleidung erleichtert das Reiten und erhöht vor allem die Sicherheit.

▲ *Zweckmäßige Reitkleidung ist kein Luxus. Sie erleichtert das Reiten und erhöht die Sicherheit.*

▲ *So eine lederbesetzte Reithose beugt Scheuerstellen vor. Es reicht aber auch, nur das Gesäß und die Innenseite der Knie zusätzlich zu polstern.*

Die Reithose

Reithosen unterscheiden sich darin von anderen Hosen, daß sie am Gesäß und an der Innenseite der Beine, also überall da, wo der Träger mit dem Pferd in Berührung kommt, keine Nähte aufweisen. Zumindest innen am Knie haben sie zusätzlich einen Leder- oder Stoffbesatz. Das alles zielt darauf, Scheuerstellen zu vermeiden, die man sich besonders bei Verwendung eines normalen Vielseitigkeits- oder Trachtensattels leicht zuzieht. Wer ständig Angst haben muß, sich die Beine aufzuscheuern, kann nicht entspannt sitzen und sich auf den Reitunterricht konzentrieren. Deshalb ist eine Reithose eine sinnvolle Anschaffung. Für den Anfänger tut es auch eine stoffgepolsterte Jeansreithose, die nicht so teuer ist, und die man auch als ganz normale Freizeithose auftragen kann.

Reitstiefel

Gebräuchliche Reitstiefel sind aus glattem Gummi oder Leder, sitzen am Fuß ziemlich eng und haben einen langen Schaft. Letzterer ist wieder dazu da, Scheuerstellen zu verhindern. Die Wade reibt nämlich leicht am Steigbügelriemen.

Am Fuß wirkt ein Reitstiefel eleganter als ein gewöhnlicher Gummistiefel. Durch das schmalere Fußteil soll außerdem verhindert werden, daß man bei einem Sturz im Steigbügel hängenbleibt. Besser, als sich auf seine Stiefel zu verlassen, ist allerdings die Verwendung von Sicherheitssteigbügeln. Leider sind sie in gewöhnlichen Reitschulen kaum anzutreffen.

Eure ersten Reitstiefel bestehen wahrscheinlich aus Gummi, denn Lederstiefel sind sehr teuer, und ihre Anschaffung lohnt eigentlich nur, wenn der Fuß ganz ausgewachsen ist und man sehr oft reitet. Gummireitstiefel sind dagegen oft hart, und im Winter friert man darin. Dafür sind sie aber leicht zu reinigen und lassen garantiert keine Feuchtigkeit durch. Weicher, wärmer und beque-

Alles spricht für einen sicheren Kopfschutz. Darum ist die Reitkappe Vorschrift.

mer als die einfachen und ganz billigen Gummistiefel sind gefütterte. Sie kosten ungefähr soviel wie ein Paar gute Schuhe, und man bekommt sie im Reitsportgeschäft.

Kopfschutz

Die Reitkappe ist erfahrungsgemäß der Teil der Reitausrüstung, auf den Anfänger wie erfahrene Reiter am liebsten verzichten, denn sie ist unbequem und sieht auch ein bißchen nach Angeberei aus. Tatsächlich spricht jedoch alles für eine Reitkappe, denn ein noch so wohlerzogenes Pferd und ein noch so sicherer Reiter landen schnell im Graben, wenn zum Beispiel ein nicht so wohlerzogenes Kaninchen mitten auf dem Weg ein Loch buddelt! Für Anfänger, die solche Stolperfallen gar nicht brauchen, um gelegentlich „den Abgang zu machen", ist die Reitkappe erst recht ein Muß! In den meisten Reitställen ist das Tragen der Kappe übrigens schon aus Versicherungsgründen Vorschrift. Man sollte bei ihrer Anschaffung auf keinen Fall sparen, sondern sich gleich für ein Modell mit Kinnschutz entscheiden, das allen Sicherheitsnormen entspricht. Wächst man heraus oder benötigt die Kappe aus anderen Gründen nicht mehr, kann man sie leicht weiterverkaufen.

Brauche ich Sporen?

Sporen sind ein Ausrüstungsgegenstand, der erst interessant wird, wenn man einen gewissen Ausbildungsstand erreicht hat. Zurecht sagt eine Redewendung, daß man sie sich „verdienen müsse". Es schadet allerdings nichts, wenn ihr jetzt schon etwas darüber erfahrt.
Wie die Gerte dienen Sporen nicht der Bestrafung des Pferdes, sondern dazu, Schenkelhilfen zu unterstreichen und zu verfeinern. Im Dressur- und Springsport bedient man sich dazu grundsätzlich sehr kleiner Sporen: runder, eckiger oder solcher mit Rädchen. Mit eckigen oder Rädchensporen kann man dem Pferd mehr weh tun als mit runden. Man sagt: „Sie sind schärfer."
In anderen Reitstilen, insbesondere in der Western-Reitweise, trägt fast jeder Reiter große Rädchensporen, die recht gefährlich aussehen. In der Wirkung sind sie allerdings entschieden milder als kleine Dornsporen oder gar kleine Rädchensporen. Der Westernreiter setzt sie anstelle der Gerte ein, die ihn bei seinem Reitstil behindern würde.

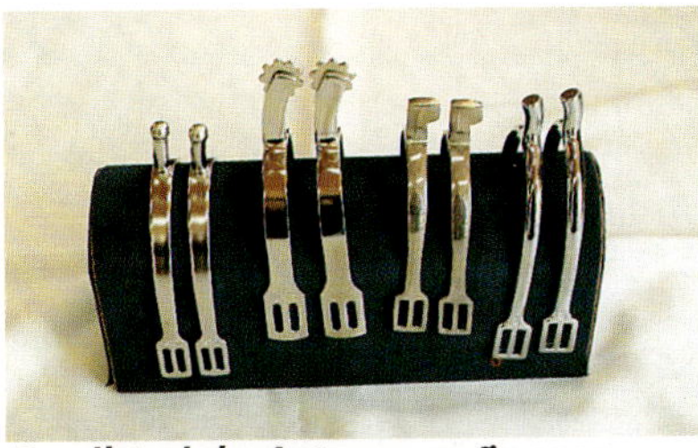

Es gibt viele Arten von Sporen.

Sporen muß man sich verdienen.

Reithandschuhe

Reithandschuhe machen den Griff um die Zügel sicherer und verhindern Blasen und wunde Stellen an den Händen, die leicht entstehen, wenn man ein heftiges Pferd in einer Abteilung halten muß. Angenehmer sind Handschuhe aus Leder. Billiger und deshalb empfehlenswerter für alle, die erstens noch wachsen und zweitens dazu neigen, ihre Sachen irgendwo liegenzulassen, sind Handschuhe aus gestrickter Baumwolle. Für den Winter haben sich isländische Reithandschuhe sehr bewährt. Das sind Fäustlinge aus Schafwolle, bei denen nicht nur der Daumen, sondern auch der kleine Finger ausgearbeitet ist. Leider gibt es sie nicht überall zu kaufen. Außerdem sind sie recht teuer. Wer gut strickt, kann sie jedoch in wenigen Stunden selbst herstellen.

Die Gerte

Die Reitgerte dient dazu, den Anweisungen des Reiters an das Pferd mehr Nachdruck zu verleihen. Im Gegensatz zu den Sporen kann sie auch schon vom Anfänger sinnvoll eingesetzt werden, da es viel leichter ist, auf dem Pferd seine Hände unter Kontrolle zu behalten als seine Beine. Eine Gerte ist nicht dasselbe wie eine Peitsche, denn sie hat keinen „Schlag", also keinen langen Lederriemen, mit dem man das Pferd auch auf größere Entfernung erreicht. Weder Peitsche noch Gerte sind allerdings dazu gedacht, das Pferd zu verprügeln. Am besten stellt ihr sie euch als Verlängerung eurer Hand vor, die es ermöglicht, das Pferd an Stellen zu berühren, an die ihr sonst nicht herankämt. Beim Kauf einer Gerte ist es deshalb sinnvoll, eine möglichst lange zu wählen. Auch sollte sie oben einen Knauf haben, damit sie euch nicht

◄ *Ein Trachtensattel mit einem gefalteten Woilach als Sattelunterlage.*

Der Vielseitigkeitssattel: ►
1 Vorderzwiesel
2 Hinterzwiesel
3 Sattelpolster
4 Sattelgurt
5 Steigbügel
6 Steigbügelriemen
7 Sattelblatt
8 Kniepauschen
9 Sattelkammer

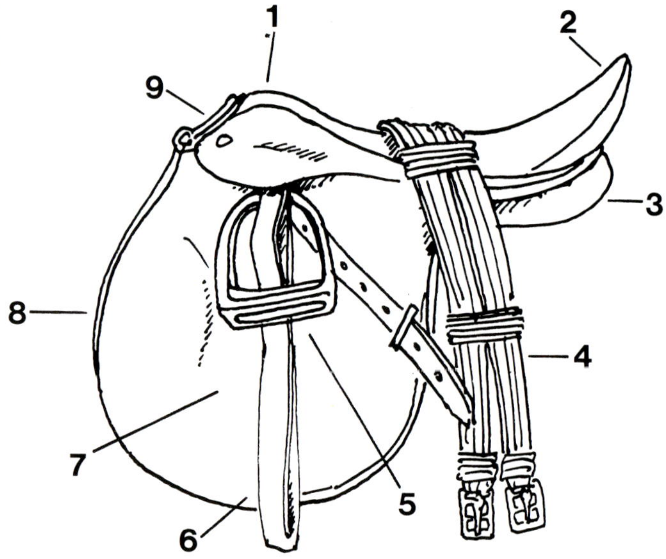

dauernd aus der Hand rutscht. Eine Schlaufe ist dafür kein rechter Ersatz, denn im Laufe der Reitstunde muß man die Gerte häufig wechseln und hat dabei keine Zeit, sie immer wieder über die Hand zu ziehen.

Satteln und Zäumen

Welchen Sattel und welche Zäumung man einem Pferd zum Reiten anlegt, hängt von vielen Dingen ab. So sollten z. B. der Körperbau und der Ausbildungsstand des Pferdes eine Rolle spielen, und auch das Können des Reiters muß berücksichtigt werden. Wichtig ist auch, welcher reiterlichen Disziplin man sich zuwenden möchte. Ein Westernpferd wird immer anders „angezogen" als z. B. ein Dressurpferd, und wer springen möchte, wählt einen anderen Sattel als jemand, der einen Wanderritt plant.

In diesem Kapitel werden die bekanntesten Zäumungen und Sättel vorgestellt. Aber auch einige andere lernt ihr darin kennen.

Der Sattel

Die Schulpferde, die man im Reitstall antrifft, tragen in der Regel einen *Vielseitigkeitssattel*. Er heißt so, weil er sowohl zum Dressurreiten als auch zum Springen verwendbar ist. Man kann die Bewegungen des Pferdes darin aussitzen, aber auch in den sogenannten „leichten Sitz" gehen, einen Entlastungssitz, der hauptsächlich im Gelände eingenommen wird.

Reiter, die sich auf Dressur oder Springen spezialisieren wollen, schaffen sich dazu besondere Sättel an. Beim *Dressursattel* ist das Sattelblatt länger, und die Pauschen sind dünner als beim Vielseitigkeitssattel. Beim *Springsattel* sind die Pauschen zum Teil extrem verstärkt, um den Knien des Reiters mehr Stütze zu bieten.

In diesen Sicherheitssteigbügeln bleibt man bei einem Sturz nicht so leicht hängen.

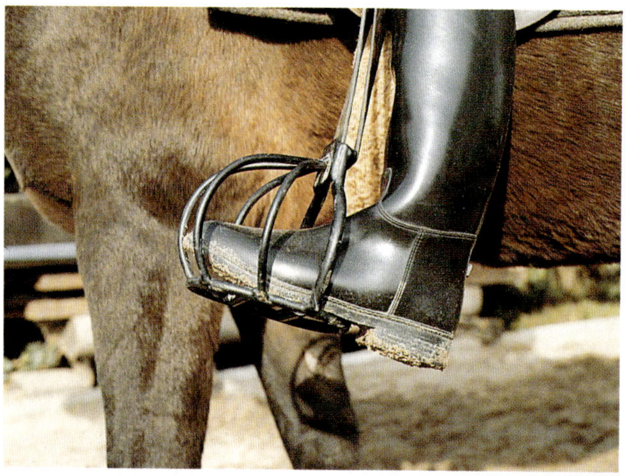

Ein Schweifriemen verhindert das Verrutschen des Sattels nach vorn.

Bequem für Reiter und Pferd: der Westernsattel mit Pad als Unterlage

Hol doch mal den Sattel!

In den meisten Reitställen gibt es Sattelkammern, in denen das Lederzeug aufbewahrt wird. Es sollten trockene und nicht zu kalte Räume sein. Die Sättel hängen darin auf Sattelhaltern aus Holz oder Metall. Ihre richtige Unterbringung ist wichtig, denn ein Sattel, der immer irgendwo in der Ecke herumliegt, verformt sich, und das Leder leidet. In Reitställen hat gewöhnlich jeder Sattel seinen festen Platz. Meistens steht der Name des Pferdes daran, dem er gehört. So kann eigentlich gar nichts schiefgehen, wenn ihr hineingeht, um den Sattel für euer Pferd zu holen. Schaut euch genau an, wie der Sattel auf dem Halter liegt: Die Steigbügel sind hochgeschoben und der Gurt liegt über der Sitzfläche. So muß es bleiben, während ihr den Sattel tragt, denn wenn ihr Steigbügel und Sattelgurt auf der Erde hinter euch herschleift, werden sie erstens schmutzig, und zweitens könnt ihr über sie stolpern. Ihr hebt den Sattel jetzt mit beiden Händen hoch. Eine faßt in die Kammer, die andere an den Zwiesel. Wenn ihr den Sattel von der Halterung genommen habt und vor euren Bauch haltet, schiebt ihr den rechten Arm unter den Sattel. Der Sattel liegt nun so über dem Arm, wie er vorher auf dem Halter lag. Die linke Hand habt ihr dadurch wieder frei. Sie kann das Zaumzeug halten oder von der Hinterzwieselseite her den Sattel tragen helfen.

Es ist gar nicht so leicht, einen Sattel mit seinen Gurten und Riemen richtig zu tragen.

Die meisten Großpferde sind mit einem Vielseitigkeitssattel sehr zufrieden. Allerdings muß er ihnen genau angepaßt werden, denn ein schlecht sitzender Sattel ist wie ein schlecht sitzender Schuh: Er drückt und verursacht Blasen und Scheuerstellen, den *Satteldruck*. Für kleinere Pferde, die erwachsene Reiter tragen, wählt man gern einen Trachtensattel. Er verteilt das Gewicht besser auf dem Pferderücken. Noch besser tut das allerdings ein Westernsattel. Viele Freizeitreiter ziehen ihn deshalb anderen Sätteln vor, obwohl sie nicht im Westernstil reiten.

Zum Sattel gehören Steigbügel und Steigbügelriemen. Da die Sicherheit des Reiters davon abhängt, daß die Riemen nicht reißen, versteht es sich von selbst, daß sie aus besonders gutem, dickem Leder bestehen. In schweren, großen Steigbügeln bleibt man bei einem Sturz nicht so leicht hängen wie in kleinen, leichten. Gut sind auch spezielle Sicherheitssteigbügel.

Bei Pferden, die zu einem Bäuchlein neigen, verhindert ein Schweifriemen, daß der Sattel nach vorn rutscht. Bei Pferden mit wenig Widerrist hält ihn ein Vorderzeug an seinem Platz.

Die Satteldecke

Um den Pferderücken abzupolstern und zu verhindern, daß sich der teure Ledersattel mit Schweiß vollsaugt und vorzeitig verschleißt, verwendet man eine Satteldecke. Satteldecken gibt es in Sattelform und in viereckiger Form, letztere nennt man im Reitstall *Schabracken*, Freizeit- und Westernreiter verwenden den englischen Ausdruck *Pad* (gesprochen „päd"). Viele Reiter finden viereckige Satteldecken praktischer, da sie nicht so schnell verrutschen und zudem Satteltaschen und am Sattel befestigte Regenkleidung gleich mit abpolstern. Sattelförmige Decken sehen dafür eleganter aus. Außerdem sind sie im Schulbetrieb zweckmäßiger, da sie mittels Schlaufen mit dem Sattel verbunden werden und die Reitschüler sie so nicht verwechseln können.

Satteldecken gibt es aus verschiedenen Materialien, wobei waschbare vorzuziehen sind. Hautempfindliche Pferde kann man mit einer Schaffelldecke oder einem Woilach aus reiner Wolle glücklich machen.

Aufsatteln

Im allgemeinen wird ein Pferd zuerst aufgesattelt und dann aufgetrenst. Nur wenn ein *Martingal* (mehr darüber auf S. 82/83) verwendet wird, das mit dem Kopfstück verbunden ist und am Sattelgurt befestigt wird, legt man zuerst das Zaumzeug an.

① Zum Satteln stellt ihr euch an die linke Seite des Pferdes und legt den Sattel mit der Satteldecke weit vorn auf.

② Der Sattel muß gut ausgekammert werden, indem ihr die Decke gut in die Sattelkammer hineinzieht.

④ Beim Angurten bleibt der mittlere Sattelstrupfen als Reserveriemen frei.

⑤ Hat die Satteldecke Schlaufen, muß der Gurt hindurch gezogen werden.

Denkt daran, bevor ihr mit dem Satteln beginnt, daß das Fell des Pferdes aus lauter Einzelhärchen besteht, die alle in eine Richtung zeigen: Das Fell sieht wie gekämmt aus. Beim Satteln dürfen die Haare nicht geknickt oder verschoben werden, denn das gibt Druckstellen. Sattel und Decke müssen *mit dem Strich* aufgelegt werden.

Legt außerdem einmal versuchsweise einen Sattel ohne Decke auf den blanken Pferderücken. Ihr seht dann, daß man von hinten zwischen Sattel und Pferd hindurchschauen kann. Das muß so sein, denn an der Wirbelsäule des Pferdes liegt der Knochen gleich unter der Haut. Das macht diese Körperpartie sehr druckempfindlich. Besonders viel Platz ist zwischen Sattel und Widerrist. Hier sitzt die *Kammer* des Sattels.

Beim Aufsatteln mit Decke müßt ihr nun darauf achten, daß der durch die Kammer geschaffene Raum zwischen Pferd und Decke erhalten bleibt und nicht zwischen Decke und Sattel entsteht. Dazu muß die Decke tief in die Sattelkammer hineingezogen werden. Sie wird *ausgekammert*.

Zum Satteln stellt ihr euch auf die linke Seite des Pferdes. Wenn Sattel und Decke nicht zusammenhängen, legt ihr zunächst die Decke aufs Pferd, und zwar weit nach vorn, bis auf die Mähne. Dann zieht ihr sie etwas zurück, damit sich das Fell darunter glättet. Immer noch liegt sie jedoch weit vorn. Nun legt ihr den Sattel auf und kammert aus, indem ihr Sattel und Decke gemeinsam anhebt und die Decke dabei in die Kammer hochdrückt. Beides zusammen schiebt ihr dann nach hinten in die richtige Position.

Ein Sattel liegt richtig, wenn er den Widerrist nicht belastet und die Bewegung der Schulter nicht beeinträchtigt. Das Gewicht des Reiters darf aber auch nicht auf die Nieren des Pferdes drücken. Faustregel ist, daß zwischen Sattelgurt und Pferdevorderbein eine Handbreit Platz sein muß.

Wenn nun alles richtig sitzt, laßt ihr den Sattelgurt, der bisher über dem Sattel gelegen hat, rechts herabgleiten. Dabei solltet ihr euer rechtes Bein in Richtung rechtes Vorderbein (unter dem Pferdebauch hindurch) heben. So verhindert ihr, daß der Sattelgurt gegen das Pferdebein schlägt. Nun „angelt" ihr ihn euch unter dem Bauch durch und gurtet an, wobei ihr die beiden äußeren Sattelstrupfen verwendet. Die mittlere ist ein Reserveriemen. Falls ein Martingal oder ein Vorderzeug verwendet wird, wird der Sattelgurt vor dem Angurten durch die entsprechenden Schlaufen des Hilfszügels gezogen. Ihr solltet den Sattel nicht sofort festziehen, denn das erschreckt viele Pferde. Gurtet lieber noch einmal nach, bevor ihr aufsteigt.

③ *So kann man verhindern, daß der Sattelgurt dem Pferd beim Herunterlassen gegen die Beine schlägt.*

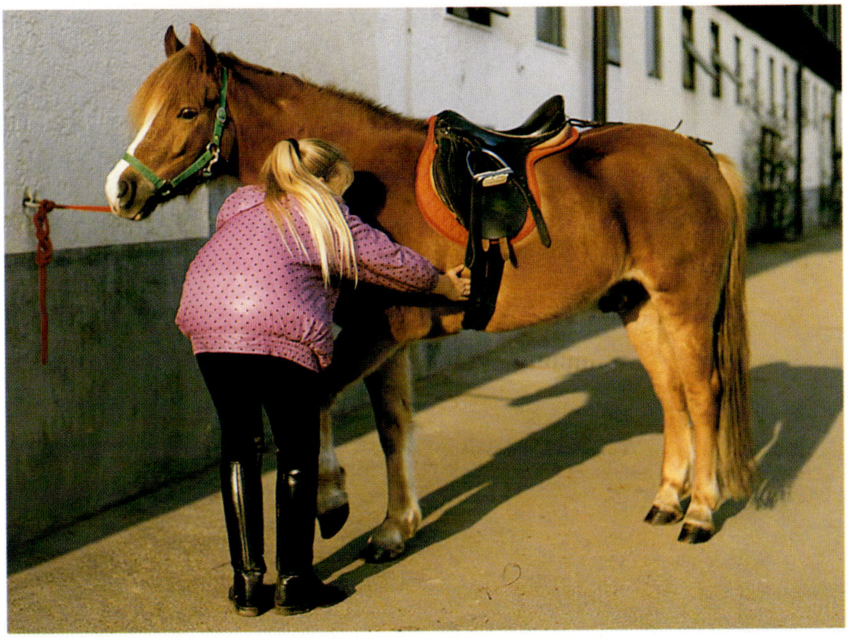

⑥ *Prüft zum Schluß auf diese Weise noch einmal nach, ob der Sattelgurt nicht kneift.*

Hilfe, der Gurt ist zu kurz!

Da steht ihr nun vor einem sorgfältig gesattelten Pferd, wollt den Gurt anziehen und stellt fest, daß er offensichtlich nicht paßt, denn er ist mindestens zwei Zentimeter zu kurz, um damit auch nur die Strupfen zu erreichen. Kann euer Pferd seit gestern so viel zugenommen haben?
Die Lösung des Rätsels ist die, daß es ganz einfach keine Lust hat, sich wieder einmal diesen unbequemen Gurt anlegen zu lassen. Es versucht sich der Sache zu entziehen, indem es sich aufbläst.
Schimpfen nützt hier im allgemeinen nichts – euer Pferd hat buchstäblich den längeren Atem. Auch Versuche wie die, ihm die Nüstern zu quetschen oder ihm gar in den Bauch zu treten, sind nicht nur boshaft, sondern auch nutzlos. Am besten wartet man etwas ab. Ewig kann es die Luft schließlich nicht anhalten! Wenn es euch dann gelingt, den Gurt wenigstens ins erste Loch zu bekommen, habt ihr gewonnen, denn mit Hilfe der Schnalle geht das Anziehen leichter. Zudem kann man sein unlustiges Reittier jetzt ein paar Runden führen, bevor man es weiterversucht. In der Bewegung läßt es nämlich garantiert Luft ab!

▲ *Wenn ihr einen Schweifriemen verwendet, achtet darauf, daß keine Schweifhaare eingeklemmt werden.*

Gleich nach dem Absitzen werden die Steigbügel hochgezogen. ▶

Zuletzt prüft ihr, ob der Sattelgurt nicht kneift. Stellt euch dazu vor das Pferd und hebt mit der linken Hand sein rechtes Vorderbein. Die flache rechte Hand laßt ihr vom Sattel aus unter dem Gurt bis unter die „Achsel" des Pferdes gleiten (Foto S. 75).

Absatteln

Bevor man absattelt, werden – meistens schon in der Reithalle – die Steigbügel am Steigbügelriemen hochgeschoben. So können sie dem Pferd beim Führen nicht gegen die Flanken schlagen. Sie werden festgehalten, indem man die Steigbügelriemen einmal durch die Bügel zieht.

Auch das Absatteln geschieht von links. Vorher sollte man dem Pferd aber die Trense abnehmen und es wieder am Halfter anbinden. Dann löst man ruhig den Sattelgurt und die Verbindung mit dem Martingal, wenn man eines verwendet hat. Den Gurt läßt man langsam sinken, wodurch man vermeidet, daß er dem Pferd gegen die Beine schlägt und es erschreckt. Dann geht man um das Pferd herum und legt den Sattelgurt über den Sattel. Erst jetzt, wenn nichts mehr auf dem Boden schleifen kann, während man den Sattel trägt, nimmt man ihn ab und bringt ihn in die Sattelkammer. Bei den meisten Schulpferden ist der Sattel mit der Satteldecke verbunden und man hebt beide gemeinsam vom Pferd.

Sobald man zurück zu seinem Pferd kommt, untersucht man die Sattellage genau auf Druckstellen und Wunden. Am besten tastet ihr sie dazu ab. Dann merkt ihr sicher, ob eine Stelle dick oder warm ist.

◄ *So befestigt, schlagen die Steigbügel dem Pferd beim Führen nicht gegen die Flanken.*

Nach dem Reiten tastet Janine die Sattellage nach Druckstellen ab. Aber es ist alles in Ordnung. ▼

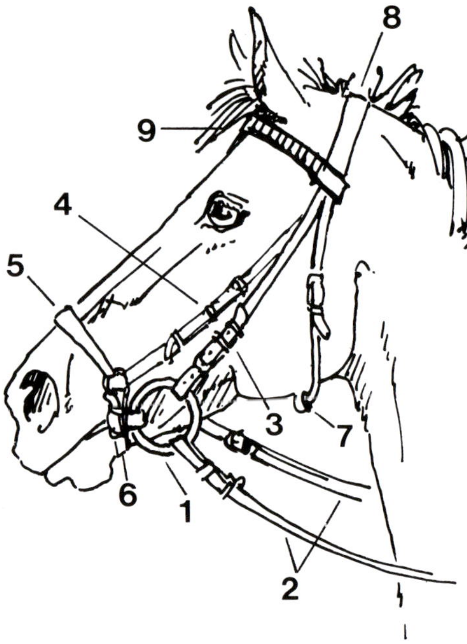

Die meisten Schulpferde tragen eine Trense mit Hannoverschem Reithalfter:
1 Trense (Trensengebiß)
2 Zügel
3 Backenstück
4 Hannoversches Reithalfter mit Nasenriemen (5) und Kinnriemen (6)
7 Kehlriemen
8 Nackenstück (Genickstück)
9 Stirnband

Das Kopfstück

Das Kopfstück besteht aus einer Zäumung mit oder ohne Mundstück und den Lederriemen, mit denen sie am Kopf des Pferdes gehalten wird. Oft kommen noch ein Reithalfter und/oder verschiedene Hilfszügel dazu. Da die Zäumung, die die meisten Schulpferde tragen, Trense heißt, wird in Reitschulen oft das ganze Kopfstück „Trense" genannt.

Wie die Einzelteile des Kopfstücks heißen, seht ihr auf der Zeichnung oben.

Grundsätzlich dienen alle Zäumungen dazu, dem Pferd Signale zu geben, ihm also klarzumachen, was man von ihm will. Dazu wird von verschiedenen Zäumungen an unterschiedlichen Teilen des Pferdekopfes Druck ausgeübt, der sich so weit verstärken läßt, daß das Pferd Schmerz empfindet. Ob es soweit kommt oder nicht, hängt immer davon ab, wie stark der Reiter die Zügel annimmt. Es gibt keine grundsätzlich „scharfe" oder „weiche" Zäumung. Eine Zäumung ist immer so sanft oder so hart wie die Reiterhand am anderen Ende des Zügels.

Natürlich gibt es Zäumungen, bei denen schon ein verhältnismäßig leichter Zug am Zügel ausreicht, um die Schmerzgrenze zu erreichen, und andere, bei denen man fester zufassen kann. Erstere gehören in die Hand des Könners, der seine Bewegungen genau kontrolliert, und an den Kopf von Pferden, die alle Anweisungen gut kennen und schon auf die Andeutung einer reiterlichen Hilfe reagieren. Letztere sind für den Anfänger geeignet, da sie nicht gleich jede ungeschickte Bewegung in Schmerz umwandeln. Außerdem werden sie bei jungen Pferden eingesetzt, die noch aus Unkenntnis und nicht aus Widersetzlichkeit falsch reagieren, und die man deshalb nicht bestrafen will.

Wie Zäumungen wirken

Vereinfacht gesagt gibt es drei Arten der Zäumung: die gebißlose Zäumung, die Zäumung mit „gebrochenem" Mundstück und die Stangenzäumung. Besonders letztere ist meistens mit Anzügen oder Bäumen versehen, die ihre Wirkung verändern und verstärken, weil sie als Hebel wirken. Mitunter werden zwei dieser Zäumungen miteinander kombiniert.

Memory trägt eine Trense, ein gebrochenes Mundstück.

Gersemi trägt ein Bosal. Es wirkt als gebißlose Zäumung auf die Nase.

Stangenzäumungen arbeiten mit einer leichten Hebelwirkung.

Zur Wirkung von Zäumungen solltet ihr euch folgendes merken:

- Alle *gebißlosen Zäumungen* wirken auf die Nase des Pferdes ein. Die bekannteste Zäumung ohne Gebiß ist die *Hackamore*.

- Alle *gebrochenen Mundstücke* übertragen die Einwirkungen der Reiterhand auf die Zunge, den Unterkiefer und mitunter auch auf den Gaumen des Pferdes. Am häufigsten sieht man das *Trensengebiß*.

- *Stangenzäumungen* wirken ebenfalls auf Zunge und Unterkiefer, wenn auch anders als gebrochene Gebisse. Da sie in der Regel mit Hebeln versehen sind, üben sie zusätzlich über das Kinnkettchen oder Kinnriemchen Druck in der Kinngrube aus. Ihr seht Stangenzäumungen besonders häufig bei Westernreitern.

Fortgeschrittene Dressurreiter reiten mit der Kandare (s. Fotos auf der S. 126). Diese Zäumung besteht aus einer Stange und einem dünnen Trensengebiß, die das Pferd beide im Maul trägt.

Tests am eigenen Leibe – Die Wirkung von Zäumungen

Die Wirkung von Trensengebissen und gebißlosen Zäumungen könnt ihr an euch selbst ausprobieren. Nehmt einen Bleistift und drückt damit auf euren Nasenrücken! (Auf die harte Stelle bitte!) Ihr merkt, daß ihr dazu neigt, diesem Druck zu folgen und den Kopf zu senken. Wärt ihr in Bewegung, würdet ihr anhalten. Diesen natürlichen Reflex nutzen gebißlose Zäumungen aus.
Jetzt legt ihr eure Finger in die Mundwinkel und übt seitlich Druck darauf aus. Die natürliche Reaktion ist, den Mund aufzureißen, den Kopf zu heben und sich dem Druck zu entziehen. Dem Pferd geht es genauso. Es muß erst lernen, ihn als Zeichen zum Kopfsenken und Anhalten zu verstehen.
Um auszuprobieren, wie gebrochene Zäumungen wirken, könnt ihr auch einfach das Mundstück einer Trense in die Hand nehmen und jemanden bitten, an den Zügeln zu ziehen. Ihr werdet merken, daß das Gebiß eure Hand einquetscht. Im Pferdemaul wirkt es so auf die Zunge und kann dem Pferd durchaus sehr weh tun, wenn man nur fest genug daran zieht. Man nennt diesen Quetscheffekt *Nußknackerwirkung*.

So könnt ihr selbst ausprobieren, wie Zäumungen wirken.

Mundstücke

Die meisten Pferde, die ihr im Reitstall kennenlernt, tragen ein gebrochenes Mundstück, nämlich das Trensengebiß.

Trensengebisse gibt es aus Metall und aus Gummi, wobei letztere oft so weich sind, daß ein Annehmen der Zügel das Pferd kaum beeindruckt. Das ist zwar sehr pferdefreundlich, aber wenn das Pferd sie in einer gefährlichen Situation versehentlich durchbeißt, wird es ungemütlich. Damit Reiter in solchen Fällen nicht gleich ihr Testament machen müssen, haben solche Gebisse oft einen Kern aus Stahldraht.

Trensengebisse (von links nach rechts): Wassertrense; Olivenkopftrense; Gummigebiß; gebrochenes Pelham, ein Trensengebiß mit Anzügen.

Was sind denn das für „Trensen"?

Diese Frage stellen Reitschüler immer wieder, wenn sie sehen, daß auf Turnieren oder bei Privatpferdereitern Zäumungen zum Einsatz kommen, wie ihr sie auf diesen Bildern seht. Wenn ihr den Text auf den vorigen Seiten gelesen habt, wißt ihr jetzt natürlich schon, daß es keine „Trensen" sind, denn Trensen haben keine Hebel an der Seite. Die gebißlose Zäumung ganz oben ist eine *mechanische Hackamore*. Sie kommt aus Amerika und wird dort beim Rodeo-Reiten eingesetzt. Weil das Pferd, das sie trägt, kein Gebiß im Maul hat, halten viele Reiter diese Zäumung für besonders pferdefreundlich. Das ist sie aber nicht. Die langen Anzüge, die vom Nasenstück ausgehen, wirken als Hebel, und schon eine geringe Annahme der mechanischen Hackamore tut dem Pferd weh. Sehr starke Einwirkung kann sogar zu Nasenbeinbrüchen führen! Eine Lenkung darf deshalb nicht über seitlichen Zug, sondern nur über den Hals erfolgen. Im Dressur- und Springsport, bei dem meistens mit angenommenen Zügeln geritten wird, hat die mechanische Hackamore deshalb nichts zu suchen. Auch die Westernreiter lehnen sie ab. Sie benutzen lediglich die *Bosal*, die auch *klassische Hackamore* genannt wird. Diese wirkt ohne Hebel auf die Nase und die „Backen" des Pferdes und tut ihm nicht weh.

Viele Reiter, die mit ihren Pferden nicht fertig werden, weil sie nicht besonders gut reiten und die Pferde nicht artgerecht halten, greifen zu *Stangengebissen*, um ihre Pferde besser in den Griff zu bekommen.

Dafür sind Stangen jedoch nicht gedacht. Sie gehören eigentlich in die Westernreitweise und werden dort von erfahrenen Reitern bei Pferden eingesetzt, die die Grundausbildung bereits hinter sich haben und auf leichte Zügelhilfe bereitwillig reagieren. Der Reiter hält dabei beide Zügel in einer Hand (er reitet „einhändig") und sucht keinen ständigen Kontakt zum Pferdemaul. Auch viele Freizeitpferde werden im Gelände so geritten und mögen das sehr.

In der Hand von Anfängern und Reitern, die ihre Pferde nicht halten können, auf dem Dressurviereck und auf dem Springplatz sind auch Stangen fehl am Platze! Wer mit seinem Pferd nicht zurechtkommt, braucht Reitunterricht und keine „scharfe" Zäumung. Ein schlechter Reiter, der zur Stange oder zur Hackamore greift, ist wie ein Lehrer, der seine Schüler dafür prügelt, daß sie im Unterricht nichts verstehen.

Dieses Pferd trägt eine mechanische Hackamore. ▶

▲ ***Der Westernreiter lenkt das Pferd mit einer Hand und benutzt ein Stangengebiß.***

Dieser Welsh Cob-Wallach trägt eine Trense mit amerikanischem Reithalfter.

Achtung, scharfe Kanten!

Die Verbindung zwischen Trensenmundstück und -ring, also die Löcher, durch die die Zügelringe gehen, können dadurch, daß sich hier Metall auf Metall reibt, leicht „ausschlagen“. Die Ränder der Löcher werden dann messerscharf und können das Maul des Pferdes verletzen. Auch das Gelenk in der Mitte des Trensengebisses kann scharfe Kanten entwickeln. Man sollte es deshalb regelmäßig daraufhin abtasten und auch beim Kauf neuer Mundstücke darauf achten, daß sie keine solchen Fehler aufweisen. Zusätzlich schützen kann man das Pferdemaul durch die Verwendung von Gummischeiben, die obendrein verhindern, daß Anfänger das Gebiß seitlich durch das Pferdemaul ziehen.

Gummischeiben schützen das Pferdemaul vor scharfen Kanten

Angenehm für das Pferd ist es jedoch sicher nicht, wenn es darauf beißt.

Wenn man die Trensenwirkung freundlicher gestalten möchte, kann man statt des Gummigebisses ein doppelt gebrochenes Trensengebiß nehmen. Bei ihm ist die Nußknackerwirkung abgeschwächt, und seine größere Beweglichkeit regt zum Kauen an. Auch durch die Verwendung von Kupfergebissen oder mit Kupferröhrchen überzogenen Gebissen will man das Pferd zum Kauen bringen, denn dabei entspannt es sich und zeigt, daß es sich mit seinem Gebiß wohl fühlt.

Dicke Trensengebisse wirken weicher als dünne, da sie den Druck besser im Maul verteilen. Sie müssen aber auch der Maulgröße angepaßt sein. Extrem dicke Mundstücke gehören natürlich nicht in die Mäuler sehr kleiner Ponies.

Trensengebisse unterscheiden sich auch durch unterschiedliche Form der Ringe, in die Zügel und Kopfstück eingeschnallt werden. Ein *Olivenkopfgebiß* liegt ruhiger im Maul als eins mit runden Ringen. Auch die Kanten schlagen nicht so schnell aus und werden scharf.

Ein Trensengebiß mit Anzügen ist das *gebrochene Pelham*. Diese Zäumung wirkt an denselben Stellen auf das Maul des Pferdes ein wie die normale Trense. Durch die Anzüge an der Seite (Hebel) wird die Wirkung aber sehr verstärkt, und durch das Kinnkettchen wird der Zug auch auf die Kinngrube des Pferdes übertragen. In den Händen sehr erfahrener Westernreiter kann eine solche Zäumung einen Sinn haben. Zum Dressurreiten und Springen ist sie aber ungeeignet, denn sie fügt dem Pferd große Schmerzen zu, wenn man sie so einsetzt wie eine ganz normale Trense.

Reithalfter (Sperrhalfter)

Reithalfter haben die Aufgabe, das Pferd am *Sperren* zu hindern, also daran, das Maul aufzureißen und sich damit der Wirkung des Trensengebisses zu entziehen. Nun entzieht man sich ja im allgemeinen nur den Dingen, die einem unangenehm sind. Das ist bei Pferden nicht anders als bei Menschen. Wenn ein Pferd also sperrt, dann sagt es uns damit, daß es sein Gebiß und unsere Zügelführung bestenfalls lästig, schlimmstenfalls schmerzhaft findet. Durch Anlegen eines Sperrhalfters verbieten wir ihm diese Meinungsäußerung. Das gilt insbesondere für das Hannoversche Sperrhalfter, mit

Petra zäumt Memory. Sie hat ihr die Zügel über den Hals gelegt. Mit der rechten Hand hält Petra das Kopfstück. Mit der linken Hand schiebt sie Memory das Mundstück ins Maul.

Das Kopfstück wird langsam hochgezogen und das Genickstück vorsichtig über die Ohren gestreift.

dem man das Maul des Pferdes regelrecht zubindet und das, wenn man es nicht ganz korrekt verschnallt, auch noch atembeengend wirkt.

Bis zu einem gewissen Grade ist die Verwendung eines Sperrhalfters vertretbar, denn ein Pferd, das sich der Zügeleinwirkung entzieht, ist auch nicht angenehm und vor allem nicht sicher zu reiten. Wir dürfen es damit jedoch nicht zwingen, Schmerzen auszuhalten, die wir ihm durch schlechtes Reiten zufügen.

Einen Kompromiß bietet hier die Verwendung eines englischen oder amerikanischen Reithalfters. Beide sitzen höher auf der Pferdenase, können die Atmung nicht beengen und haben keine gar so zuschnürende Wirkung.

Als Reitschüler habt ihr natürlich keinen Einfluß darauf, welche Zäumung euer vierbeiniger Lehrer trägt. Oft werdet ihr Pferde mit Hannoverschen Reithalftern vorfinden. Ihr solltet das Reithalfter dann wenigstens richtig verschnallen: Der Nasenriemen soll vier Fingerbreit über dem Nüsternrand liegen, und zwar auf dem harten Teil der Nase. Liegt er tiefer, so behindert er die Atmung (wie beim Shetty auf S. 67).

Der Kinnriemen führt unterhalb der Trensenringe nach hinten, und wenn ihr ihn schließt, so müssen zwischen Kinn und Riemen noch zwei nebeneinandergestellte Finger passen.

Zügel

Die Zügel verbinden die Reiterhand mit der Zäumung des Pferdes, meistens mit seinem Maul. Dementsprechend vorsichtig sollten wir damit umgehen und uns niemals dazu hinreißen lassen, unbeherrscht daran zu zerren. Zügel müssen griffig sein, damit sie gut in der Hand liegen und sich leicht lockern oder nachfassen lassen. Es gibt Gurtzügel aus festem Leinen und glatte oder geflochtene Lederzügel.

Hilfszügel

Ein Pferd, das dressurmäßig geritten wird, sollte eine *Dehnungshaltung* einnehmen, also den Hals rund machen und im Rücken schwingen, ihn *hergeben*, wie die Reiter sagen. Wenn es das nicht tut, liegt das eigentlich immer an der Unvollkommenheit seines Reiters. Viele Reiter wollen das nicht wahrhaben, und es ist ja auch viel bequemer, die Schuld daran beim Pferd zu suchen. So greifen sie zu Hilfszügeln, um die gewünschte Haltung zu erzwingen. Der verbreitetste Hilfszügel ist das *Martingal*, das man meist auch Schulpferden im Unterricht anlegt. Das Martingal verbindet Sattelgurt und Zäumung und soll verhindern, daß das Pferd den Kopf hochwirft

Ausbindezügel sind beim Longieren sinnvoll.

Petra zieht Memorys Haarschopf über das Stirnband und ordnet ihn, damit nichts ziept.

Zuletzt werden die Schnallen vom Kehlriemen und vom Kinnriemen geschlossen.

und sich damit der Trensenwirkung entzieht. Wie schon beim Thema „Reithalfter" erwähnt, tut es das jedoch nicht ohne Grund, sondern in aller Regel deshalb, weil ihm etwas weh tut. Zum Glück bemerkt der Reiter, auch wenn das Pferd ein Martingal trägt, daß es den Kopf hochwerfen will. Er sollte wissen, daß es ihn damit auffordert, seine Zügelführung freundlicher zu gestalten, und darauf reagieren!

Bei der Verwendung von Stoßzügeln und Ausbindezügeln ist das anders. Meist wird der Kopf des Pferdes damit von vornherein in eine Stellung gebracht, aus der heraus jeder Widerstand zwecklos ist. Ausbindezügel sind in der Regel nur beim Longieren und Voltigieren vertretbar.

Aufzäumen

Bevor man aufzäumt, nimmt man dem Pferd das Stallhalfter vom Kopf und legt es ihm um den Hals, damit es nicht weglaufen kann, während man die Zäumung ordnet. Oder man legt ihm die Zügel der Zäumung um den Hals und nimmt das Halfter ganz ab. Wie eigentlich alle Tätigkeiten rund ums Pferd geschieht auch das Aufzäumen von links. Nachdem man dem Pferd die Zügel um den Hals gelegt hat, nimmt man das Kopfstück in die rechte Hand. Man faßt es etwa in der Mitte der Backenstücke und trennt das rechte und das linke Backenstück durch den Zeigefinger. Die linke Hand liegt unter dem Gebiß. Wie ihr es schon vom Aufhalftern kennt, faßt die rechte Hand mit der Zäumung von unten um die Pferdenase. Während die linke Hand das Gebiß ins Maul schiebt, zieht die rechte das Kopfstück an der Pferdenase entlang hoch und über die Ohren. Nachdem man die Mähne so geordnet hat, daß sie über das Stirnband fällt und von Stirnband und Nackenstück nicht eingeklemmt wird, kann man die Schnallen schließen. Je nach Kopfstückmodell gibt es mehr oder weniger Schnallen. Bei dem Zaumzeug, das man gewöhnlich in Reitställen antrifft, sind der Kehlriemen und der Nasenriemen des Reithalfters zu verschnallen. Bei ersterem muß eine aufgestellte Hand zwischen Kehle und Riemen passen, bei letzterem zwei aufeinandergestellte Finger zwischen Nase und Zaum.

Die Zäumungen, die im Western- und Freizeitreiterbereich bevorzugt werden, haben oft gar keinen Kehlriemen, und das Sperrhalfter wird, wenn überhaupt, separat aufgelegt. So gibt es auch einen „Einohrzaum", der weder Kehlriemen noch Stirnband hat. Seinen sicheren Sitz am Kopf garantiert ein Riemchen ums Ohr. Für das Pferd ist ein solches Kopfstück sehr angenehm.

So prüft man die richtige Weite des Kehlriemens.

Der „Einohrzaum" ist als Kopfstück für Pferde sehr angenehm.

Nun mach doch mal das Maul auf!

Viele Pferde reagieren nicht gerade begeistert, wenn man sich ihnen mit der Trense nähert. Das ist verständlich, wenn man bedenkt, daß das Einlegen des Gebisses für sie zunächst einmal „Arbeit" bedeutet. Auch gehen Reiter dabei nicht immer rücksichtsvoll mit ihnen um. Schon junge Pferde machen oft schlechte Erfahrungen beim Auftrensen und beißen dann buchstäblich „die Zähne zusammen", sobald sie eine Trense sehen. Pferde, die sich nicht gern aufzäumen lassen, verdienen also unser Verständnis und sollten mit List und nicht mit Gewalt überzeugt werden. Knallt eurem Pferd also nicht ärgerlich die Trense gegen die Vorderzähne, wenn es nicht gleich das Maul öffnet. Das ist sehr unangenehm, wie ihr schnell herausfindet, wenn ihr euch selbst mal mit einem metallenen Teelöffel gegen die Schneidezähne schlagt, und nutzt gar nichts. Besser ist es, mit dem linken Daumen ins Pferdemaul zu fassen und auf den Laden, also eine der zahnlosen Stellen am Unterkiefer, zu drücken. Das löst einen Reflex aus und bringt das Pferd dazu, das Maul zu öffnen. Wenn ihr euch das noch nicht zutraut, hilft es auch, dem Pferd ein Stück Brot oder ein Apfelviertel mit der Trense zu reichen. Während es nach dem Leckerbissen faßt, könnt ihr sie ins Maul schieben.

Im Winter solltet ihr eurem Reitpferd die Trense übrigens nicht in eisgekühltem Zustand zumuten. Die Pferde werden es zu schätzen wissen, wenn ihr das Mundstück in warmes Wasser taucht oder wenigstens in der Hand etwas aufwärmt, bevor ihr es ihnen ins Maul schiebt.

Führen an der Trense

Es gibt zwei Möglichkeiten, ein aufgezäumtes Pferd richtig zu führen. Einmal kann man die Zügel über den Pferdekopf streifen, zum anderen läßt man sie auf dem Hals liegen. Die erste Methode wendet man vor allem an, wenn man das Pferd über längere Strecken führen will. Der beliebig zu verlängernde Zügel ermöglicht es dabei, das Pferd hinter sich gehen zu lassen und ihm überhaupt mehr Freiraum zu geben.

Einen über den Kopf gestreiften Zügel faßt man, wie den Strick des Stallhalfters, ca. eine Handbreit unter dem Pferdekinn mit der rechten Hand, der Zeigefinger trennt die Zügel. Die linke Hand hält die Zügelenden, wobei wieder darauf zu achten ist, daß sie auf keinen Fall um die Hand geschlungen werden.

Bei der zweiten Führmethode bleiben die Zügel auf dem Hals des Pferdes. Sie wird angewandt, wenn man ein Pferd nur eben zum Aufsteigen aus dem Stall führt. Auch hier faßt wieder die rechte Hand eine Handbreit unter dem Pferdekinn nach den Zügeln, und der Zeigefinger trennt den rechten und linken. Die linke Hand bleibt frei, hat aber häufiger als bei Methode eins die Aufgabe, das Pferd mit Hilfe einer Gerte zu eifrigerem Antreten zu veranlassen, denn ein aufmunterndes Zupfen am Zügel richtet hier weniger aus.

Übrigens schaut man das Pferd beim Führen nicht an. Es betrachtet es nämlich als Signal zum Anhalten, wenn man sich zu ihm umwendet.

Beim Führen über ein kurzes Stück bleiben die Zügel auf dem Hals liegen. Unterhalb des Pferdekinns teilt der Zeigefinger die Zügel.

▲ *So führt man ein Pferd über längere Strecken an den Zügeln.*

Lederpflege

Lederzeug, also Kopfstück, Sattel und Zubehör wie Martingal, Vorderzeug und Schweifriemen, muß in regelmäßigen Abständen gereinigt werden. Dazu öffnet man sämtliche Schnallen und zerlegt alle Ausrüstungsgegenstände in ihre Bestandteile. Sie werden dann zunächst mit Wasser und Sattelseife gründlich gereinigt und in einem trockenen, aber nicht geheizten Raum zum Trocknen gebracht. Auch in die pralle Sonne sollte man sie möglichst nicht hängen, weil das Leder davon leicht rissig wird. Das getrocknete Lederzeug wird anschließend gründlich gefettet. Es gibt dafür Spezialfett in den unterschiedlichsten Qualitäten. Nerzöl ist das beste, aber auch das teuerste. Bevor man die Sachen wieder zusammensetzt, läßt man das Fett eine Zeitlang einziehen und wischt dann alles mit einem weichen Lappen ab, um Fettreste zu entfernen.

Wildlederteile am Sattel werden nicht gewaschen und gefettet. Sie lassen sich mit Waschbenzin leicht reinigen.

Zur Lederpflege werden alle Teile auseinandergeschnallt.

Reiten ist eine Sprache

Im Kapitel über den Körperbau des Pferdes habt ihr vielleicht festgestellt, daß es viele Wörter und Ausdrücke in der Reitersprache gibt, die man erst kennen und anwenden lernen muß.

Noch wichtiger als die Verständigung mit dem Reitlehrer und den anderen Schülern ist aber die mit dem Pferd. Wer ein Pferd reitet, muß ihm deutlich machen, was er von ihm will. Dazu lernt man eine Zeichensprache.

Die „Wörter" und „Redewendungen" der Sprache „Reiten" nennt man *Hilfen*. Es sind Zeichen, die mit den Schenkeln, dem Kreuz oder – über die Zügel – mit den Händen gegeben werden. Für das Pferd sind sie leichter zu verstehen als gesprochene Worte, denn auch untereinander verständigen sich Pferde mehr durch Gebärden als durch Laute.

Wenn Pferd und Reiter die Sprache gut beherrschen, genügen ganz

▲ ***Hier ersetzt ein Halsring die Zäumung.***

◀ ***Reiten ohne Zaum und Zügel setzt Vertrauen zwischen Reiter und Pferden voraus.***

leichte Hilfen. Dann deutet man die Zeichen nur an, und das Pferd führt die Anweisungen aus.

Die Fotos auf diesen Seiten zeigen deutlich, daß sehr gute Reiter und Pferde nicht einmal Hilfsmittel wie Zaum und Zügel brauchen, um sich miteinander zu verständigen. Die Trense oder eine andere Zäumung macht es dem Reiter jedoch leichter, seine Wünsche zu äußern. Im Idealfall erfüllt der Zügel aber nur die Funktion einer Telefonleitung: Er übermittelt dem Pferd eure Anweisungen.

Wenn die Hilfen in der Sprache „Reiten" die Worte sind, so entspricht die Kraft, die ihr bei der Hilfengebung aufwendet, der Lautstärke.

Der gute Reiter, der seine Hilfen unsichtbar gibt, ist so gesehen einem Schauspieler vergleichbar, der auf der Bühne flüstert und doch von allen verstanden wird. Er spricht leise, aber deutlich. Ein schlechter Reiter, der am Zügel zieht und gleichzeitig im Sattel hin und her schwankt, ist wie ein Mensch, der die Sprache eines anderen nicht beherrscht, ihn aber pausenlos anschreit, um das auszugleichen.

Im Reitunterricht übt man, dem Pferd die Zeichen klar und unmißverständlich zu geben. Das ist alles andere als einfach, denn man braucht dazu eine sehr gute Körperbeherrschung. Leider entwickelt die sich nicht von heute auf morgen!

Viele Menschen meinen, daß Reiten etwas mit Kraft zu tun habe. Der Reiter, so heißt es, müsse das Pferd beherrschen, er müsse der Stärkere sein. Das ist Unsinn, denn von der Kraft her ist der Reiter nie der Stärkere. Selbst ein kleines Shetlandpony könnte einen starken Mann umstoßen, wenn es wollte. Der Mensch muß im Umgang mit

Versteht mich mein Pferd, wenn ich mit ihm rede?

Es gibt Reiter, die überhaupt nicht mit ihrem Pferd sprechen oder ihm allenfalls kurze Aufforderungen zurufen. Sie scheinen das Pferd für eine Art Moped zu halten, das statt mit Benzin mit Hafer gefüttert wird.

Andere wiederum reden pausenlos auf ihr Pferd ein und gehen ihrer Umwelt damit manchmal ganz schön auf die Nerven. Offensichtlich befürchten sie, daß ein Pferd, das man nicht ständig beruhigt und besänftigt, jede Gelegenheit nutzt, seinen Reiter umzubringen. Mit ihrem Dauergemurmel beruhigen sie mehr sich selbst als das Pferd.

Ein vernünftiger Reiter spricht oft und gern mit seinem Pferd. Er teilt ihm mit, was es gut oder schlecht gemacht hat, gibt ihm kleine Anweisungen oder erzählt ihm einfach nur so etwas. Im allgemeinen versteht das Pferd ihn dabei auch, denn Pferde haben ein feines Gespür für Stimmungen. Sie wissen, wann wir zufrieden oder unzufrieden sind und wie wir etwas meinen. Natürlich verstehen sie nur wenige Dinge wörtlich, z. B. häufig gebrauchte Befehle wie „Ho" oder „Gib Fuß!". Darauf reagieren sie dann auch unmittelbar. Auf die Erwähnung der Note eurer letzten Mathematikarbeit werden sie nicht so deutlich antworten, aber ihr könnt euch darauf verlassen, daß sie spüren, ob ihr darüber traurig oder erfreut seid. Pferde fühlen nämlich mit – im wahrsten Sinne des Wortes!

Alle Pferde lieben es, wenn man sie lobt und freundlich zu ihnen spricht, und sie merken auch, wenn man sie tadelt. Sie haben allerdings ein kurzes Gedächtnis, und so nutzt es nichts, wenn man sie nach dem Reiten oder nach dem Turnier für irgend etwas ausschimpft, das sie vor einer halben Stunde falsch gemacht haben. Pferde begreifen es nicht, wenn Menschen nachtragend sind.

„Jetzt will ich Dir mal was sagen ..."

Auch die iberische Reitweise arbeitet mit leichten Hilfen. Hier Claus Penquitt mit einem Lusitano. ▼

dem Pferd der Klügere sein! Durch klar gegebene, leicht verständliche Zeichen, mit viel Lob und wenig Strafe bringt er das Pferd dazu, ihm gern zu gehorchen. Auch in Pferdeherden ist nicht unbedingt das stärkste Tier das ranghöchste, sondern das mutigste und erfahrenste.

Reiten ist eine Sprache, kein Zweikampf. Als kleines Mädchen ritt ich eine Zeitlang einen riesigen Kaltbluthengst. Er war sehr freundlich und befolgte fast alle meine Befehle, obwohl er sich garantiert nicht vor mir fürchtete.

Bei der Verständigung zwischen Reiter und Pferd ist es ebenso wie bei der zwischen Menschen: Ein kleines Mädchen, das chinesisch spricht, kann einen Chinesen leicht dazu bewegen, ein paar Schritte zur Seite zu gehen. Ein starker Mann, der dasselbe mit Gebrüll und Gewalt versucht, lernt womöglich Kung Fu kennen!

Eine gute Beziehung zwischen Reiter und Pferd besteht dann, wenn der Mensch eindeutig die Führung hat, sie aber nicht ständig durch Kraftanwendung aufrechterhalten muß. Natürlich gibt es auch unter den besten Reiter-Pferd-Paaren manchmal Streit. Es kommt nämlich vor, daß sich das Pferd einer Anweisung widersetzt, obwohl es sie verstanden hat. Dann muß der Reiter durchgreifen. Jeder gute Reiter wird euch jedoch versichern, daß viel mehr Schwierigkeiten zwischen Reiter und Pferd aus Mißverständnissen, denn aus Ungehorsam entstehen.

Grundsätzlich sollte man sich darum bemühen, daß die Beziehung zwischen Reiter und Pferd von Freundlichkeit und Harmonie bestimmt wird. Denn nur dann macht Reiten wirklich Spaß.

▲ ***Die Verständigung zwischen Reiter und Pferd hat nichts mit Kraft zu tun. Dieser Junge reitet ein Kaltblutpferd beim St. Georgi-Osterritt in Traunstein.***

Dieser Reiter braucht kein Zaumzeug auf seinem geduldigen Pferd. Er zeigt im Pferdezentrum Reken vor Zuschauern den „leichten Sitz". ▶

Reitweisen der Welt

Seit über 5000 Jahren reiten Menschen auf Pferden. Zu unterschiedlichen Zeiten und in verschiedenen Ländern entwickelten sich dabei verschiedene Reitweisen für unterschiedliche Zwecke. Mal wurde das Pferd im Krieg eingesetzt, mal zum Hüten von Rinderherden. Mal ritt man zum Vergnügen, mal brauchte man das Pferd dringend als Helfer bei der Arbeit. Die verschiedenen Reitstile sind keine verschiedenen Sprachen, denn die Sprache „Reiten" beruht auf natürlichen Reaktionen der Pferde, und die waren zu allen Zeiten gleich. Man kann sie aber mit den Dialekten unserer Sprache vergleichen.

◀ ***Ein ungarischer Pferdehirt des Gestütes Hortobagy in der Puszta.***

◀ ***„Ungarische Post" nennt sich diese Art des Reitens, die gern als Schaunummer vorgeführt wird.***

In Mitteleuropa trainierte man große, kräftige Pferde für den Krieg. Das Pferd sollte dabei ständig unter Kontrolle sein, man mußte seine natürliche Fluchtreaktion in der Schlacht unterdrücken. So benutzte man zunächst scharfe Zäumungen, um es unter den Willen seines Reiters zu zwingen. Später, als adlige Herren und Damen zum Vergnügen ritten, verfeinerte man die anfangs groben Hilfen zu einer Kunst. Die Übungen, die für den Kampf geschaffen wurden, entwickelten sich zum Tanz.

◀ ***Der Damensattel mit seitlichem Sitz ist seit dem Mittelalter bekannt. In England gibt es heute noch Dressurprüfungen bei Turnieren, die im Damensattel geritten werden.***

Das Vielseitigkeitsreiten (früher „Military") besteht aus Dressur, Springen und einem Geländeritt. Es diente ursprünglich zum Training und zur Leistungsprüfung von Armeepferden. ▼

Pferde und Reiter, die diese *Klassische Reitweise* perfekt beherrschen, kann man heute noch in den Schauvorführungen der Wiener Hofreitschule und einigen klassischen Reitschulen in anderen Ländern bewundern.

Überall auf der Welt setzte man Pferde auch zum Hüten der Viehherden ein. Die bekanntesten Hirten zu Pferde waren die Cowboys im Westen der Vereinigten Staaten.

Den berittenen Hirten ging es in erster Linie um Wendigkeit. Sie entwickelten Hilfen, die das Pferd veranlaßten, rasch hinter einem entlaufenen Rind herzusetzen, schnell zu stoppen und zu wenden. So entstand die Reitweise, die bei uns als *Western-Reiten* bekannt ist.

In Ländern, in denen das Pferd dazu diente, schnell und bequem zu reisen, züchtete man Pferde, die weiche Gangarten wie den Tölt gingen. Auch dazu mußten Hilfen entwickelt und gelernt werden.

Schauvorführung mit andalusischen Pferden.

Aus dem Reitstil der Cowboys im Westen der Vereinigten Staaten entwickelte sich das Western-Reiten.

Die weiche Gangart Tölt ermöglicht dem Reiter bequemes Sitzen auch über lange Strecken.

Beim Springen taten sich die Engländer und Iren hervor. Als leidenschaftliche Jäger züchteten und förderten sie Pferde, die jedes Hindernis nahmen, wenn es hinter einem Fuchs oder einem Hirsch herging. Der Sattel, den sie dazu entwickelten, wurde zum Vorbild unserer Vielseitigkeitssättel.

Der Reitstil, der in unseren Reitschulen gelehrt wird, ist eine Mischung zwischen der klassischen Dressurreiterei und der englischen Jagdreiterei.

In der deutschen Sprache hat er keinen eigentlichen Namen, man spricht von *Dressur* und *Springen*. In fast allen anderen Ländern nennt

Die Springreiterin Barbara Reiter mit Calle in einer Prüfung der schweren Klasse.

Die Schleppjagd hinter der Meute folgt in Deutschland aus Gründen des Tierschutzes einer künstlichen Spur.

Gina Smith aus Kanada mit Malte 3 in der Galopp-Pirouette, einer Lektion der klassischen Dressur.

man diese Art des Reitens die *Englische Reitweise*

Unter Freizeitreitern ist die *Leichte Reitweise* ein Begriff. Sie ist – vereinfacht gesagt – ein Mischstil zwischen Englischer und Western-Reitweise und wurde von der Reitlehrerin und Schriftstellerin Ursula Bruns und ihren Mitarbeitern entwickelt.

Die „Leichte Reitweise" ist für alle gut geeignet, die entspannt und in Harmonie mit ihrem Pferd im Gelände reiten wollen.

Sie macht aber, ihrem Namen zum Trotz, das Reiten nicht leichter, als es nun einmal ist. Allenfalls erleichtert sie den Einstieg. Sie ist sehr reiter- und pferdefreundlich und eine gute Grundlage für das Erlernen jedes anderen Reitstils.

Wie ihr seht, liegen die Unterschiede der Reitweisen in ihren Ursprüngen begründet. Es gibt keine guten oder schlechten, richtigen oder falschen Reitweisen, und ihre Ausübung ist auch nicht zwingend an den Besitz einer speziellen Pferderasse gebunden. Klar, ein Quarter Horse eignet sich vom Körperbau her besser zum Western-Reiten als z. B. ein Isländer.

Aber wenn man nicht gerade die Teilnahme an Meisterschaften anstrebt, macht das nicht allzuviel aus.

Wichtig ist wieder nur eines: Pferd und Reiter müssen die Hilfen kennen und verstehen. Je perfekter sie einen Dialekt der Sprache Reiten beherrschen, desto mehr Spaß haben beide daran.

▲ ***Die „Leichte Reitweise" ist reiter- und pferdefreundlich: Piroschka im Geschicklichkeits-Parcours.***

Entspanntes Reiten im leichten Sitz, hier mit Handpferd. ▼

Verständigungsprobleme können in der besten Partnerschaft vorkommen. ▼

Nicht wild, aber Western – Reiten im Westernstil

Western-Reiten – bis vor einigen Jahren kannte man diesen Reitstil nur aus Film und Fernsehen. Beim Anblick eines Mannes mit Cowboyhut dachte man unweigerlich an waghalsige Verfolgungsjagden zu Pferd und Prügeleien.

Vom Bild des Reiters in Fernsehfilmen muß man sich jedoch freimachen, wenn man wirklich etwas über die Reitweise erfahren will, die sich aus der Arbeit der amerikanischen Viehhirten entwickelt hat. Filmcowboys sind schließlich keine Cowboys, sondern Schauspieler, und die sitzen leider meist genauso traurig im Westernsattel wie ihre hiesigen Filmkollegen auf dem Dressur- oder Springpferd.

Tatsächlich ist Western-Reiten heute eine ernstzunehmende Alternative zur „englischen" Art der Reiterei. Wer entsprechende Kurse belegt, kann sein Pferd in dieser Reitweise ausbilden und dann auch an Turnieren und Schauen teilnehmen.

Wie eigentlich jeder Reitstil, so geht auch das Western-Riding auf die „klassische Reitweise" zurück. Es hat seinen Ursprung in der *Iberischen Reitweise*, die spanische Siedler mit nach Kalifornien brachten.

Auch der Western-Reiter wünscht sich ein Pferd, das versammelt geht, den Rücken hergibt und auf leichteste Hilfen reagiert. Die Grundlage seiner Reiterei ist nicht das Rodeo – das war immer nur ein rauher Spaß für Leute mit Sinn für fragwürdige Vergnügungen –, sondern die Erziehung des Pferdes zum Mit-

Rasante Aktion ...

... und plötzlicher Stop – Westernpferde in der Reining.

Diese Disziplin mit Rindern heißt „Cutting“.

Völlige Konzentration – Ein Paint Horse wartet auf seinen Einsatz.

Vom Zusehen am Rand der Reitbahn kann man viel lernen.

machen und Mitdenken. Die kalifornischen *Vaqueros* entwickelten dazu eine Ausbildungsmethode, die nicht nur perfekte „Cowponys“, sondern auch erstklassige Freizeitpferde hervorbringt. Die Unterschiede zwischen Western-Reiten und Englischem Reitstil ergaben sich dabei aus der Umgebung und den Umständen, unter denen die Reitweisen entstanden.

Die Ursprünge

Im Westen der USA hielten die Nachkommen der ersten Einwanderer riesige Rinderherden. Die Tiere liefen frei in den weiten Steppen- und Grasgebieten. Es wäre viel zu teuer gewesen, diese mit Holz einzuzäunen, und der Stacheldraht war damals noch nicht erfunden. Also ließ man die Tiere durch berittene Hirten überwachen, zusammentreiben und auch mal über längere Strecken lotsen, wenn eine Herde verkauft oder neu angeschafft werden sollte.

Nun treibt man Rinder im allgemeinen nicht im Galopp zusammen. Statt dessen reitet man im Schritt oder Trab, manchmal auch ruhigem Galopp, neben der Herde her und lenkt sie so behutsam in die richtige Richtung. Über Stunden tat sich wahrscheinlich nichts beim Viehtrieb, der Reiter saß entspannt und locker auf seinem Pferd. Der Zügel hing dabei durch, und der Reiter trieb oder verhielt nur, wenn er wirklich etwas von dem Pferd wollte. Aus diesem langsamen und gelassenen Reiten wurde später die Turnierdisziplin *Pleasure* (das spricht sich „Pläscher“). Wörtlich übersetzt heißt das „Vergnügen“, Reiten ohne Anstrengung und Streß.

Gelegentlich haben allerdings auch Rinder ihre wilden fünf Minuten. Mitunter brach urplötzlich eines aus, und der Cowboy mußte sein bisher dahintrottendes Pferd ebenso schnell beschleunigen, um das Tier zurück zur Herde zu treiben. Dies geschah mittels Bewegungen, die der *Englische Reitstil* ebenfalls kennt. Wendungen auf der Hinterhand waren z. B. ständig nötig, und der *Spin*, das Drehen auf der Hinterhand, ist der Pirouette verwandt. Beim Viehtreiben mußte jedoch alles schnell gehen. Das Rind wartete schließlich nicht, bis der Cowboy das Pferd in der Manier englischer Reiter versammelt und durch systematische Kreuz- und Schenkeleinwirkung in Gang gebracht hatte.

Das Westernpferd lernte folglich, auf leichteste Hilfen blitzschnell zu reagieren. Aus der Arbeit mit den Rindern entstand die „Western-Dressur“, die *Reining*.

So ein richtiges Viehtrieb-Pferd durfte auch in keiner Situation scheuen und mußte immer gelassen bleiben. Schließlich galt es, reißende Flüsse zu überqueren, auf schmalen Pfaden an Abgründen entlangzulaufen und Dornengestrüpp auszuweichen.

Geländeschwierigkeiten und Geschicklichkeit im Umgang mit Hindernissen simuliert heute die Turnierdisziplin *Trail*, bei der es z. B. zu den grundlegenden Aufgaben gehört, ein Tor vom Pferd aus zu öffnen und wieder zu schließen.

Freizeitsport

Western-Reiten ist ein Stil, der heute auch außerhalb Amerikas immer mehr Freunde findet. Das *Quarter Horse*, die Pferderasse, die sich am besten dazu eignet, weil sie Kraft, Schnelligkeit und Gelassenheit miteinander verbindet, ist die zahlenmäßig stärkste Pferderasse der Welt. Man kann Western-Riding allerdings auch mit allen anderen Pferderassen betreiben.

Im übrigen lohnt sich die Beschäftigung mit den Ausbildungsmethoden und Hilfsmitteln der Westernreiter auch dann, wenn man sich nicht zum Umstieg entschließen will. Vieles ist sehr durchdacht und logisch aufgebaut.

Und wer regelmäßig und bei jedem Wetter im Gelände reiten will, der darf auch ruhig zum Cowboyhut greifen. Es gibt keinen besseren Regenschutz als einen guten Stetson!

Das erste Wörterbuch

Aufsitzen

So ein Pferd, selbst ein Pony, ist ziemlich hoch. Um es fachgerecht zu besteigen, muß man die richtige Methode kennen und üben. Macht euch also nichts daraus, wenn es die ersten Male nicht ohne Hilfe klappt.

Es gibt zwei Möglichkeiten, korrekt und elegant aufs Pferd zu kommen. Im Reitstall wird wahrscheinlich die erste gelehrt, denn sie ist geeigneter, wenn ein kleiner Mensch auf ein großes Pferd will.

Also: Nachdem ihr euch noch einmal überzeugt habt, daß der Sattelgurt wirklich festgezogen ist, stellt ihr euch auf die linke Seite des Pferdes. Euer Rücken ist dem Pferdekopf zugewandt, ihr schaut also in Richtung Pferdeschweif. Die rechte Hand faßt zunächst den Steigbügel und dreht ihn nach außen, so daß ihr den linken Fuß hineinsetzen könnt. Die Trittfläche muß unter eurem Fußballen liegen.

Die rechte Hand greift jetzt an den Sattelzwiesel oder, wenn ihr nicht groß genug seid, ans Sattelblatt. Ihr holt Schwung, indem ihr euch mit dem rechten Fuß kräftig abdrückt, und schwingt das rechte Bein über den Pferderücken.

Bitte achtet dabei auf folgendes: Der Zügel soll während des Aufsitzens leichten Kontakt mit dem Pferdemaul halten, damit das Pferd nicht nach vorn wegläuft. Geht es rückwärts, so habt ihr ihn zu kurz genommen.

Die linke Fußspitze darf sich nicht zwischen die Rippen des Pferdes bohren, während ihr aufsteigt. Begreiflicherweise mögen Pferde das ebensowenig wie eine Berührung ihrer Kruppe mit eurem rechten

Wie ermittelt man die richtige Steigbügellänge?

Wenn man von der Steigbügellänge spricht, ist damit natürlich die Länge des Steigbügelriemens und nicht die der Metallbügel gemeint. Sie hängt von der Beinlänge des Reiters und der Reitweise ab. Der Dressurreiter bevorzugt längere Bügel als der Springreiter; Westernreiter und Gangpferdereiter schnallen sie meist länger als solche, die nach der leichten Reitweise gelernt haben. Faustregel ist, daß der Steigbügel einschließlich Riemen so lang sein soll wie der Arm des Reiters von der Achselhöhle bis zu den Fingerspitzen. Das läßt sich schnell vor dem Aufsitzen ausprobieren und bietet eine gute Basis für die Feineinstellung vom Sattel aus. Anfänger neigen übrigens dazu, ihre Steigbügel zu kurz zu verschnallen, da sie meinen, in kürzeren Bügeln besseren Halt zu finden. Tatsächlich hat man aber nur dann einen sicheren Sitz, wenn man in der tiefsten Stelle des Sattels sitzt. Nur dann liegen auch die Knie leicht am Sattel an und können in Notsituationen fest angedrückt werden. Zu kurze Bügel bringen einen zu weit nach hinten. Wenn eure Knie also nicht mehr leicht an den Sattel angelegt werden können und womöglich sogar abstehen, wenn ihr euch locker hinsetzt, sind die Bügel zu kurz.

So kann man vom Boden aus die richtige Steigbügellänge feststellen.

Janine korrigiert die Steigbügellänge vom Pferd aus.

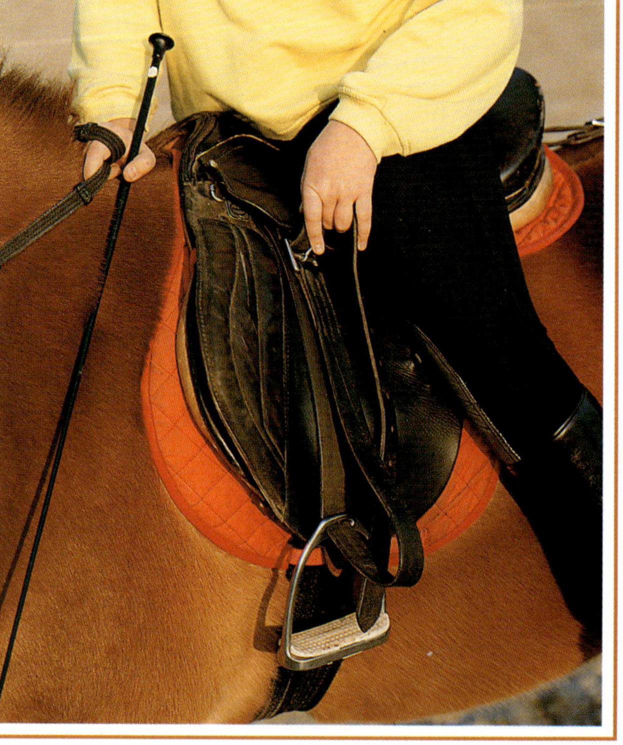

Zum Aufsitzen stellt ihr euch an die linke Seite des Pferdes und stellt den linken Fuß in den Bügel.

Jetzt Schwung nehmen und das rechte Bein über die Kruppe schwingen.

Dann in den Sattel gleiten, nicht plumpsen. Memory möchte am liebsten gleich loslaufen.

Bein. Grundsätzlich solltet ihr aufs Pferd gleiten und nicht fallen! Manche Pferde ächzen richtig, wenn ihr Reiter ihnen in den Rücken plumpst. Ihr könnt das vermeiden, indem ihr zunächst die Knie anlegt, bevor ihr euer Gewicht langsam in den Sattel sinken laßt.

Wenn ihr nun oben seid, nehmt ihr auch mit dem rechten Fuß den Steigbügel auf. Beide Bügel müssen immer unter euren Fußballen sitzen. Das ist sehr wichtig, falls ihr einmal herunterfallt. Denn wenn ihr zu tief in den Bügel rutscht, könnt ihr bei einem Sturz leicht darin hängenbleiben.

Hattet ihr während des Aufsitzens das Gefühl, euer Sattel säße nicht ganz fest, solltet ihr vor dem Losreiten nachgurten. Ihr nehmt dazu das rechte Bein noch einmal aus dem Steigbügel und legt es vor das Sattelblatt. Das klappt ihr nach oben und greift mit der rechten Hand nach dem ersten Gurtstrupfen. Ihr verkürzt den Gurt, indem ihr ihn nach oben zieht. Der Zeigefinger ertastet dabei die Schnalle und drückt den Dorn in das nächste oder übernächste Loch. Anschließend wiederholt ihr dasselbe mit dem zweiten Gurtstrupfen.

Ihr werdet schnell feststellen, daß das Festgurten vom Pferderücken aus leichter ist als von unten. Ein bißchen Übung gehört allerdings dazu.

Die zweite Methode, aufs Pferd zu kommen, wird überall da bevorzugt, wo große Menschen kleine Pferde reiten. Sie bietet weniger Schwung, hat aber den großen Vorteil, daß man dabei immer in dieselbe Richtung schaut wie das Pferd. Man merkt dann gleich, wenn es ein paar Schritte vor oder zurück gehen oder gar scheuen will.

Bei dieser Methode steht man zum Aufsteigen mit dem Gesicht zum Pferdekopf etwa auf Höhe des Sattels. Man setzt den linken Fuß so in den nach außen gedrehten Bügel, als wolle er auf eine Treppe steigen. Dann drückt man sich ab und hebt wieder das rechte Bein über die Kruppe.

Warum steigt man von links aufs Pferd?

Die Gewohnheit, alles, was man mit dem Pferd tut, von links zu beginnen, hängt zum einen damit zusammen, daß die Mehrzahl der Menschen Rechtshänder ist und es deshalb bevorzugt, beim Führen eines Pferdes links zu gehen und rechts zu führen. Zum anderen hat sie ihren Ursprung auch darin, daß das Pferd in früheren Zeiten häufig von bewaffneten Männer geritten wurde, die links das Schwert trugen. Von diesem sperrigen Teil wären sie sehr behindert worden, hätten sie ihr Pferd von rechts bestiegen. Obwohl heute keiner mehr Schwerter trägt, hält man in Reiterkreisen hartnäckig daran fest, daß das Aufsteigen grundsätzlich von links erfolgen sollte. Dabei ist es eine gute Übung für das Gleichgewicht und gegen die Einseitigkeit des Rechtshänders, alles, was man mit Pferden von links macht, auch von rechts auszuprobieren. Das ist nämlich gar nicht so einfach! Und auch den Pferden tut es gut, wenn die tägliche Routine manchmal durchbrochen wird.

Aufsteigen mit dem Blick zum Kopf des Pferdes .

Von rechts geht es auch!

Absitzen

Das Wichtigste beim Absteigen: zunächst beide Füße aus den Steigbügeln nehmen. Erst dann schwingt ihr das rechte Bein über die Kruppe und laßt euch herabgleiten. Steckt nämlich ein Fuß noch im Bügel, während ihr absteigt, und das Pferd erschrickt plötzlich, springt zur Seite oder macht einen Satz, so könnt ihr leicht im Bügel hängenbleiben und mitgeschleift werden. Auch das Absteigen sollte – diesmal im Interesse des Reiters – eine gleitende und keine plumpsende Bewegung sein. Die „Landung" kann nämlich sehr unangenehm sein, wenn man sie nicht abfedert.

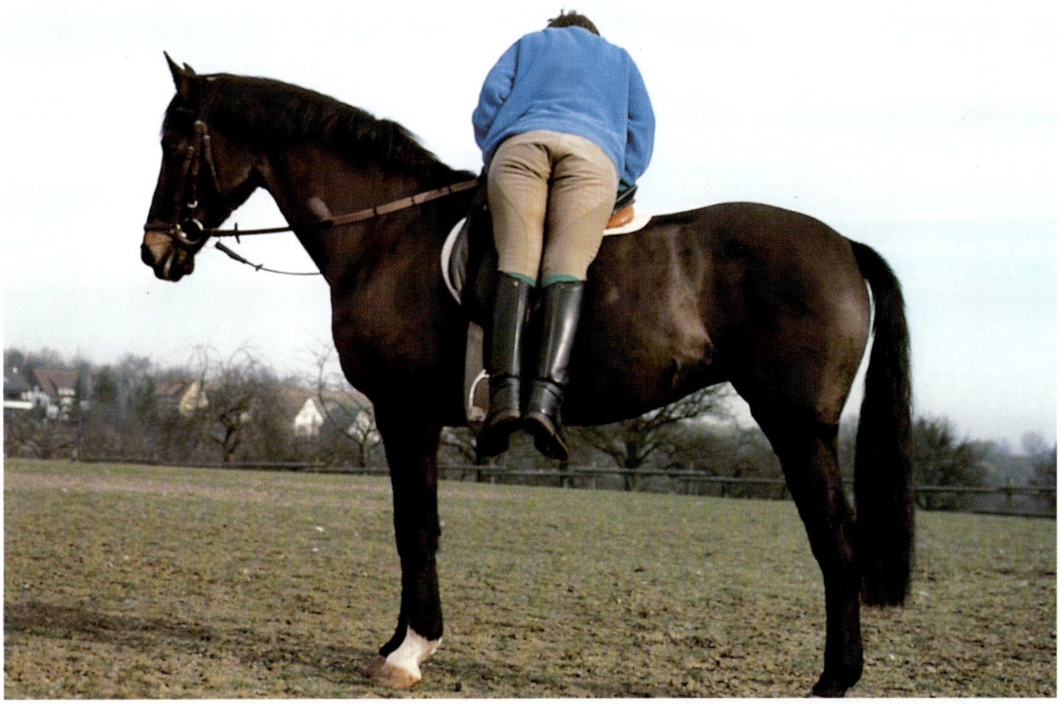

Abgesessen: Beide Füße aus den Bügeln nehmen, im Sattel aufstützen …

… und langsam herabgleiten.

Der richtige Sitz

Der richtige Sitz auf dem Pferd ist die Grundlage für gutes Reiten. Er bietet den Ausgangspunkt für die Hilfen, also für die „Worte", die man bei der Verständigung mit dem Pferd verwendet. Zudem ermöglicht er dem Reiter einen sicheren Halt und gewährleistet, daß man nicht gleich bei jedem Seitensprung des Pferdes herunterfällt.

Bleiben wir zunächst bei diesem Sicherheitsaspekt des richtigen Sitzes. Stellt euch einmal vor, ihr ständet im Meer und eine Welle käme auf euch zu. Natürlich wollt ihr nicht, daß sie euch umwirft. Probiert mal aus, wie ihr euch ihr entgegenstellen würdet: Beine und Oberkörper steif, Fußspitzen nach außen und Gewicht nach hinten verlagern? Natürlich nicht. Aber Fußspitzen nach vorn gestellt, in Knien und Fußgelenken federn und Oberkörper vielleicht etwas vorgeneigt? Richtig, so kann euch nichts umwerfen! Euer Gesäß befindet sich jetzt zwangsläufig über den Füßen, und euer Rücken ist gerade, die Schultern zurückgenommen. Dies ist genau die Haltung wie beim richtigen Sitz auf dem Pferd. Denn auch hier hat man Bewegungen unter sich zu erwarten, auf die man reagieren muß und die einen nicht „umwerfen" sollen. Wenn ihr die „Wellenhaltung" über einem Stuhl probiert und Fuß- und Oberkörperhaltung beim Hinsetzen beibehaltet, seid ihr dem perfekten Sitz schon recht nahe!

Janine zeigt den richtigen Sitz: Gerader, aufrechter Oberkörper, die Oberarme liegen mit angewinkelten Ellenbogen leicht am Körper an, die Hände stehen aufrecht zu Fäusten geballt und werden über dem Mähnenkamm „getragen", die Fußspitzen zeigen nach vorn, die Absätze bilden den tiefsten Punkt des Reiters, und die Unterschenkel liegen gerade am Gurt.

Auf dem Fahrrad sitzt man ganz selbstverständlich gut ausbalanciert.

An der richtigen Fuß- und Beinhaltung sollte sich auch dann nichts verändern, wenn man sich zum Test in die Bügel stellt.

Noch ein Beispiel für den „richtigen Sitz im Alltag": Beobachtet mal eure Freunde, wenn sie auf ihrem Fahrrad sitzen und es einen Hügel hinunterrollen lassen! Ihr werdet feststellen, daß auch bei ihnen die Füße genau unter dem Gesäß liegen. Dieses wiederum sitzt locker im Sattel. Kein Radfahrer käme auf den Gedanken, es zusammenzukneifen oder sich mit den Pobacken auf seinem Fahrradsattel herumzulümmeln!

Auf dem Fahrrad die richtige Haltung zu finden ist einfach, denn wenn man hier nicht ausbalanciert sitzt, fällt der Drahtesel um. Beim Pferd ist das natürlich nicht so, denn es hat bekanntlich vier Beine und einen gesunden Gleichgewichtssinn, mit dessen Hilfe es auch das Gewicht eines schiefsitzenden Reiters ausbalancieren kann. Schön findet es das allerdings nicht, und eine geeignete Ausgangsbasis für gelungene „Gespräche" ist eine solche Reiter-Pferd-Beziehung keineswegs.

Solange man noch nicht sicher ist, richtig und im Gleichgewicht zu sitzen, sollte man sich gelegentlich testen: Faßt in die Mähne und stellt euch in die Steigbügel, als wolltet ihr besagte „Welle" auffangen.

Wenn die Beine dabei an ihrem Platz bleiben und nicht nach vorn oder hinten verlagert werden müssen, seid ihr auf dem richtigen Weg.

Nun zu den Einzelheiten des richtigen Sitzes. Beginnen wir mit dem Oberkörper. Gerade und hochaufgerichtet darf er eher eine Tendenz nach vorn als nach hinten zeigen. Die Schultern sind leicht zurückgenommen. Auf keinen Fall einen Buckel machen! Ein zusammengesunkener Reiter belastet ein Pferd nämlich doppelt so sehr wie einer, der seinen Oberkörper selbst trägt! Außerdem kann er weder Kreuz- noch Zügelhilfen ordentlich geben. Die richtige Oberkörperhaltung habt ihr übrigens immer, wenn ihr freihändig radfahrt (bitte nicht im Straßenverkehr üben!), wenn ihr auf irgend etwas balanciert (Schwebebalken) oder jongliert, kurz immer dann, wenn es auf Balance und Gleichgewicht ankommt.

◀ ***Balancieren geht nur mit geradem Rücken. So soll die Rückenhaltung auch beim Reiten sein.***

Die Oberarme des Reiters liegen leicht am Körper an, die Ellenbogen werden angewinkelt, und die Hände hält man zu Fäusten geballt aufrecht. Sie werden, etwa eine Handbreit über dem Mähnenkamm, „getragen", d. h. frei gehalten. Die Gerte trägt man in der Regel so in der Hand, daß sie nach hinten zeigt. Das ist sinnvoll, denn man setzt sie meist hinter dem Sattelgurt ein, um die Hinterhand, den „Motor" des Pferdes, zu aktivieren. Nach vorn sollte nicht mehr als ihr Knauf über die Zügelfaust herausragen.

Die Füße des Reiters zeigen nach vorn, die Zehen tendieren eher etwas nach innen als nach außen, denn ihr wollt dem Pferd ja nicht die Absätze in den Bauch bohren. Die Absätze sollen den tiefsten Punkt des Reiters bilden. Dadurch verliert man nicht so leicht den Steigbügel. Außerdem wird durch richtige Haltung des Fußes auch die Haltung von Oberschenkel, Unterschenkel und Knie leichter. Die Innenseite des Fußes liegt am inneren Bügelrand und wird verstärkt belastet. Auch dadurch kommen Oberschenkel, Unterschenkel und Knie in die richtige Lage. Die Oberschenkel und die Knie sollen übrigens locker am Pferd bzw. am Sattel anliegen. Mit dem Begriff „Knieschluß", den man häufig hört, ist kein dauerndes Pressen gemeint, sondern nur die Bereitschaft, die Knie fest ans Pferd zu nehmen, wenn eine Situation brenzlig wird.

Die Unterschenkel fallen vom Knie abwärts gerade nach unten. Sie liegen direkt über dem Sattelgurt, „am Gurt", wie man richtig sagt. Wenn man ein Großpferd reitet, liegen sie am Pferd an. Beim großen Reiter auf einem Pony ist das nicht der Fall. Hier werden die Hilfen, die man sonst mit dem Unterschenkel gibt, mit der Kniepartie gegeben. Dem Pferd ist das egal. Macht auf einem Pony also bloß nicht die Steigbügel kürzer oder zieht die Unterschenkel hoch!

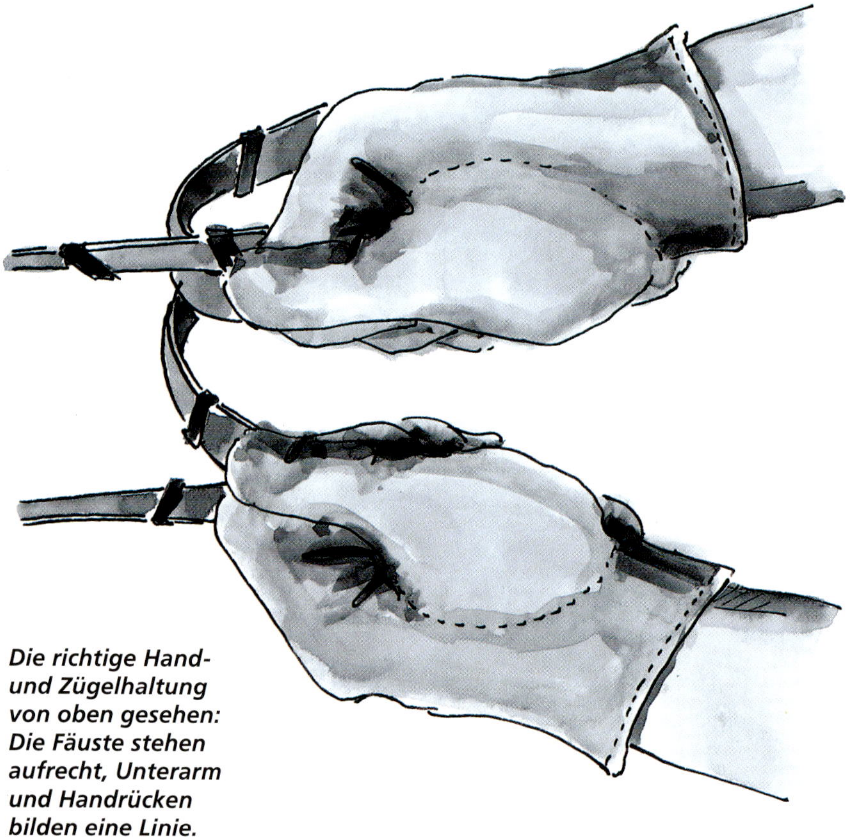

Die richtige Hand- und Zügelhaltung von oben gesehen: Die Fäuste stehen aufrecht, Unterarm und Handrücken bilden eine Linie.

Vorwärts!

Da seid ihr nun also aufs Pferd gekommen, habt euch zurechtgesetzt und möchtet losreiten. Wie aber bringt man das Pferd korrekt in Bewegung, wie reitet man an?

Ganz sicher nicht, indem man mit beiden Beinen ausholt und ihm die Absätze in die Rippen stößt. Auch wenn ein Pferd nach einer solchen Behandlung meist erschrocken vorwärts stolpert, hat sie mit Verständigung zwischen Pferd und Reiter wenig zu tun.

Vernünftige Reiter melden dem Pferd zunächst ihre Anwesenheit: Ruhig und keinesfalls ruckartig nehmen sie die Zügel auf und stellen so eine direkte Verbindung zum Pferdemaul her. Damit weiß das Pferd: Die Arbeit beginnt. Es antwortet wahrscheinlich mit einem freundlichen Ohrenspiel: Es richtet seine Ohren abwechselnd nach hinten zum Reiter und nach vorn, denn es nimmt selbstverständlich an, daß es jetzt gemeinsam in diese Richtung losgeht. So ist es meist gar nicht so schwer, es zum Antreten zu bringen. Routinierte Pferde laufen in der Regel gleich los, sobald man die Schenkel etwas anlegt und die Zügel lockert. Trotzdem wollen wir uns den ganzen Vorgang des Anreitens genau ansehen, denn dabei lernt ihr bereits drei wichtige Hilfen kennen, die euch beim Reiten immer wieder begegnen werden.

Nehmen wir uns zunächst noch einmal die Kontaktaufnahme vor. Das leichte Annehmen und gleich wieder Nachgeben der Zügel, das eigentlich nur aus einem kleinen Einrollen einer Zügelfaust besteht, nennt man eine *Halbe Parade*. Es hat den Sinn, das Pferd aufmerksam zu machen, bedeutet also so etwas wie „Achtung!". Wenn das Pferd diese Ankündigung kennt und versteht, weiß es, daß ihr jetzt gleich einen Befehl geben werdet.

Mit der „Halben Parade" lernt ihr die erste *Zügelhilfe* kennen. Und dazu solltet ihr euch gleich eine wichtige Grundregel merken: Eine Zügelhilfe kommt nie allein, sondern wird immer mit einer anderen Hilfe gekoppelt. Im Falle der halben

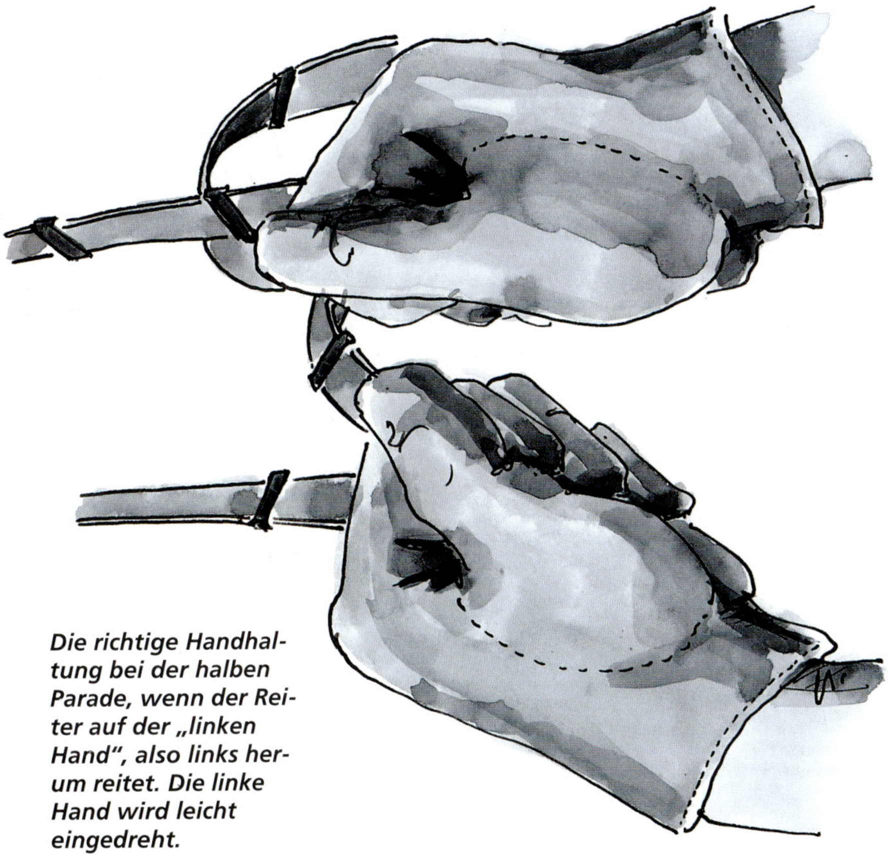

Die richtige Handhaltung bei der halben Parade, wenn der Reiter auf der „linken Hand", also links herum reitet. Die linke Hand wird leicht eingedreht.

Warum muß man dauernd treiben?

Viele Reitschüler, die Mühe haben, ihre unwilligen Schulpferde in Bewegung zu halten, blicken neidisch auf die Besitzer übermäßig heftiger Privatpferde. Einmal möchten sie ein Pferd reiten, das man nicht treiben muß!

Tatsächlich braucht jedoch ein Pferd, das „unter dem Reiter wegläuft", treibende Hilfen genauso wie ein faules. Treibende Hilfen, besonders die Kreuzhilfe, sollen es ja nicht nur vorwärts treiben, sondern auch seine Haltung unter dem Reiter verbessern. Ein Pferd, das sehr heftig ist und immer nur festgehalten wird, neigt dazu, seine Vorhand stärker zu belasten als seine Hinterhand. Seine Gänge werden dadurch kürzer und trippelnd und sind für den Reiter nicht gerade angenehm zu sitzen. Oft merkt der Reiter das aber gar nicht, denn sein ständiger Kampf mit den Zügeln und seine Furcht davor, daß das Pferd ihn gleich absetzt, verhindern, daß er gut und entspannt sitzt. Ein Pferd, das sich nicht treiben läßt, ist ein schlecht gerittenes Pferd, auch wenn sein Reiter das nicht wahrhaben will.

Ärgert euch also nicht über das Schulpferd, das euch die Kunst des Treibens gründlich beibringt. Auf die Dauer macht das Reiten nämlich mehr Spaß, wenn man es kann.

Parade ist diese ergänzende Hilfe eine „Kreuzhilfe".

Kreuzhilfen gehören zu den treibenden Hilfen, das heißt, sie signalisieren dem Pferd, daß es seine Hinterhand verstärkt betätigen soll. Die Hinterhand soll das Hauptgewicht von Pferd und Reiter tragen. Tut sie das nicht und das Pferd belastet mehr die Vorhand, sitzt der Reiter unbequem. Wichtiger noch ist, daß die Beine des Pferdes dabei leiden. Es liegt also im Interesse von Pferd und Reiter, daß ihr die Kreuzhilfen möglichst schnell erlernt.

Im Grunde ist eine Kreuzhilfe – man spricht übrigens auch von „Kreuz anspannen" oder „mit Kreuz reiten" – ein Nach-vorn-Schieben des Pferdes mit Hilfe des Beckens. Die Bewegung ähnelt der, die man macht, um einen Schaukelstuhl in Bewegung zu bringen, ohne sich mit den Füßen abzustoßen. Probiert es mal! Auch eine richtige Schaukel „treibt" man mit Kreuzhilfen an. Hier braucht man jedoch sehr viel Schwung und lehnt den Oberkörper deshalb stark nach hinten. Das ist beim Reiten nicht erwünscht. Der Oberkörper soll gerade bleiben und ruhig gehalten werden. Beobachtet mal Leute, die einen Hula-Hupp-Reifen perfekt kreisen lassen können. Auch sie spannen dabei das Kreuz an (wenn es bei ihnen auch mehr auf eine kreisende, denn auf eine schiebende Bewegung hinausläuft) und halten den Rücken dabei ganz gerade.

Kreuzhilfen werden in der Englischen Reitweise fast bei jedem Schritt gegeben. Der Bewegungsrhythmus des Pferdes gibt vor, wann man das Kreuz anspannt und entspannt. Besonders Schritt und der Galopp versetzen das Becken in schwingende Bewegungen. Ihr braucht ihnen nur noch zu folgen und sie dabei durch Kreuzhilfen zu unterstützen. Mit der Zeit wird euch das in Fleisch und Blut übergehen.

Mit Schritt am langen Zügel beginnt und endet jede Reitstunde .

Petra spannt das Kreuz an und bewirkt damit Memorys runde Haltung. ▶

Leider machen Reitschüler bei ihren ersten Versuchen mit Kreuzhilfen meist die Erfahrung, daß das Pferd nicht darauf reagiert. Viele Schulpferde sind ihren Reitern gegenüber nämlich ziemlich abgestumpft. Jeden Tag müssen sie sich mit drei bis vier Anfängern herumplagen, die ungeschickt auf ihrem Rücken sitzen, an den Zügeln zerren und ihnen die Fersen in die Bäuche stoßen. Schulpferde sind geduldig und nehmen das nicht mehr besonders übel. Aber Hilfen, die nicht ganz richtig gegeben werden, beachten sie einfach nicht, und so gehen auch eure ersten Versuche, eine Kreuzhilfe zu geben, meist unter. Anders ausgedrückt: Die meisten Schulpferde sind wie euer Englischlehrer: Sie wollen den Satz nicht ungefähr richtig, sondern grammatisch astrein und von der Aussprache her deutlich!

Die dritte Hilfe, die ihr beim Anreiten lernt, ist die *vorwärtstreibende Schenkelhilfe*. Sie besteht einfach darin, daß man mit beiden Schenkeln, die *am Gurt* anliegen, Druck auf die Seite des Pferdes ausübt. Die Betonung dabei liegt auf Druck, jedes Hämmern mit den Schenkeln ist unerwünscht. Reagiert das Pferd auf diesen Druck nicht, so unterstützt man die Hilfe mit einem Gertenklaps. Auf keinen Fall darf die Schenkelhilfe in Tritte ausarten!

Übrigens: Schenkelhilfen und Zügelhilfen sind keine Dauereinrichtungen. Man nimmt den Zügel an, aber man läßt ihn auch wieder lockerer. Man übt mit dem Schenkel Druck aus, aber man hört damit auf, sobald das Pferd angetreten ist. Wenn die Hilfe nicht mehr gegeben wird, weiß das Pferd, daß es seine Aufgabe zur Zufriedenheit des Reiters erfüllt hat. In die Menschensprache übersetzt hieße dieses Nachlassen der Hilfe so etwas wie „Gut, danke!“ oder „Okay, das war's!“

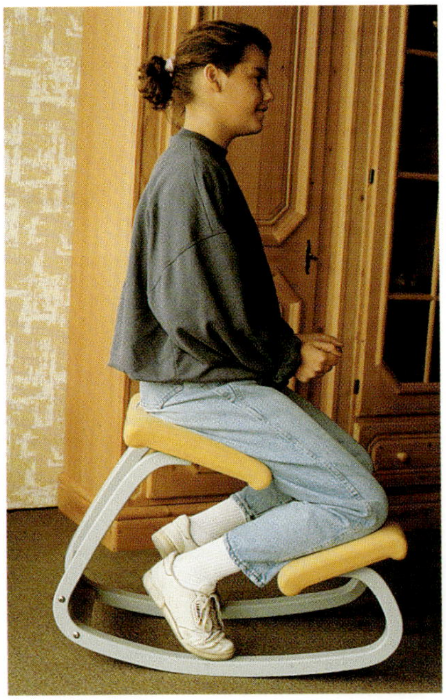

Auf diesem Stuhl kann man die Kreuzhilfen üben.

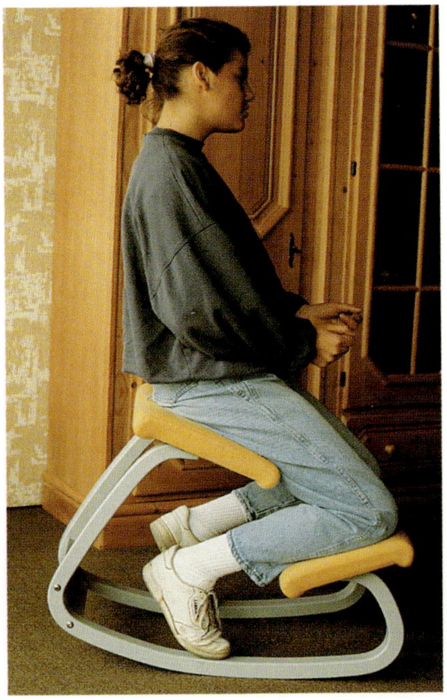

Gerader Rücken, Kreuz anspannen, und schon gerät der Stuhl ins Schwingen.

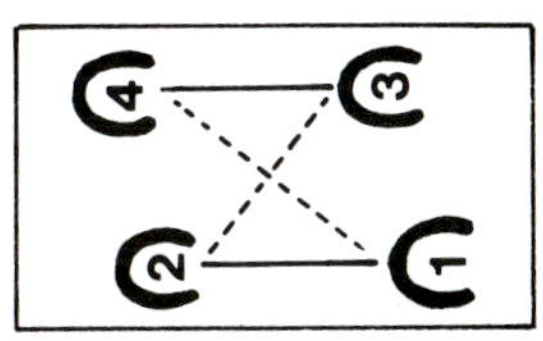

Die Fußfolge im Schritt:
hinten links,
vorne links,
hinten rechts,
vorne rechts.

Gersemi wird Reitpferd – Pferdeausbildung ohne Rodeo

Gersemi ist eine vierjährige Araberstute.

Ebenso wie ein junger Reiter lernen muß, Hilfen zu geben und sich dem Pferd verständlich mitzuteilen, muß auch ein junges Pferd in die Bedeutung der Zeichen eingewiesen werden, aus denen die Sprache „Reiten" besteht. Ich denke, daß es euch interessiert, wie so etwas vor sich geht, auch wenn ihr selbst erst am Anfang der Reitausbildung steht und noch lange nicht daran denken könnt, selbst ein Pferd zuzureiten. Deshalb zeigen euch die folgenden vier Seiten die Ausbildung der vierjährigen Araberstute Gersemi.

Um ein Pferd anzulernen, braucht man einen erfahrenen Reiter bzw. eine erfahrene Reiterin und mindestens einen Helfer, der mit Pferden vertraut ist. Man kann nicht „gemeinsam mit seinem Pferd" reiten lernen. Das wäre, als versuchte ein Deutschlehrer zusammen mit seiner Schulklasse und einem Lexikon Russisch zu lernen!

Andererseits braucht man aber auch keine Rodeoerfahrung, um ein Pferd zu schulen. Es ist nämlich absolut nicht die Regel, daß es beim ersten Aufsitzen buckelt und fortläuft. Geschieht das doch, so hat man bei der Vorbereitung Fehler gemacht.

Es gibt verschiedene Methoden, ein Pferd an den Reiter zu gewöhnen. Die Art, die ich euch hier zeige, ist von einer großartigen amerikanischen Pferdeausbilderin, Linda Tellington-Jones, entwickelt worden und eignet sich für alle Pferde und als Vorbereitung für jeden Reitstil. Die Western-Reiter machen es etwas anders, und auch im Reitstall werden euch verschiedene Methoden begegnen.

Im Grunde ist jede Ausbildungsmethode sinnvoll, die Rücksicht auf die Ängste, Gefühle und den Charakter des Pferdes nimmt. Eine Übung muß auf der anderen aufbauen, und das Pferd darf während der Ausbildung weder geschlagen, angebrüllt noch sonstwie mißhandelt werden.

① Im Verlauf einer guten Pferdeausbildung wird keine Gewalt angewandt. Gersemi lernt die Gerte als Verlängerung meiner Hand kennen, die ihr hilft, meine Anweisungen zu verstehen.

② Schon beim Fohlen wird der Grundstock für problemloses Anreiten gelegt, indem man ihm beibringt, sich artig führen zu lassen, stehenzubleiben, wenn man es am Halfter zupft, rückwärts zu gehen und vieles mehr. Gersemi folgt mir willig durch ein kleines Labyrinth.

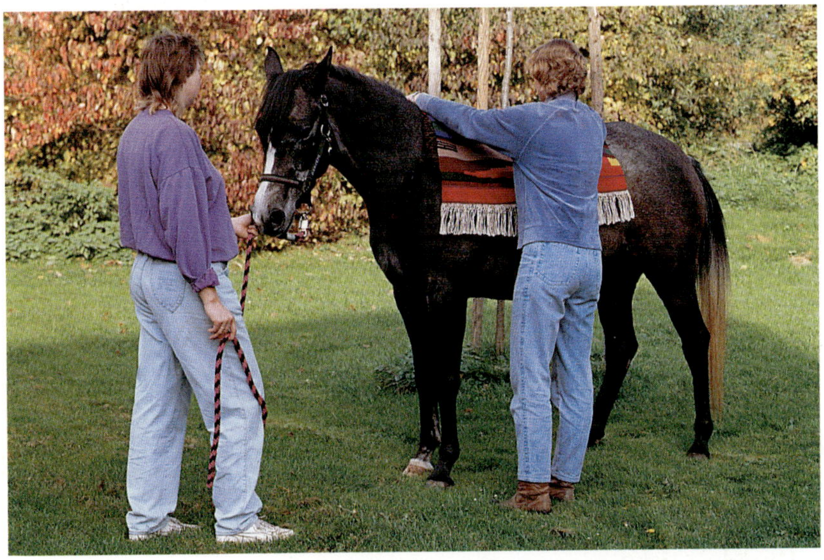

③ Lange vor dem ersten Aufsitzen wird das Pferd an den Sattel gewöhnt. Man läßt es dazu zunächst die Ausrüstungsgegenstände ausgiebig beschnuppern und berührt es am ganzen Körper mit dem Pad. Dabei spart man nicht an freundlichen Worten und Leckereien. Erst wenn man sicher sein kann, daß das Pferd sich nicht fürchtet, legt man Decke …

④ … und Sattel auf und gurtet an. Beachtet, wie interessiert Gersemi auf den Fotos zunächst nach hinten horcht, sich dann aber durch irgendein anderes Geschehen in ihrer Umwelt ablenken läßt. Sie weiß, daß ich ihr auch dann nichts tun werde, wenn sie ihre Aufmerksamkeit von mir abwendet.

⑤ An der Longe lernt Gersemi, sich unter dem noch ungewohnten Gewicht des Sattels entspannt zu bewegen. Außerdem wird ihr beigebracht, sich treiben zu lassen und ihre Gangarten auf Zuruf zu wechseln. Ein junges Pferd sollte aber nie zu lange longiert werden, damit es sich nicht langweilt.

⑥ Beim Reiten erfolgt die Lenkung von hinten. Anders als beim Führen, wobei es dem Menschen folgt, muß das Pferd allein vorwärts gehen und sich auf einen Führer konzentrieren, den es nicht sieht. Jungen Pferden fällt das oft schwer. Gersemi lernt es beim „Fahren vom Boden". Zunächst mit Helfer, dann allein.

⑦ Mit einem unerwarteten Gewicht auf seinem Rücken verbindet ein Pferd von Natur aus den Angriff eines Raubtiers, gerät in Panik und buckelt. Um das zu verhindern, wird Gersemi als Handpferd daran gewöhnt, daß der Schatten im Rücken, als den sie den Reiter wahrnimmt, nicht gefährlich ist. Hat man kein zweites Pferd, so kann man das junge Pferd dazu auch zwischen zwei Strohballen stellen und einen davon erklettern.

Mit diesen ersten Schritten ist Gersemis Ausbildung natürlich noch lange nicht beendet. In den nächsten Wochen und Monaten wird sie das Traben und Galoppieren unter dem Reiter lernen, und sie wird an das Gebiß, zunächst die Trense und sehr viel später dann an die Stange, gewöhnt werden. Die Grundlagen für eine gute Partnerschaft mit dem Reiter sind jedoch gelegt. Gersemi hat mit Sattel, Zaum und Reiter keine schlechten Erfahrungen gemacht und steht allem Neuen vertrauensvoll und aufgeschlossen gegenüber.

⑧ Vor dem ersten Aufsitzen gewöhnt man das Pferd auch schon an das eigene Gewicht, indem man sich über den Sattel lehnt. Normalerweise reagiert es darauf kaum, denn im Laufe der Ausbildung hat es Vertrauen zu seinem Bereiter entwickelt und weiß, daß er ihm nichts Böses tun wird. Trotzdem wird Gersemi beim ersten Aufsitzen festgehalten. Helferin und Reiterin sprechen beruhigend auf Gersemi ein. Etwas skeptisch nimmt die kleine Stute das Lob entgegen.

⑨ Reitergewicht und Zügelhilfen auf einmal – das wäre zu schwierig! Gersemi wird deshalb zunächst geführt. Schon nach kurzer Zeit sind wir jedoch allein unterwegs. Interessiert schaut Gersemi sich um.

Wann kann man Pferde anreiten?

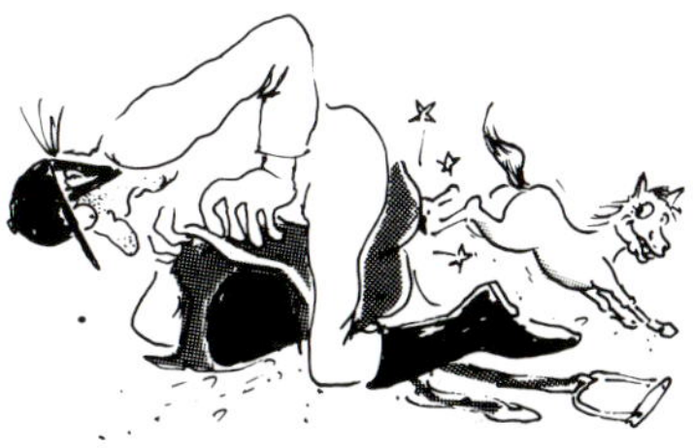

Das hängt hauptsächlich von ihrer Rassenzugehörigkeit ab. Im allgemeinen kann man nach vollendetem dritten Lebensjahr eines Pferdes mit vorsichtiger Arbeit beginnen. Spätreife Rassen wie den Isländer nimmt ein verantwortungsbewußter Reiter aber erst mit fünf unter den Sattel. Lipizzaner werden erst mit sieben ernsthaft zur Arbeit herangezogen.

Grundsätzlich gilt, daß ein Pferd, das zu früh angeritten wird, schneller altert. Weil seine Sehnen und Gelenke schneller verschleißen, wird seine Lebenserwartung geringer. Das Argument „Der ist schon so groß und kräftig und muß jetzt was tun“ ist nicht stichhaltig. Man kann ein junges Pferd auch mit Übungen am Boden beschäftigen. Auch die Bemerkung „Auf der Rennbahn sind die in dem Alter schon ein ganzes Jahr unterm Sattel!“ dient nur dazu, die Ungeduld der Pferdebesitzer zu rechtfertigen.

Tatsächlich sind das Englische Vollblüter, also das Rennpferde, eine außergewöhnlich frühreife Rasse. Außerdem werden sie immer nur kurz und nur von sehr leichten Jockeys geritten. Ihre gesamte Laufbahn ist so geplant, daß sie ihre großen Rennen als Zwei- und Dreijährige laufen und dann in die Zucht übergehen. Nur wenige Vollblüter werden, anders als Warmblüter und Ponies, ihr Leben lang geritten.

Halt!

Wie bitte, fragt ihr, jetzt gleich wieder anhalten? Immerhin habt ihr es euch gerade erst auf eurem Phantasiepferd bequem gemacht und erwartet jetzt einen flotten Trab!

Würdet ihr euch in einem Auto wohl fühlen, bei dem der Fahrer nicht weiß, wo die Bremse ist? Wohl kaum. Aufs Pferd jedoch begeben sich tagtäglich Leute, ohne zu wissen, wie man es wieder anhält, wenn es erst einmal läuft. Die Leidtragenden sind wiederum die Pferde. Denen zerrt man dann nämlich brutal im Maul herum und brüllt „Brrr" (Methode Heimatfilm) oder „Whoa!" (Methode Western), bis ihnen fast die Trommelfelle platzen.

Besser ist es, das Anhalten gleich im Anschluß an das Anreiten zu üben, denn wer weiß, wo die Bremse ist, fühlt sich sicherer. Ich mache das übrigens immer als erstes, wenn ich ein fremdes Pferd reite. Dann weiß ich nämlich sofort, ob es gern oder nicht so gern auf den Reiter hört, ob es weich oder hart im Maul ist und vieles mehr.

Beim korrekten Anhalten findet ihr zwei Hilfen wieder, die wir schon beim Anreiten besprochen haben, nämlich die Kreuzhilfe und als Zügelhilfe die Parade. Die Kreuzhilfe als treibende Hilfe fordert vom Pferd, die Hinterhand beim Tragen des Reitergewichts mehr einzusetzen. Beim Stoppen soll sie sich unter den Pferdekörper schieben und das Gewicht übernehmen. Das erreicht man, indem man Kreuzhilfen mit der zweiten Zügelhilfe verbindet, die ihr lernen müßt, nämlich der sogenannten *Ganzen Parade*. Die „Halbe Parade", ihr erinnert euch, besteht aus dem Eindrehen einer Zügelhand und bedeutet, gemeinsam mit den entsprechenden Kreuz- und Schenkelhilfen: „Achtung, jetzt kommt ein Befehl!" Bei der „Ganzen Parade" werden die Zügel mit beiden Händen angenommen. Sie bedeutet, wieder in Kombination mit den entsprechenden anderen Hilfen: „Halt!".

Die Rolle der Zügel beim Anhalten wird praktisch immer überschätzt. Viele Reiter versuchen, ihre ganze Parade dadurch zu verstärken, daß sie die Hände hochreißen, sich in die Bügel stellen und mit dem ganzen Gewicht in die Zügel hängen. Das nützt jedoch gar nichts. Versucht die Parade lieber noch mal, wenn das Pferd nicht sofort gehorcht. Mitunter wird es vor diesem zweiten Versuch nötig sein, die Zügel etwas zu verkürzen. Die ganze Parade ist nämlich eine Hilfe, die davon ausgeht, daß man ständigen Zügelkontakt zum Pferd hat. Dann genügt ein Einrollen beider Fäuste, damit das Pferd versteht.

Wenn ihr nun also die Zügel annehmt und gleichzeitig das Kreuz anspannt und die Schenkel anlegt, treibt ihr das Pferd praktisch „gegen das Gebiß". Es geht vorwärts, spürt im Maul einen Widerstand und bleibt, mit schön untergesetzter Hinterhand, stehen. Ihr belohnt es dafür, indem ihr die Zügel sofort wieder lockert. Wäre der Widerstand nämlich weiterhin spürbar, ginge es rückwärts.

Abbiegen und Wendungen

Hier geht es um die Kurve, und man braucht euch sicher nicht mehr zu sagen, daß man dazu nicht einfach am Zügel zieht. Ihr wißt bereits, daß Zügelhilfen immer mit anderen Hilfen verbunden sind. Im Falle des Kurvenreitens sind das Schenkel- und *Gewichtshilfen*.

Vielleicht habt ihr schon einmal ein kleines Kind auf dem Rücken herumgetragen? Dann wißt ihr, daß sich so ein kleiner „Reiter" ganz anders anfühlt als z. B. ein Rucksack. Während der Rucksack nämlich ausschließlich euren Bewegungen folgt, hat der „Reiter" seinen eigenen Kopf. Er beugt sich mal nach rechts und mal nach links, und ihr müßt auf diese Bewegungen eingehen, wenn ihr ihn nicht verlieren oder gar mit ihm auf die Nase fallen wollt. Ihr versucht dabei ohne langes Überlegen, euren eigenen Schwerpunkt unter den eures kleinen Reiters zu bringen: Wenn er sich nach rechts beugt, biegt ihr rechts ab, und wenn er hin und her schaukelt, lauft ihr Schlangenlinien. Auf genau diesen Erfahrungen beruhen die *Gewichtshilfen* beim Reiten. Auch das Pferd reagiert so auf seinen Reiter. Es möchte seinen Schwerpunkt unter euren Schwerpunkt bringen und biegt folglich rechts ab, wenn ihr euer Gewicht nach rechts verlagert. Bedingung ist natürlich, daß ihr es richtig macht, also wirklich mehr Gewicht in die Steigbügel und auf die rechte Sattelseite bringt. Der häufigste Fehler bei der Gewichtsverlagerung ist das Abknicken in der Hüfte. Man bringt dabei seinen Körper elegant in die Form eines Fragezeichens, schafft es aber gleichzeitig, sich so auszuba-

Martina spannt zum Anhalten das Kreuz an und gibt eine ganze Parade.

lancieren, daß das Pferd nicht allzuviel davon merkt.

Dabei ist die richtige Gewichtshilfe eine außerordentlich einfache Sache. Jeder Radfahrer beherrscht sie perfekt, denn er wendet sie jedesmal an, wenn er sich in die Kurve legt.

Am besten setzt ihr euch mal aufs Fahrrad und macht euch bewußt, was ihr tut, wenn ihr eine Kurve fahrt. Ihr werdet feststellen, daß ihr dabei ganz automatisch das Pedal belastet, das innen liegt, und daß dabei auch der Gesäßknochen auf dieser Seite mehr Gewicht trägt. Auch ohne Lenkereinwirkung folgt euer Fahrrad diesen „Gewichtshilfen" in die gewünschte Richtung.

Wenn ihr nun schon auf dem Fahrrad sitzt, könnt ihr euch auch einmal euer Lenkverhalten beim Abbiegen bewußt machen. Ihr werdet dabei merken, daß ihr den Lenker um so weniger betätigt, je größer die Kurve ist. Um einen großen Kreis zu fahren, benötigt ihr nur eine leichte Innenstellung des Lenkers, ansonsten genügen die Gewichtshilfen. Wenn ihr jedoch um eine knappe Ecke müßt, setzt ihr den Lenker verstärkt ein.

Haargenau so wird es beim Reiten gemacht. Wenn ihr einen großen Kreis reiten wollt, „stellt ihr das Pferd nur etwas mehr nach innen", das heißt, ihr verkürzt den inneren Zügel um ein paar Zentimeter, womit ihr erreicht, daß das Pferd den Hals etwas biegt. Ansonsten verlagert ihr euer Gewicht, und das Pferd biegt auf die Kreislinie ab. Stärker verkürzen müßt ihr den Zügel schon, wenn es z. B. darum geht, eine Volte, also einen kleinen Kreis, zu reiten.

Auch in den Kurven soll euer Pferd mehr mit der Hinterhand als mit der Vorhand arbeiten. Dafür müßt ihr treiben. Außerdem soll es seinen ganzen Körper biegen und nicht nur mit dem Hals herumschwenken und ihm die Beine irgendwie folgen lassen. Das erreicht ihr mittels Schenkelhilfen: Der innere Schenkel treibt „am Gurt", der äußere „hinter dem Gurt".

Bisher habt ihr die Schenkelhilfe am Gurt kennengelernt. Dazu wird der Schenkel da angedrückt, wo er idealerweise sowieso liegt. Zur Schenkelhilfe *hinter dem Gurt* verlegt man den Schenkel etwa eine Handbreit nach hinten und legt ihn da an. Der häufigste Fehler bei dieser Hilfe ist, daß man den Schenkel zu hoch reißt und dem Pferd die Fersen in die Rippen stößt. Beobachtet euch selbst, und nehmt die Reitlehrerkorrektur dazu besonders ernst, denn hier schleichen sich schnell schlechte Angewohnheiten ein.

Betrachten wir die Hilfen zum Biegen des Pferdes noch einmal als Ganzes. Also: Der innere Schenkel liegt am Gurt. Das muß er zwangsläufig, denn ihr habt ja euer Gewicht auf die zugehörige Sattelseite und in den Steigbügel verlagert. Läge der jetzt nicht unter eurem Gesäß, würdet ihr herunterfallen. Ihr könnt das ja mal mit eurem Fahrrad ausprobieren! Der äußere Schenkel liegt etwas hinter dem Gurt und beeinflußt die Hinterhand des Pferdes. Weil er sie davon abhalten – davor „bewahren" – will, von der Kreislinie abzuweichen, nennt man ihn den *verwahrenden Schenkel*. Das Pferd ist nun um euren inneren Schenkel *gebogen*, sein ganzer Körper befindet sich auf der Kreislinie oder in der Kurve, die ihr reiten wollt.

Natürlich wird auch jedes Abbiegen mit einer halben Parade eingeleitet.

Was ist eigentlich „innen"?

Was innen und was außen ist, hängt beim Reiten von der „Stellung" des Pferdes ab. Der *innere Zügel* ist der, der das Pferd in die Kurve führt, der *innere Schenkel* der, um den es gebogen wird. Bei der Rechtskurve sind das der rechte Zügel und der rechte Schenkel, bei der Linkskurve der linke Zügel und der linke Schenkel.
Wenn man in der Reithalle reitet, muß man zwangsläufig immer wieder um die Kurve, weshalb man den inneren Zügel immer ein wenig kürzer hält als den anderen. Das Pferd schaut dann in die Richtung, in die es geht, es ist *nach innen gestellt*.

Pia hat artig angehalten, und Martina lockert die Zügel.

Die Radfahrerin legt sich leicht in die Kurve . . .

. . . und die Reiterin gibt eine „Gewichtshilfe".

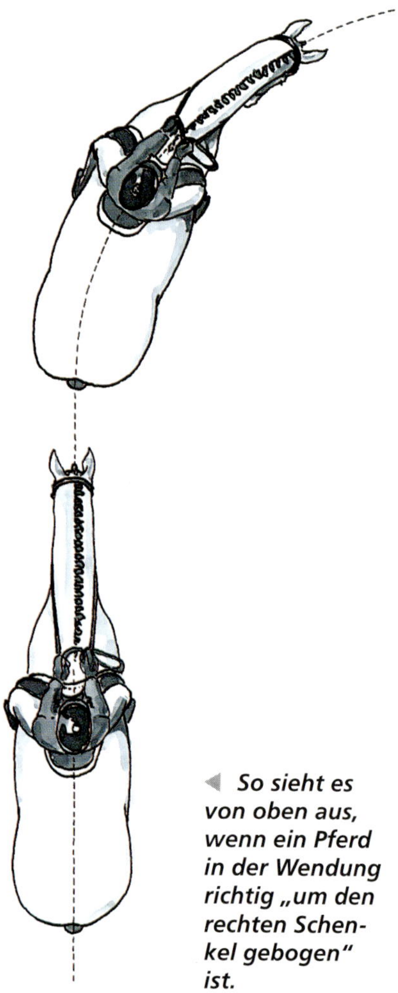

So sieht es von oben aus, wenn ein Pferd in der Wendung richtig „um den rechten Schenkel gebogen" ist.

Trab – Der zweite Gang

Um ein Pferd vom Schritt in den Trab zu bringen, setzt man die gleichen Hilfen ein wie beim Anreiten: Kreuzhilfe, Schenkeleinsatz am Gurt und leichtes Nachgeben der Zügel. Das Pferd soll ja schneller werden.

Häufiger als beim Anreiten im Schritt werdet ihr beim Antraben die Gerte zur Hilfe nehmen müssen, denn Schulpferde arbeiten viel und sind von flotten Gangarten selten begeistert. Außerdem haben sie die vielen Reiter, die ihnen beim Trab wie ein Mehlsack in den Rücken fallen, nicht gerade in angenehmer Erinnerung. Trab ist nämlich die unbequemste Gangart, die ein Pferd zu bieten hat, und jeder Reiter braucht seine Zeit, bis er gelernt hat, sie geschmeidig „auszusitzen" oder den Stößen durch perfektes „Leichttraben" auszuweichen.

Beim Trab hat man das Gefühl, man werde gestoßen, geschüttelt oder *geworfen*, wie es in der Fachsprache heißt. Läßt man das mit sich machen, so nennt man es *den Trab aussitzen*. „Aussitzen" kommt von „Aushalten", nicht von „Anklammern". Es nutzt nicht das geringste, wenn man versucht, sich mit den Schenkeln oder mit den Pobacken am Pferd festzuklemmen. Das führt nur zur Verkrampfung der Muskeln, euer Körper wird härter und läßt sich leichter hochschleudern. Stellt euch einen harten Ball auf einem Brett vor, gegen das man von unten schlägt: Er fliegt noch weit höher als

Der vorwärtstreibende Schenkel liegt am Gurt . . .,

. . . der seitwärtstreibende etwas hinter dem Gurt.

Janine mit Amigo beim Leichttraben.

das Brett. Nun denkt euch anstelle des Balles ein Sofakissen, das locker auf dem Brett liegt: Es macht die Bewegung mit und liegt anschließend noch am selben Platz.

Versucht, euch im Trab auf dem Pferd wie ein Sofakissen zu fühlen! Jetzt müßt ihr lachen? Das ist gut. Lachen entspannt!

Noch ein Tip: Vielleicht habt ihr schon mal gehört, daß man nicht „auf dem Pferd" sitzen soll, sondern *im Pferd*. Das bedeutet, daß man bei allen seinen Bewegungen so mitgehen soll, als wäre man mit ihm verschmolzen. Also nicht steif machen und sich wie im Großvaterstuhl zurücklehnen, sondern in den Knien federn und den Rücken gerade halten. Aussitzen wird um so leichter, je besser das Pferd „den Rücken hergibt". Ein konzentriertes, die Reiter sagen „versammeltes", Pferd ist leichter auszusitzen als eines, das beim Laufen vor sich hin träumt. Ein entspanntes Pferd „wirft" weniger als eins, das sich aufregt und seine Muskulatur versteift. Im Verlauf einer Reitstunde wird deshalb erst dann ausgesessen, wenn die Pferde warm und locker geritten und im Idealfall versammelt sind. Bis dahin trabt man, wie auch im Gelände, leicht.

Beim *Leichttraben* sitzt man die Bewegungen des Pferdes nicht aus. Vereinfacht gesagt entzieht man sich ihnen, indem man sich in den Bügeln aufstellt und wieder hinsetzt. Da dies im gleichen Takt wie die Bewegung des Pferdes erfolgt und man sich vom Schwung praktisch heben läßt, ist es gar nicht schwierig. Wichtig ist, daß das Aufstehen mit ruhigen Unterschenkeln und richtigem Knieschluß geschieht. Wenn ihr euch mal rittlings über einen Stuhl stellt und abwechselnd auf- und niedersetzt, stellt ihr fest, daß Füße und Unterschenkel genau da bleiben können, wo sie sind. Dabei ist es nicht notwendig, sich mit den Händen aufzustützen. Genausowenig muß man sich beim Leichttraben an den Zügeln hochziehen!

Denkt ihr noch an die Welle, die ihr euch vorstellen solltet, um den richtigen Sitz zu verstehen? Um nicht von ihr umgeworfen zu werden, sollte euer Sitz eher eine Vorwärtstendenz zeigen als eine Neigung nach hinten.

Die Fußfolge im Trab: hinten links und vorne rechts gleichzeitig (Diagonale), hinten rechts und vorne links gleichzeitig

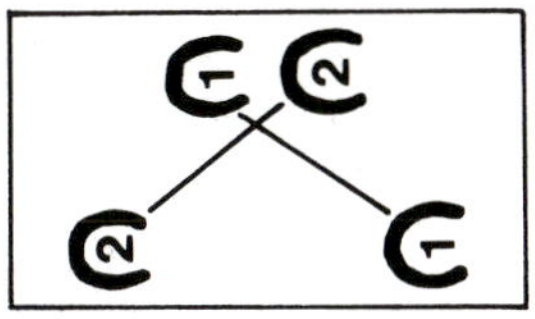

Das ist beim Leichttraben, beim Stehen in den Bügeln, besonders wichtig. Steht also nicht ganz gerade auf, sondern leicht nach vorwärts. Wenn ihr das tut, bleibt euch auch der häufigste Anfängerfehler, das „In-den-Sattel-Plumpsen" erspart. Viele Reitschüler hieven ihren Körper nur mit Mühe aus dem Sattel, um sich dann erleichtert wieder fallen zu lassen. Unter Pferden sind solche Reiter herzlich unbeliebt! Gute Reiter lassen sich zwar vom Schwung des Pferdes beim Aufstehen helfen, haben beim „Wiederhinsetzen" aber immer ihre Bewegungen unter Kontrolle.

Also, noch mal von vorn: Vor dem Antraben kontrolliert ihr, ob euer Sitz richtig ist, indem ihr euch einmal in die Bügel stellt. Leichttraben geht nämlich nur aus dem richtigen Sitz heraus. Wer seine Füße nicht unter dem Gesäß hat, der kann nicht aufstehen, ohne sich irgendwo festzuhalten. Auch das könnt ihr vor der Reitstunde mal mit einem Stuhl probieren.

Nun gebt ihr die Hilfe zum Antraben, wobei ihr bitte nach vorn schaut, damit euch klar wird, wo ihr hinwollt. Reiter, die ständig nach unten gucken, machen nicht nur auf den Zuschauer, sondern auch auf ihr Pferd einen unentschlossenen und ängstlichen Eindruck. Sobald ihr den ersten Stoß kommen fühlt, laßt ihr euch von ihm mit nach oben nehmen. Wenn ihr Schwierigkeiten mit der Vorwärtstendenz habt, könnt ihr dabei ruhig in die Mähne fassen. Das tut dem Pferd nicht weh, und ehrenrührig ist es auch nicht.

Beim Leichttraben gibt es noch ein zusätzliches Problem: Das Traben *auf dem richtigen Fuß*. Man soll nämlich „auf dem inneren Vorderfuß und auf dem äußeren Hinterfuß" leichttraben. Das heißt, daß ihr aufsteht, wenn sich das Pferd anschickt, mit diesen Füßen den Boden zu berühren. Wann das der Fall ist, erkennt man an den Pferdeschultern, die vom Sattel aus gut zu sehen sind. Sie schwingen mit den Beinbewegungen des Pferdes abwechselnd vor und zurück. Fürs Leichttraben wichtig ist die äußere, also die der Reithallenwand zugewandte Schulter. Wenn sie vorschwingt steht ihr auf.

Vielleicht habt ihr auch gemerkt, daß in diesem Kapitel sehr selten vom Zügel die Rede war. Das liegt daran, daß ihr das Traben, einschließlich Leichttraben auf dem richtigen Fuß, möglichst an der Longe lernen solltet. Es ist schwer, den richtigen Trabsitz zu üben und gleichzeitig an der korrekten Zügelführung zu arbeiten. Dabei wird den Pferden viel zuviel im Maul herumgerissen. An der Longe bleibt ihnen das erspart. Aber auch der Reiter hat es bei der Trabarbeit an der Longe leichter. Dabei wird das Pferd nämlich ausgebunden, also künstlich in die Haltung gebracht, die es einnehmen würde, wenn ein guter Reiter es „versammelt" hätte. Es ist dann viel leichter zu sitzen.

Martina trabt leicht auf Pia.

Hier sieht man deutlich, wie die Reiterin beim Leichttraben aufsteht.

Trockenübung zum Leichttraben auf einem Stuhl: Aufstehen ...

... und hinsetzen, aufstehen und hinsetzen, aufstehen ...

Wann ist ein Pferd „versammelt"?

Der Grad der Versammlung ist, vereinfacht gesagt, der Grad der Konzentration, die das Pferd auf seinen Reiter richtet. Je nachdem, was man mit dem Pferd gerade macht, muß es sich mehr auf seinen Reiter oder auf seine Umwelt konzentrieren. Beim Dressurreiten in der Halle z. B. verlangt man vollkommene Aufmerksamkeit und Reaktion auf die feinsten Hilfen des Reiters. Von einem guten Geländepferd erwartet man dagegen, daß es mit auf die Umwelt achtet und nicht auf jede Wurzel, die vielleicht gerade auf dem Weg liegt, aufmerksam gemacht werden muß.

Ein versammeltes Pferd wird elastisch im Rücken, tritt gut unter und macht den Hals rund. Es „kommt runter", wie man im Reitstall häufig hört. Der erfahrene Reiter bringt es dazu, indem er gleichzeitig mit Kreuz und Schenkel treibt, weich in der Zügelführung ist und doch „gegenhält". Wenn ein Pferd die elegante dressurmäßige Haltung willig einnimmt, die die Grundlage für alle Dressurübungen bis hin zur „Hohen Schule" bildet, ist das ein großer Vertrauensbeweis gegenüber seinem Reiter. Wenn es so, wie es dafür nötig ist, den Kopf senkt, verzichtet es nämlich auf einen großen Teil seiner Rundumsicht. Es verläßt sich darauf, daß der Reiter schon wissen wird, was er tut, und daß er es nicht auf gefährliche Pfade lenken oder Raubtieren zum Fraß vorwerfen wird. Pferde, die sich nicht versammeln lassen, haben dieses Vertrauen nicht. Das wird auch nicht besser, wenn man sie durch die Verwendung von Hilfszügeln dazu zwingt, sich dem Reiter auszuliefern.

Als Gegenteil von Versammlung hört man oft das unfreundliche Wort *Auseinanderfallen*. Es bezieht sich auf Pferde, die unkonzentriert vor sich hinlatschen und ihren Reiter dabei freundlicherweise mitnehmen. Tatsächlich ist ein solches Verhalten des Pferdes nicht wünschenswert, denn es belastet damit seine Vorhand zu sehr und tut sich selbst nichts Gutes. Das heißt natürlich nicht, daß man jedes Pferd ständig in dressurmäßiger Haltung reiten muß. Es gibt verschiedene *Versammlungsgrade*. Sie reichen vom guten Untertreten bei freier Kopfhaltung, wie man es vom guten Freizeitpferd im Gelände verlangt, bis hin zur vollkommenen Konzentration auf die Aufgaben der hohen Dressur. Wie weit man sein Pferd versammelt, ist Sache der Situation. Im übrigen gibt es Schlimmeres als ein „auseinandergefallenes" Pferd. Das wirkliche Gegenteil von Versammlung ist Verspannung. In jedem Reiterverein gibt es Pferde, die nur mit Hilfe von Hilfszügel und äußerster Krafteinwirkung des Reiters in eine annähernd dressurmäßige Haltung gepreßt werden. Sie machen Angstaugen, schlagen mit dem Schweif, treten nicht unter, sondern trippeln und sind bretthart zu sitzen. Meist zeigen sie überstarken Vorwärtsdrang, denn sie wünschen sich nichts sehnlicher, als vor Reiter, Hilfszügel und Dressurviereck wegzulaufen. Gute Reiter nennen solche armen Tiere oft *zusammengeschraubte* Pferde, und für ihre Reiter gibt es keinen Grund, auf den Anfänger herunterzuschauen, der vielleicht noch erfolglos, aber doch immerhin ehrlich mit der Unlust seines auseinandergefallenen Schulpferdes kämpft.

Klassische Dressur verlangt ein Höchstmaß an Versammlung: Nicole Uphoff mit ihrem Pferd Rembrandt in der Piaffe.

Mehr als Schritt, Trab und Galopp – Gangpferde

Es ist eine weitverbreitete Meinung, daß die Grundgangarten des Pferdes Schritt, Trab und Galopp seien. Das stimmt nicht ganz. Tatsächlich gibt es noch zwei weitere: den Paß und den Tölt.

Paß

Eigentlich gehört der Paß, wie der Trab, zu den mittleren Gangarten. Ein ausgeprägter Passer zeigt ihn jedoch in jeder Geschwindigkeit zwischen Schritt und Galopp. In vielen Ländern schätzt man gute Passer deshalb als Rennpferde. Paßrennen unter dem Reiter haben in Island eine lange Tradition, während man die „Pacer" in Amerika vor den Sulky spannt und Rennen austragen läßt.

Trab wie Paß sind Gangarten im Zweitakt, d.h., daß immer zwei der vier Pferdebeine gleichzeitig auffußen. Beim Trab sind das jeweils die diagonalen Beinpaare: hinten rechts und vorn links gleichzeitig, dann hinten links und vorn rechts gleichzeitig. Beim Paß fußen die lateralen Beinpaare zusammen auf. Das sind die Beinpaare, die sich auf der gleichen Seite befinden, also hinten rechts und vorn rechts gleichzeitig, dann hinten links und vorn links gleichzeitig.

In unseren Reitschulen wird Paß nicht geritten, er gilt als „unschön" und als „Kamelgang". Auch ist eine Versammlung im Paß nicht möglich. Hinzu kommt, daß die Gangart in mittlerem Tempo nicht sonderlich angenehm zu sitzen ist. Erst im Renntempo, wenn das Pferd zwischen dem Auffußen der Beinpaare eine Schwebephase zeigt wie beim Galopp, wird Paß interessant. Es ist ein faszinierendes Erlebnis, einen guten Rennpasser zu reiten.

Das Wichtigste am Paß ist jedoch eine weitere besondere Eigenschaft der Gangart: Sie läßt sich „brechen".

Tölt

Wenn Paß „gebrochen" wird, also wenn das Pferd von Natur aus oder durch geschickte reiterliche Einwirkung damit anfängt, die Beine nicht mehr gleichzeitig, sondern nacheinander aufzusetzen, entsteht eine fünfte Gangart, für die es auf der Welt viele Namen gibt. Wir kennen sie vor allem unter der isländischen Bezeichnung „Tölt".

Tölt ist ein Viertakt mit einer Fußfolge, die genau der des Schrittes entspricht: hinten rechts, vorn rechts, hinten links, vorn links. Tölt ist keinesfalls eine Mischung zwischen Trab und Galopp, wie man manchmal hört. Vereinfacht gesagt ist er ein bis zur Galoppgeschwindigkeit gesteigerter Schritt. Tölt ist ausgesprochen gut auszusitzen und deshalb die ideale Reisegangart für den Reiter. Für das Pferd ist es allerdings recht anstrengend, lange zu tölten. Deshalb führt man in Island, wenn man längere Strecken reitet, auch immer ein oder mehrere Handpferde zum Wechseln mit.

Im Mittelalter war der Tölt in ganz Europa verbreitet und beliebt. Dann aber ging die Gangart auf dem Kontinent verloren. Hier

Isländer im Tölt . . .

. . . und im rasanten Rennpaß

Ein „Five-Gaited-American-Saddlebred" im Slow Gait, einer eleganten Tölt-Variante

Ein Peruanischer Paso in traditioneller Aufmachung

Der Mangalarga Marchador ist eine Gangpferderasse aus Brasilien, die auch bei uns gezüchtet wird.

Renntraber vor dem Sulky in Aktion. Wenn man sie reitet, zeigen viele von ihnen aber auch Tölt oder Paß.

wollte man nämlich große, für militärische Manöver und starke Versammlung geeignete Pferde und verzichtete dafür auf die Bequemlichkeit.

Lediglich auf der Polarinsel Island züchtete man seit dem Jahre 930 die Pferde mit den angenehmen Gangeigenschaften und ließ sich dabei nicht durch kontinentale Moden beeinflussen. Beim Islandpferd blieb der Tölt erhalten, und auch seine weitere Spezialgangart, der Rennpaß, wurde sorgfältig gepflegt.

Vor ca. 30 Jahren kam man dann auch auf dem Festland wieder auf den Geschmack. Im Zuge der Freizeitreiterbewegung, die sich kleine, leichttrittige Pferde wünschte, wurden Islandpferde in großer Zahl importiert. Heute gibt es hier Nachzuchten, die denen im Ursprungsland kaum noch nachstehen.

Auch weitere töltende Pferderassen wurden inzwischen nach Europa geholt. Tölter gibt es nämlich überall in der Welt, wobei Nord- und Südamerika wohl die größte Rassenvielfalt hervorgebracht haben. Aus den Südstaaten der USA kommen der Tennessee-Walker und das „Five-Gaited-American-Saddle-Horse", aus Mittelamerika der „Peruvian Paso" und der „Paso Fino", aus Brasilien der „Mangalarga Marchador". Indien steuert das Kathiawar-Pferd bei, Afrika u.a. das Basuto-Pony, und überhaupt kennt man den Tölt in vielen Ländern auch bei Pferderassen, die bei uns als reine Dreigänger gelten, z. B. beim Araber und beim Achal Tekkiner.

Direkt vor unserer Haustür finden wir ihn bei vielen Trabern der Rennbahnen. Sie sind mit den amerikanischen „Pacers" verwandt und zeigen oft sehr schönen Tölt. Wenn man sich ein bißchen auskennt, kann man Traber für wenig Geld kaufen, denn wenn sie den Geschwindigkeitsanforderungen der Rennbahn nicht entsprechen oder sich aus anderen Gründen nicht zum Rennpferd eignen, werden sie preiswert verkauft.

Galopp in der Reithalle.

Der Galopp wird in der klassischen Dressur als ruhige, versammelte Gangart geritten. Hier Christine Stückelberger auf Gauguin de Lully.

Der dritte Gang: Galopp

Galopp ist die Gangart, von der alle träumen, die das Reiten hauptsächlich aus dem Fernsehen kennen. Soll man dann jedoch wirklich galoppieren, hat man oft Angst davor. Schließlich weiß man ja, daß Galopp die schnellste Gangart ist, daß galoppierende Pferde oft durchgehen und daß aus Galoppsprüngen leicht Bocksprünge werden.

Das ist alles etwas übertrieben. Eure Schulpferde neigen ganz sicher nicht zu Kapriolen irgendwelcher Art, und ihr könnt den Galopp getrost als eine Gangart wie jede andere betrachten. Hat man gelernt zu galoppieren, so ist es gegenüber dem Trab sogar eine rechte Erholung. Galopp ist viel leichter zu sitzen, da er den Reiter in eine Art Schaukelbewegung bringt. Im Gegensatz zum Trab und zum Schritt ist der Galopp eine Gangart, die aus vielen aufeinanderfolgenden Sprüngen besteht. Um dabei die Kurvenlage zu sichern, kann das Pferd Links- oder Rechtsgalopp gehen. Die Fußfolge beim *Rechtsgalopp* ist folgende: links hinten, rechts hinten und links vorn, rechts vorn. Beim *Linksgalopp* ist es umgekehrt.

Machen wir doch zum besseren Verständnis erst einmal eine Trockenübung, damit ihr euch bes-

Die Fußfolge im Linksgalopp, 3. Phase: Das linke Vorderbein greift weit aus nach vorn.

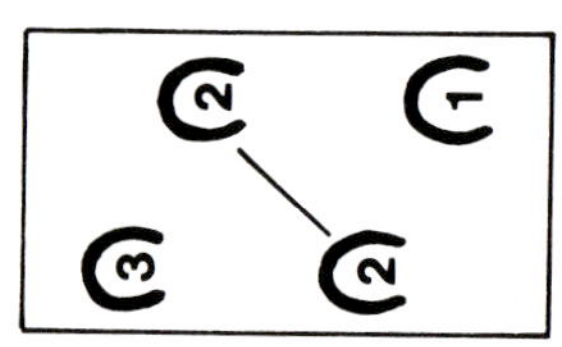

ser in euer Pferd einfühlen könnt. Wahrscheinlich habt ihr alle schon mal „Pferdchen gespielt", euch also mal wiehernd und schnaubend in einer Art von Galoppsprüngen vorwärts bewegt. Das macht nun – von mir aus auch ohne Wiehern und Schnauben – noch mal und achtet dabei auf eure Fußfolge.

Angenommen, ihr beginnt mit dem linken Fuß: Ihr hüpft damit einmal auf, verharrt ein wenig (was nur logisch ist, denn beim Pferd würden jetzt die zwei Beine aufsetzen, die euch bekanntlich fehlen) und laßt dann das Gewicht auf den rechten Fuß sinken, der weit vorgreift und anschließend vom linken Fuß gefolgt wird. Danach fängt alles von vorn an. Bewegt euch auf diese Weise ruhig mal ein paar Meter vorwärts, und versucht eine Rechtskurve. Das ist einfach, denn ihr seid ja im Rechtsgalopp. Wenn ihr dagegen durch eine Linkskurve „galoppieren" wollt, stellt ihr fest, daß das einfacher wäre, wenn man „den Galopp wechseln" würde, also mit dem rechten Fuß Schwung holen und hüpfen und mit dem linken weit vorgreifen. Eurem Pferd geht das genauso. Auch bei ihm erkennt man den Linksgalopp am weiten Vorgreifen des linken Vorderbeins, und beim Rechtsgalopp ist es umgekehrt.

Pia im Linksgalopp: Das linke Vorderbein greift weit aus.

Dasselbe Reiterpaar im Rechtsgalopp.

Kommen wir nun zu den Hilfen. Wie ihr eben am eigenen Leibe erfahren habt, eignet sich der Rechtsgalopp besonders für Rechtskurven und der Linksgalopp für Linkskurven. Wenn ihr also rechts herum reitet, solltet ihr auch rechts angaloppieren und umgekehrt. Auch die Hilfen für den Galopp könnt ihr euch leicht merken, wenn ihr an besagte Kurvenlage denkt. Es sind nämlich praktisch die gleichen, die ihr gebt, wenn ihr um eine Ecke reitet. Sie werden nur energischer gegeben und vom leichten Vorgehen der Hände begleitet. Betrachten wir den Wechsel vom Trab in den Rechtsgalopp einmal genauer. Also: Ihr befindet euch auf dem *Hufschlag*, der Außenspur der Reitbahn, und reitet rechts herum, *auf der rechten Hand*, wie es in der Fachsprache heißt. Natürlich ist euer Pferd nach innen gestellt, schaut also ein bißchen nach rechts. Ihr leitet nun die ganze Aktion mit einer halben Parade ein. Euer rechter Schenkel bleibt am Gurt, der linke wandert hinter den Gurt, das Gewicht wird leicht nach innen verlagert. Nun drückt ihr mit beiden Schenkeln kräftig zu, schiebt das Pferd mit dem Kreuz vorwärts und gebt die Zügel ein wenig nach. Ein gut gerittenes Pferd springt daraufhin rechts an. Bei eurem Schulpferd kann es natürlich passieren,

Die Fußfolge im Rechtsgalopp, 1. Phase: hinten links, hinten rechts und vorne rechts gleichzeitig, vorne rechts.

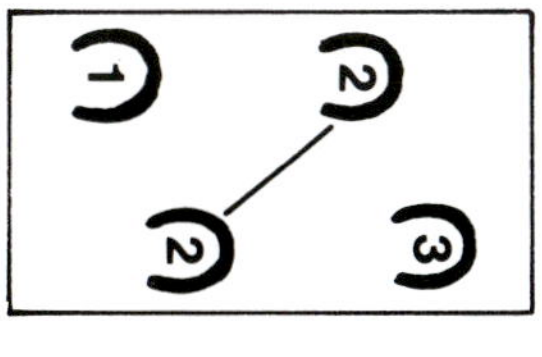

Mein Pferd geht durch – Was tun?

Durchgehen bedeutet, daß ein Pferd sich den Reiterhilfen widersetzt und hingeht, wohin es gerade möchte. Das kann es nicht nur im Galopp. Pferde, die im Trab Richtung Heimat stürmen, ohne ihre Reiter auch nur zu beachten, könnt ihr auf jeder Veranstaltung sehen. Gefährlich wird Durchgehen jedoch vor allem, wenn das Pferd im Gelände außer Kontrolle gerät. Wer das erlebt, sollte folgendes beachten:

1. Ruhe bewahren! Da kein Pferd sich wissentlich umbringen will, seid ihr auf seinem Rücken auch nicht unmittelbar gefährdet. Gefährlich wird es erst, wenn sich das Pferd einer befahrenen Straße nähert oder wenn es auf Asphalt durchgeht.

2. Versucht nicht, unausgesetzt am Zügel zu ziehen. Ein aufgeregtes Pferd bemerkt den Schmerz im Maul kaum noch, wenn ein Dauerzug erfolgt. Außerdem ist euer Sitz sicher nicht mehr so perfekt, daß er richtige Hilfengebung erlaubt. Im Gegenteil, der Anfänger neigt dazu, die Absätze hochzuziehen und sich anzuklammern, sobald sein Pferd außer Kontrolle gerät. Damit gibt er dem Pferd unabsichtlich auch noch treibende Hilfen! Besser ist es, die Nerven zu bewahren und zunächst ein wenig mit den Zügeln nachzugeben. Versucht, euch richtig hinzusetzen und dann korrekte Hilfen zum Anhalten zu geben.

3. Versucht, ob sich das Pferd nicht möglicherweise lenken läßt. Viele durchgehende Pferde lassen ihren Reiter zwar nicht mehr die Geschwindigkeit, wohl aber die Richtung bestimmen. Falls das klappt, lenkt ihr das Pferd idealerweise einen Berg hinauf oder doch zumindest auf einen Weg, der von der Straße wegführt. Im Notfall könnt ihr es auch auf einen Acker lenken. Es ist besser, ihr zieht euch den Zorn eines Bauern zu, als daß ihr einen Autounfall riskiert. Natürlich muß der Schaden, den ihr dabei verursacht, dem Besitzer des Feldes gemeldet und erstattet werden!

Wenn ihr in einer Gruppe ausreitet, und euer Pferd geht durch, so wird es sich nur selten weit von den anderen entfernen. Für die Mitreiter ist es oberstes Gebot, ihre Pferde sofort zum Stehen zu bringen, wenn jemand aus der Gruppe Schwierigkeiten bekommt.

Es gibt übrigens verschiedene Gründe dafür, daß Pferde durchgehen. Viele rennen einfach gern und sehen nicht ein, warum man den Sandweg, auf dem sonst immer galoppiert wird, heute im Schritt herunterreitet. Wenn sie ihren Willen bekommen haben, lassen sie sich am Ende des Weges meist leicht anhalten.

Gefährlicher sind da schon die, die jede Gelegenheit nutzen, Richtung Heimatstall durchzugehen. Solche Tiere findet man oft unter Verleihpferden. Pferde, die mit jedem ins Gelände geschickt werden, der zahlen kann, sind – zwangsläufig – mit allen Wassern gewaschen. Sie reagieren kaum auf Hilfen, und die vielen harten Hände haben sie unsensibel im Maul gemacht. Ein Grund mehr, derartige Verleihställe zu meiden!

Oft gehen Pferde auch durch, weil sie vor etwas erschrocken sind. Besonders bei Pferden, die selten im Gelände geritten werden, artet ein Scheuen oft in solch eine wilde Flucht aus. Hier gelten in besonderem Maße Regel 1 und 2. Wenn man selbst nicht in Panik gerät und dem Pferd beruhigend zuspricht, läßt es bald wieder „mit sich reden".

Das Reifenziehen ist eine gute Vertrauensübung für das Pferd.

Übungen wie diese sichern den Sitz und machen das Pferd scheufrei.

daß es eure noch etwas zaghaften Hilfen überhört. Hier hilft ein erneuter, energischer Versuch oder auch mal ein Klaps mit der Gerte. Bevor ihr das Ganze jedoch mit Gertenunterstützung wiederholt, solltet ihr euer Pferd aus dem flotten Trab zurückholen, in den es gefallen ist, um sich um den Galopp zu drücken. Versucht nie, ein Pferd aus dem schnellen Trab in den Galopp hineinzujagen! Das sieht nämlich zuerst mal schaurig aus, da euer Sitz spätestens ab Mitteltempo Trab jede Haltung verliert. Zudem hat es wenig Wirkung, denn nur der richtige Sitz ermöglicht richtige Hilfengebung. Außerdem sollte das Pferd in dem Moment angaloppieren, in dem ihr die Hilfen gebt, und nicht zwei oder drei Runden später! Ein Pferd ist einfacher anzugaloppieren, wenn man es in den Ecken versucht, und am besten geht es sowieso im Anschluß an eine Volte. Dann kann es auch kaum falsch anspringen, also Rechts- und Linksgalopp verwechseln.

Wenn es auch beim dritten oder vierten Versuch nicht klappt: Denkt immer daran, daß das Pferd eure Befehle nur dann ausführt, wenn ihr das, was ihr ihm sagt, auch wirklich wollt! Wenn ihr selbst euch vor dem Galopp fürchtet, wird das Pferd es merken und nicht reagieren. Bemüht euch also um Entschlossenheit!

Der leichte Sitz

In der Reitbahn wird der Galopp ausgesessen, das heißt, man bleibt fest im Sattel sitzen und treibt mit dem Kreuz. Reitet man im Gelände oder über Sprünge, so gibt es einen Galoppsitz, der für Reiter und Pferd angenehmer ist. Dieser „leichte Sitz" macht dem Pferd den Rücken frei und ermöglicht ihm, schneller und lockerer zu laufen. Seine Extremform ist der Sitz, den die Jockeys auf der Rennbahn einnehmen. Sie schweben hoch über ihren Rennern und machen sich so leicht

Die Extremform des leichten Sitzes: Jockeys auf der Rennbahn schweben über dem Sattel.

Heruntergefallen – Was nun?

Manche Leute meinen, man sei erst ein „richtiger Reiter", wenn man mindestens einmal vom Pferd gefallen sei. Das ist Unsinn. Herunterfallen ist unangenehm für Mensch und Pferd. Auch wenn man sich seltener verletzt, als man meinen könnte, sollte man es doch vermeiden und Pferde bevorzugen, die freundlich sind und keine Untugenden haben. Einen Reitstall mit Schulpferden, die buckeln, steigen und ihre Reiter regelmäßig absetzen, solltet ihr möglichst rasch verlassen.

Irgendwann wird es euch aber trotzdem passieren, denn auch das wohlerzogenste Pferd kann mal einen Seitensprung machen, stolpern oder euch sonstwie aus dem Takt bringen.

Viel wird über die Frage diskutiert, ob man im Fall eines Sturzes die Zügel festhalten oder loslassen soll. Im Grunde ist hier jede Diskussion

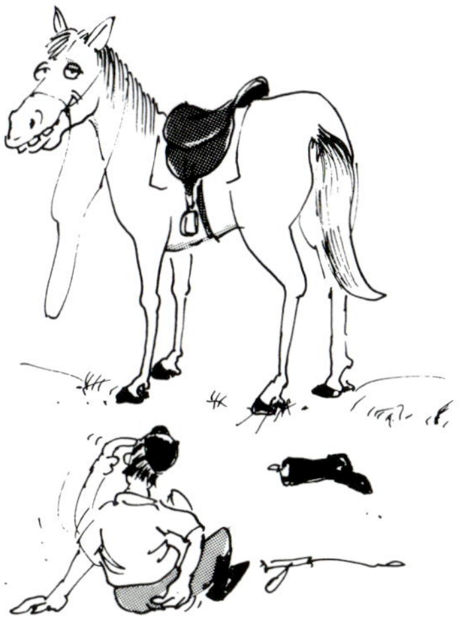

zwecklos, denn wenn „es passiert", reagiert man sowieso instinktiv. Es gibt „Loslasser" und „Festhalter", und bevor man nicht zum ersten Mal gefallen ist, kann man nicht wissen, zu welcher Gruppe man gehört. Überhaupt gibt es wenig Verhaltensmaßregeln für den Sturz vom Pferd. In der Regel geht es blitzschnell, und man findet sich auf dem Boden wieder, ehe man auch nur einen klaren Gedanken fassen kann. Das Pferd ist meistens genauso überrascht. Von wenigen Ausnahmen abgesehen, sieht es in eurem Absturz nicht mehr als ein plötzliches Absteigen, das es zwar ein wenig verwundert, aber nicht sonderlich aufregt. Draußen bleiben die meisten Pferde beim nächsten Grasbüschel stehen und warten, bis ihr wieder aufgestiegen seid. Es wäre ganz falsch, sie für eure mangelnde Sattelfestigkeit zu strafen!

Grundsätzlich sollte man immer sofort wieder aufsteigen, wenn man vom Pferd gefallen ist. Verschiebt man die Fortsetzung des Rittes auf die kommende Woche, baut man Angst auf und traut sich womöglich überhaupt nicht mehr aufs Pferd.

Der leichte Sitz im Gelände.

wie möglich, damit ihr Pferd vielleicht doch noch Sekunden schneller ist. Dabei verzichten sie völlig auf Knieschluß und Schenkeleinwirkung. Das macht auf einer freien, kurzen Rennstrecke nichts aus, denn hier werden ja weder Dressuraufgaben geritten, noch braucht man so viel festen Halt wie beim Reiten im Gelände. Wenn wir Normalreiter in den leichten Sitz gehen, verkürzen wir unsere normale Steigbügellänge nicht so sehr wie die Jockeys, sondern allenfalls um ein oder zwei Löcher. Wie ihr es vom Leichttraben schon kennt, stellt man sich, ohne die Lage der Füße, Unterschenkel und Knie zu verändern, in die Bügel. Wichtig ist wieder die Vorwärtstendenz. In die Mähne fassen ist erlaubt, am Zügel hochziehen verboten. Im Gegensatz zum Trab bleibt man nun stehen und federt die Bewegungen des Pferdes im Fuß- und Kniegelenk aus. Wenn man einmal richtig steht, ist das nicht schwierig. Klappt es nicht, so solltet ihr euch das Kapitel vom richtigen Sitz noch einmal durchlesen und die Sache mit der Welle erneut durchdenken.

Den leichten Sitz kann man übrigens nicht nur im Galopp einnehmen. Im Schritt und im Trab geht es auch. Vielleicht könnt ihr das in den Minuten des Warmreitens vor Beginn des Reitunterrichts einmal ausprobieren. Es ist eine gute Übung. Wenn das Übergehen in den leichten Sitz problemlos klappt und ihr keine Schwierigkeiten habt, in den Bügeln stehen zu bleiben, beweist das einen guten Grundsitz.

Zurück!

Die Hilfen, die man dazu braucht, ein Pferd *rückwärts zu richten*, wie es in der Fachsprache heißt, sind denen des Anhaltens ähnlich. Dort habt ihr bereits gelesen, daß ein Pferd, dessen Zügel man nach dem Stehenbleiben nicht lockert, rückwärts gehen wird.

Auch die Übung „rückwärts richten" leitet ihr mit einer halben Parade ein, die das Pferd auf etwas Neues aufmerksam macht. Nun laßt ihr eine ganze Parade folgen. Wenn euer Pferd angehalten hat, nehmt ihr erneut beide Zügel an, setzt euch tief in den Sattel und gebt Schenkelhilfen. Ihr könnt die Schenkel dabei ein wenig zurücknehmen. Normalerweise wird euer Pferd nicht rückwärts rennen, sondern

Beim Rückwärtsrichten setzt ihr euch tief in den Sattel und nehmt beide Zügel an.

Die Schenkel sind ein wenig zurückgenommen, die Zügel stehen an: das Pferd tritt zurück.

Die Zügel müssen nachgegeben werden, damit das Pferd wieder zum Stehen kommt.

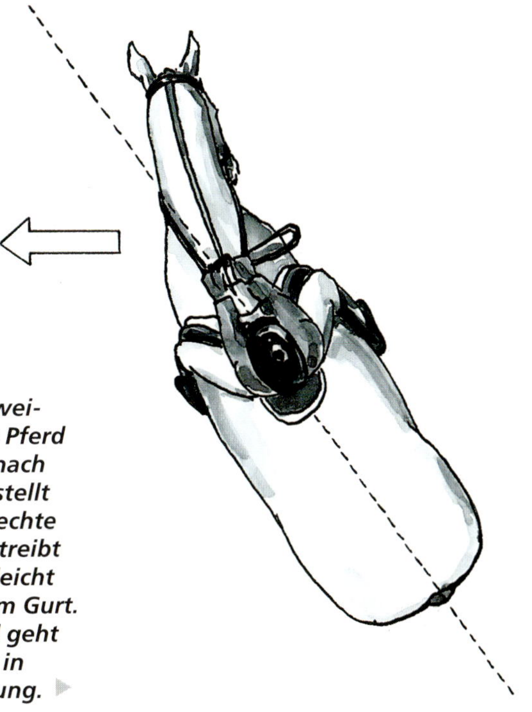

Schenkelweichen: Das Pferd ist leicht nach rechts gestellt und der rechte Schenkel treibt am bzw. leicht hinter dem Gurt. Das Pferd geht seitwärts in Pfeilrichtung. ▶

▲ *Beim Schenkelweichen tritt das Pferd seitwärts und überkreuzt dabei die Beine.*

sich so gemächlich rückwärts fortbewegen, daß ihr die Schritte zählen könnt. Ihre Anzahl wird bei Turnieraufgaben bzw. von eurem Reitlehrer genau vorgegeben.

Damit das Pferd nach dem dritten oder vierten Schritt wieder aufhört, rückwärts zu gehen, gebt ihr die Zügel gefühlvoll wieder nach, verlagert euer Gewicht leicht nach vorn und lockert den Druck der Schenkel. Fangt damit so rechtzeitig an, daß das Pferd tatsächlich nach dem letzten gewünschten Schritt wieder zum Stehen kommt.

Seitwärts, bitte!

Mit dem *Schenkelweichen*, einer Übung, bei der das Pferd seitwärts tritt, lernt ihr noch eine weitere Schenkelhilfe kennen: den *Schenkel am bzw. hinter dem Gurt* als seitwärts treibende Hilfe.

Zum Schenkelweichen stellt ihr das Pferd etwas schräg zur Bande der Reitbahn. Die Zügel sind angenommen, das Pferd ist, wenn ihr es „den rechten Schenkel weichen" lassen wollt, ein wenig rechts gestellt. Ihr legt nun den rechten Schenkel an bzw. leicht hinter den Gurt. Der linke bleibt am Gurt bzw. rutscht, da er das Pferd in diesem Fall daran hindern soll, nach links auszuweichen, ebenfalls ein wenig nach hinten. Dieser Schenkel, ihr erinnert euch vielleicht, hat „verwahrende Funktion".

Ihr treibt nun energisch mit dem rechten Schenkel und könnt auch den rechten Zügel ganz leicht annehmen. Das Pferd tritt dann seitwärts.

Der rechte Schenkel treibt das Pferd seitwärts.

Der linke Schenkel liegt verwahrend am bzw. leicht hinter dem Gurt.

Mein Pferd macht nicht, was ich will!

Es steht außer Frage, daß der Reiter bei der Zusammenarbeit mit seinem Pferd die führende Rolle einnehmen muß. Wollte ich vor jeder Bundesstraße eine Diskussion mit meinem Pferd darüber anfangen, ob wir jetzt anhalten oder nicht, könnte das schlimme Folgen haben.

Wenn ein Pferd euch nicht gehorcht, obwohl es eure Hilfen verstanden hat, liegt das immer daran, daß es euch nicht ernst nimmt. Es erkennt euch nicht als ranghöher, klüger und stärker an.

Vielleicht habt ihr ja schon mal die unangenehme Erfahrung gemacht, daß euer Reitschulpferd auf eure Hilfen hin auf keinen Fall antraben wollte, sich aber sofort in Bewegung setzte, als der Reitlehrer ihm ein sanftes „Terrab, Fanny!" zurief. Überlegt in diesem Fall, ob ihr auch wirklich so entschlossen wart zu traben, wie ihr vorgabt, oder ob ihr euch im Schritt nicht sicherer gefühlt hättet. Pferde spüren eure Wünsche und Befürchtungen und vertrauen sich einem unsicheren Reiter ungern an. Wenn ihr ängstlich und unsicher seid, merkt es das übrigens selbst dann, wenn ihr die Gerte schwingt. Setzt Zwangsmittel also wohlüberlegt ein!

Nehmen wir an, ihr habt euren Befehl ernst gemeint und korrekt gegeben, das Pferd reagiert aber trotzdem nicht. In diesem Fall dürft ihr es strafen, denn ein Pferd, das seinem Reiter auf der Nase herumtanzt, gefährdet ihn und sich selbst und womöglich noch andere, unbeteiligte Menschen oder Pferde.

Das Thema „Strafe" im Reitsport ist ein schwieriges Kapitel. Einerseits kommt man ohne einen gelegentlichen Klaps nicht aus, andererseits ist es eine Tatsache, daß in den meisten Reitställen viel zu viel „gestraft", das heißt geprügelt, sporniert und am Zügel gezerrt wird. Oft kann das betroffene Pferd keinen Zusammenhang zwischen der Strafe und seinem Verhalten erkennen.

Bitte beachtet zum Thema „Strafe" folgende Regeln:

- Man straft ein Pferd mit einem scharfen Wort und einem Gertenhieb, nicht mit einer Tracht Prügel oder mehrmaligem, unbeherrschtem Sporeneinsatz. Wie kräftig der Klaps sein muß, ist von Pferd zu Pferd verschieden. Probiert es erst sanft, aber habt auch keine Scheu davor, energischer zu werden. Wenn ihr euch nicht wirklich durchsetzt, wird das Pferd euch bald erneut herausfordern.

- Versucht, immer überlegt und nie im Jähzorn zu strafen. Das Pferd kann nichts dafür, wenn ihr Ärger in der Schule hattet. Laßt ihn also nicht an ihm aus!

- Straft das Pferd nicht heute für ein Vergehen, das ihr ihm gestern noch nachgesehen habt! Wie soll es sonst wissen, was es darf und was nicht?

- Fragt immer nach der Ursache der Widersetzlichkeit! Ein junges Pferd ist oft müde und quengelig, ein Turnierpferd häufig gestreßt und ein Schulpferd gelangweilt.

- Vergeßt nie, euch nach einer Auseinandersetzung mit dem Pferd wieder mit ihm zu versöhnen. Wenn es der Aufforderung nachkommt, die es zuvor verweigerte, verdient es ein Lob!

Zusammenhänge verstehen

Wenn ihr die letzten Seiten aufmerksam gelesen und ihre Inhalte verstanden habt, so müßten euch nun alle Grundlagen der Reiterei ein Begriff sein. Ihr kennt den vorwärtstreibenden Schenkel, der am Gurt liegt, den verwahrenden und den treibenden hinter dem Gurt und ihr wißt, was es heißt, „aus dem Kreuz heraus" zu treiben. Auch die einseitigen und beidhändig gegebenen Zügelhilfen, die die anderen Hilfen unterstreichen, habt ihr kennengelernt. Damit verfügt ihr über einen „Grundwortschatz" der Sprache Reiten. Letztlich bestehen alle Aufgaben, mit denen ihr euch in der Reitschule beschäftigt und weiter beschäftigen werdet, aus verschiedenen Kombinationen dieser Grundhilfen. Wenn ihr euch das immer vor Augen haltet, wird es euch helfen, Bewegungsabläufe und ihre Zusammenhänge mit der Hilfengebung zu verstehen. Ich würde mich freuen, wenn ihr über jede neue Hilfenkombination nachdenkt und versucht, das „Warum" zu ergründen. Reitet Aufgaben ruhig einmal im Geiste durch! Wenn Tennis- und Golfspieler ständig von der Wichtigkeit ihres „mentalen Trainings" reden, sollte das den Reitern doch auch mal zu denken geben. Und versucht dabei immer auch, euch in euer Pferd hineinzudenken. Versucht zu erspüren, was es fühlt, wenn ihr ihm Hilfen gebt, wie erleichtert es ist, wenn es seine Aufgabe zu eurer Zufriedenheit gelöst hat, und wie unsicher es wird, wenn es euch nicht versteht.

Pferde sind freundliche, fühlende Wesen, die mit ihren Reitern meist viel mehr Geduld haben, als die mit ihnen. Nur wer sich das bewußt macht, ist ein wirklich guter Reiter. Wer sich einen „Freizeitpartner" wünscht, der keinen eigenen Willen zeigt, nie einen schlechten Tag hat und immer auf Anhieb reagiert, der ist mit einem Computer und der dazugehörigen Spielesammlung sicher besser bedient als mit einem Pferd!

▲ *Übungen wie diese stärken das Vertrauen zwischen Reiterin und Pferd.*

Bei allem, was wir mit Pferden tun: Lob ist wichtiger als Strafe! ▶

Die Kunst, Pferde tanzen zu lassen – Dressurreiten

Reiten ist mehr, als irgendwie von einem Punkt zum anderen zu kommen. Eigentlich weiß man das schon seit dem Altertum, als der Grieche Xenophon die erste Reitlehre schrieb. Zwischendurch geriet die Kunst, Pferde ohne Gewaltanwendung dazu zu bringen, unter dem Reiter komplizierte Übungen auszuführen, immer wieder in Vergessenheit. Die Menschen brauchten das Pferd als Transportmittel und machten sich keine großen Gedanken über seine Ausbildung. Auch ihr eigenes Können beschränkte sich oft darauf, oben zu bleiben und das Pferd mit Hilfe scharfer Gebisse im Zaum zu halten. Erst in der Zeit des Barocks und Rokokos, als adlige Herren und Damen begannen, einfach um des Vergnügens willen zu reiten, änderte sich das. Der Reitlehrer des französischen Königs Ludwig XV., François de la Guérinière, verfaßte die erste Reitlehre der Neuzeit, die das Reiten als eine Kunst zeigte. Die Klassische Dressur, die höchsten Wert auf Harmonie zwischen Reiter und Pferd legt, war erfunden!

Dressur im Alltag

Heute gehört die Vermittlung der Grundlagen der Dressur zum Lehrplan jeder Reitschule. Von der ersten Reitstunde an versucht man, den Schülern die Hilfen zur *Versammlung* des Pferdes nahezubringen. Leider tun manche Reitlehrer das mit mehr Geschrei als Geschick und vermitteln zu wenig von den Gedanken der Klassischen Dressur, die viel von Verständnis und Liebe zum Lebewesen Pferd handeln. So mißlingt es dann, die Begeisterung für den „Tanz zu Pferde" in den Reitschülern zu wecken. Sie würden nur zu gern auf die „langweiligen" Dressurstunden verzichten und gleich zum Springen oder Geländereiten übergehen.

Die Frage, ob man Dressur reiten „muß", wenn man später doch „nur" mit seinem Pferd ins Gelände möchte, wird heiß diskutiert. Tatsächlich gibt es inzwischen sehr gute Ausbildungsmethoden zum Erlernen der reiterlichen Grundlagen außerhalb der Reitbahn. Wer aber ernsthaft reiten möchte, kommt auf die Dauer nicht um eine Dressurausbildung herum. Zu ersetzen wäre sie lediglich durch eine gründliche Ausbildung im Western-Reiten. Dressurreiten (oder Reining) dient nämlich der Gymnastizierung des Pferdes und trägt auch dazu bei, die Hilfengebung des Reiters zu verfeinern. Dressur für Freizeitpferde und -reiter könnte man mit Skigymnastik vergleichen: Natürlich kann man sich ohne vorhergehende Gymnastikstunden auf die Bretter schwingen, aber bewegliche, gut vorbereitete Skifahrer haben mehr Spaß an ihrem Sport und verunglücken seltener!

Passage – Monica Theodorescu auf „Ganimedes". Gute Dressurreiter brauchen nur leichtesten Zügelkontakt.

Margrit Otto-Crepin auf „Corlandus" in der Piaffe – Trab auf der Stelle, eine Lektion der Schweren Klasse.

Claus Penquitt mit seinem Lusitano-Hengst „Vigoroso" reitet Seitengänge (Travers) im iberischen Stil.

„Goliath" – ein Mini-Shetlandpony zeigt die Levade der Klassischen Dressur.

Dressur ohne Langeweile

Richtig betrieben, ist Dressur alles andere als langweilig. Die adligen Herren und Damen von früher hätten sonst bald damit aufgehört. Die Reitlehrer damals mußten sich also schon etwas dazu einfallen lassen, die Stunden interessant zu machen. Im 18. Jahrhundert, als die Hofreitschule in Wien gegründet wurde, zeigte man seine Reitkunst im Rahmen von Reiterfesten und genoß das Mitmachen bei großen Quadrillen. Bunte, elegante Kleidung der Reiter und interessante Pferdefarben machten das Zusehen auch zum Vergnügen für das Publikum.

Erst als das Militär die Reitkunst vereinnahmte, bekam die Dressur den Ruf von Drill und Eintönigkeit. Alles sollte jetzt gleich aussehen, gleich ablaufen, spielerisches Reiten wich der Vorbereitung auf den Einsatz von Reitern und Pferden im Krieg. Im modernen Turniersport setzte sich diese Entwicklung fort. Ernsthafte Reiter in strengem Schwarzweiß und einfarbige Pferde bestimmen meist das Bild auf den Turnieren.

Tanzende Pferde

In den Mittelmeerländern, zum Beispiel in Spanien und in der französischen Camargue, führt man seine tanzenden Pferde heute noch gern bei Volksfesten vor. Außerdem gibt es nach wie vor Reitschulen, in denen die klassische Reitkunst gepflegt wird. Die bekannteste davon ist wohl die Spanische Hofreitschule in Wien, die mit Lipizzanerhengsten arbeitet. In Spanien gibt es eine Reitakademie in Jeréz de la Frontera, in der hauptsächlich Andalusier zum Einsatz kommen, und in Frankreich wird die „Hohe Schule" vom „Cadre Noir" gepflegt. Auch die Lusitanos in Portugal werden klassisch ausgebildet und heute noch beim Stierkampf zu Pferde eingesetzt. An ihrem tödlichen „Tanz mit dem Stier" findet man als Tierfreund allerdings weniger Gefallen als an den höchst lebendigen Quadrillen anderer Ausbildungsstätten.

Große Dressur ist Ballett zu Pferde. Wie der Tanz ist sie schwer zu erlernen und verlangt schon eine gewisse „Besessenheit". Aber egal, ob man die Teilnahme an Turnieren anstrebt oder einfach sein Freizeitpferd ein bißchen gymnastizieren will, es lohnt immer, sich mit den Grundlagen der Dressur zu beschäftigen.

Reiten drinnen und draußen

Reitbahnregeln

Wenn viele Menschen sich eine Sporthalle teilen, so geht das nicht ohne Regeln und gegenseitige Rücksichtnahme. In der Reithalle und auf dem Reitplatz ist es wie in der Turnhalle: Es gibt eine „Hausordnung", die regelt, wie man sich zu verhalten hat.

Rund um den Hufschlag

Innen, an der *Bande* der Reitbahn entlang, führt eine ausgetretene „Straße", der *Hufschlag*. An ihm entlang sind Punkte markiert, die es leichter machen, die verschiedenen *Hufschlagfiguren*, die es zu reiten gilt, an der richtigen Stelle zu beginnen und zu beenden. Es gibt *Zirkelpunkte* und *Wechselpunkte*. Außerdem ist jeweils die Mitte der langen Seite durch den *HB-Punkt* (Halbe Bahn) gekennzeichnet. Zwischen den HB-Punkten, in der Mitte der Reithalle, liegt der *Punkt X*, der Mittelpunkt der Bahn. Diese Punkte sind mit Buchstaben bezeichnet, damit sich Dressuraufgaben leichter beschreiben und aufzeichnen lassen.

Hufschlagfiguren

Es gibt ein paar Grundregeln für das Ausreiten von Hufschlagfiguren.

1. Wenn euch Hufschlagfiguren in eine Ecke führen, so wird diese *ausgeritten*, d.h., man reitet möglichst tief hinein, damit sich das Pferd richtig biegt. Es muß erkennbar sein, daß das Pferd in der Ecke stärker gebogen ist als beim Reiten auf dem Zirkel.
2. In jeder Wendung, die die Hufschlagfigur fordert, wird das Pferd gebogen. Der Sinn von Figuren wie „Schlangenlinien

Durch die ganze Bahn wechseln (rot), durch die Länge der Bahn wechseln (blau), aus der Ecke kehrt (grün), Volte (gelb).

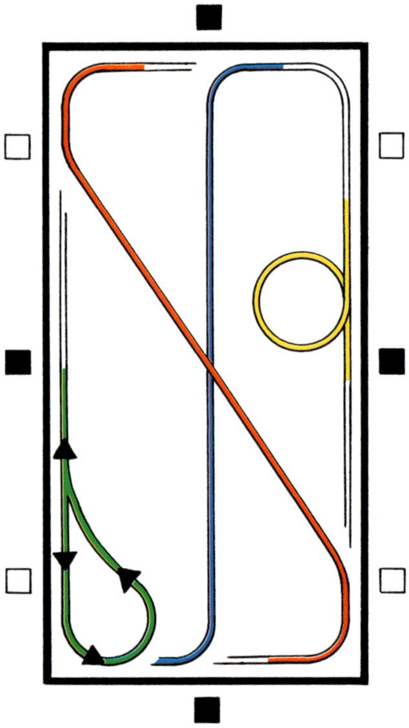

Auf dem Zirkel geritten (blau), aus dem Zirkel wechseln (grün), durch den Zirkel wechseln (gelb), ganze Bahn (rot), halbe Bahn (lila).

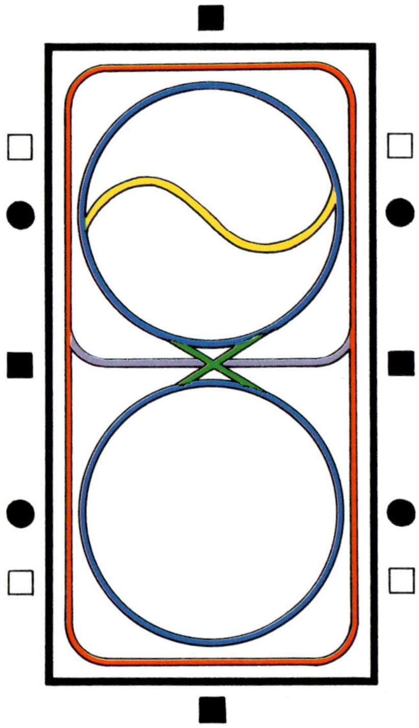

Verschiedene Schlangenlinien: einfache Schlangenlinie (rot), doppelte Schlangenlinie (blau), Schlangenlinie durch die Bahn, 3 Bogen (grün).

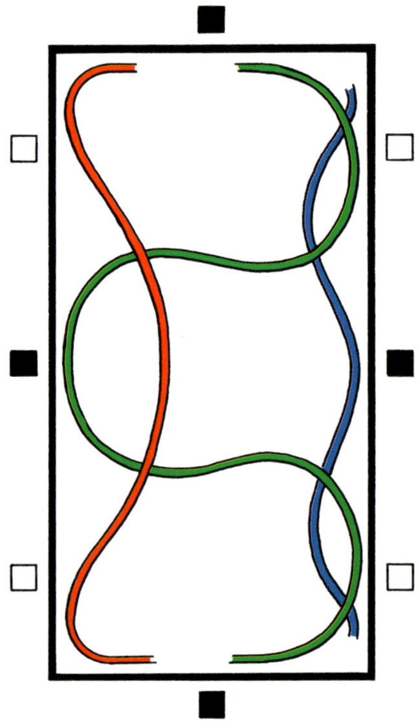

■ ***Bahnpunkte***

□ ***Wechselpunkte***

● ***Zirkelpunkte***

„Hufschlag"

„Auf einer Hand reiten"

Im Gegenverkehr wird auf zwei Hufschlägen geritten.

durch die Bahn" liegt darin, daß die Pferde immer wieder „umgestellt" werden, sich also mal nach rechts und mal nach links biegen müssen.

3. Gerade Strecken werden auch ganz gerade geritten. Man faßt dazu den Punkt ins Auge, zu dem man hinwill, und reitet genau darauf zu. Das klingt einfach, aber es ist vielleicht die schwierigste Aufgabe überhaupt. Wenn ihr mal in eine frisch geharkte Reithalle kommt und auf die Spuren achtet, die die Reiter darin hinterlassen, werdet ihr euch wundern, wie selten jemand eine ganz gerade Linie zustande bringt.

Übrigens ... man kann sich Hufschlagfiguren besonders gut merken, indem man sie nachmalt, auf dem Schulhof abläuft oder mit dem Fahrrad nachfährt.

„Tür frei, bitte!"

Bevor man mit seinem Pferd an der Hand eine Reithalle betritt, macht man die anderen Reiter durch den Ruf „Tür frei, bitte!" auf sich aufmerksam. Man tut das auch dann, wenn nur ein einziger weiterer Reiter in der Halle ist, der sich vielleicht auch noch am anderen Ende der Bahn aufhält. Manche Pferde sind nämlich sehr schreckhaft und scheuen, wenn plötzlich die Tür aufgeht. Um sie rechtzeitig beruhigen zu können, muß ihr Reiter wissen, wann jemand hereinkommt.

Erst wenn jemand von innen mit dem Ruf „Tür ist frei!" geantwortet hat, dürft ihr die Reithalle betreten. Ihr führt euer Pferd direkt in die Bahn an eine Stelle, wo ihr wenig stört (also mehr in die Mitte, abseits vom Hufschlag). Dort könnt ihr in Ruhe nachgurten und aufsteigen, ohne andere Reiter zu behindern.

Wer hat Vorfahrt?

Viele Reitstunden beginnen damit, daß man „durcheinander reitet", d. h., jeder reitet für sich sein Pferd warm. Auch dabei gibt es jedoch „Verkehrsregeln", denn sonst würde man ständig mit anderen zusammenstoßen.

Wenn ihr euer Pferd etwa am langen Zügel im Schritt auf dem Hufschlag bummeln laßt, mahnt euch sicher gleich ein anderer Reiter mit dem Ausruf: „Im Schritt bitte den Hufschlag freimachen!" Der Hufschlag ist die „Hauptstraße" der Reithalle. Wer hier langsam reitet, hält den gesamten Verkehr auf. Trotzdem dürft ihr die Reitstunde natürlich in gelassenem Schritt beginnen. Ihr lenkt euer Pferd auf den *zweiten Hufschlag*, die „Nebenstraße", zwei Meter weiter innen.

Wenn ihr nun antrabt, könnt ihr wieder auf die „Hauptstraße" wechseln. Aber Achtung, hier herrscht Gegenverkehr! Vorfahrt haben immer die Reiter, die rechts herum reiten, also die Bande links von sich haben. Die anderen weichen ihnen auf dem zweiten Hufschlag aus. Manchmal einigt man sich auch darauf, daß immer alle in die gleiche Richtung oder, wie es in der Reitersprache heißt, *auf der gleichen Hand* reiten. Besonders in kleinen Reithallen ist das von Vorteil. Wer in diesem Fall die Richtung wechseln möchte, ruft laut: „Handwechsel bitte!". Dann machen alle so bald wie möglich kehrt.

„Abteilung bilden!"

Wenn alle Pferde warm geritten sind, fordert der Reitlehrer seine Schüler auf, sich in der Mitte der Bahn zu versammeln. Dann gibt er das Kommando: „Auf der rechten (oder linken) Hand Abteilung bilden! Anfang Susi ... dann Rebell ... Elsa ... Fürst ..." Solltet ihr nun gerade auf Susi sitzen, dürft ihr auf den Hufschlag reiten, wichtig gucken und laut „Anfang hier!" rufen. Die anderen werden sich dann hinter euch aufreihen. Gewöhnt euch rechtzeitig daran, daß der Reitlehrer euch in den nächsten 60 Minuten mit dem Namen eures Pferdes anredet. Er kann sich unmöglich alle Namen seiner Schüler merken, aber die Pferde kennt er genau!

Beim Reiten in der Abteilung ist Abstandhalten besonders wichtig. Normalerweise ist eine Pferdelänge Abstand üblich. Auch das macht man nicht nur, weil es so ordentlich aussieht, sondern hauptsächlich, damit die Pferde keinen Grund haben, nacheinander auszukeilen. Nicht jedes Pferd kann es nämlich leiden, wenn ein Artgenosse ihm seine Nase in den Schweif stößt! Haltet die Abstände also immer ein, auch wenn ihr beim Warmreiten vor der Reitstunde vorübergehend hinter einem anderen Pferd reitet, und erst recht, wenn es hinaus ins Gelände geht.

„Abteilung bilden, Anfang Amigo..."

In der Reitstunde gibt der Reitlehrer die Kommandos. Jeder sollte versuchen, die geforderten Hufschlagfiguren möglichst exakt auszureiten und sein Pferd nicht nur hinter dem Vordermann hertrotten zu lassen. Fast jede Bahnfigur wird erst begonnen, wenn der Reitlehrer das Kommando „Marsch" anschließt. Die Zeit zwischen der Nennung der Figur und diesem Signal zum Loslegen nutzt ihr, um euch und das Pferd auf die kommende Aufgabe vorzubereiten, also zum Beispiel eine Parade zu geben, die Zügel zu verkürzen oder ähnliches.

Nach der Reitstunde

Reitstunden enden meistens damit, daß der Reitlehrer euch *aufmarschieren* läßt. Das Kommando dazu heißt: „Anfang rechts (oder links) dreht, rechts (oder links) marschiert auf! Marsch!" Das bedeu-

„Eine Pferdelänge Abstand halten in der Abteilung."

„Jetzt üben wir das Aufmarschieren mit Zwischenräumen gleich noch einmal."

tet, daß der erste Reiter zur Bahnmitte hin abwendet. Auf das Kommando „Anfang halt!" stoppt er sein Pferd, und die anderen Reiter bauen ihre Pferde in einer Reihe rechts (oder links) von ihm auf. Auch dabei hält man so viel Abstand, daß jeweils noch ein Pferd dazwischen paßt. Nur wenn der Reitlehrer euch *ohne Zwischenräume aufmarschieren* läßt, haltet ihr Steigbügel an Steigbügel. Anschließend wird abgesessen.

Beim Verlassen der Reitbahn geht man genauso vor wie beim Eintreten. Ihr bittet darum, daß die anderen Reiter die Tür frei machen, und wartet auf ihre Antwortet. Dann führt ihr das Pferd hinaus.

Ausritte

Wenn ihr an einem Ausritt teilnehmt, achtet ihr bitte besonders darauf, Rücksicht auf andere Verkehrsteilnehmer und auf die Natur zu nehmen.

Es gibt viele Wege, die für Reiter gesperrt sind, und je mehr sich Spaziergänger, Bauern, Naturschützer oder Jäger über einzelne Reiter beschweren, desto öfter wird wieder ein Weg für alle verboten.

Vor dem Ausritt in einer großen Gruppe. Die Pferde tragen unter den Trensen Stallhalfter, an denen sie bei einer Rast unterwegs angebunden werden.

◄ *Freundliche Begegnung mit Spaziergängern unterwegs.*

◄ *Landwirte, die noch selber mit Pferden arbeiten, sind selten geworden.*

Begegnungen unterwegs

Wenn man einen Fußgänger trifft, pariert man grundsätzlich zum Schritt durch und sagt freundlich: „Guten Tag". Wenn Kinder dabei sind und das Pferd streicheln möchten, könnt ihr ihnen das ruhig erlauben – natürlich nur, wenn euer Pferd nicht beißt.

Mindestens ebensooft wie Spaziergängern begegnet der Geländereiter Landwirten, die auf ihren Feldern arbeiten. Die meisten von ihnen mögen Pferde, und wenn man mit ihnen ins Gespräch kommt, erzählen sie gern von den Pferden, mit denen ihr Vater noch auf den Feldern arbeitete. Sie werden jedoch zu Recht wütend, wenn ihr über ihre frisch bestellten Felder galoppiert. Besonders bei Regenwetter hinterlassen Pferdehufe große Schäden auf Äckern und Wiesen. Bleibt also auf den erlaubten Wegen!

Die Wälder, in denen wir reiten, gehören immer zu einem Jagdrevier. Das heißt, daß ein Jäger sie besitzt oder gepachtet hat. Auch ihm werdet ihr gelegentlich im Gelände begegnen. Die meisten Jäger mögen Reiter leider nicht besonders. Sie behaupten, wir würden das Wild vertreiben. Das stimmt zwar nicht, denn die Wildtiere wissen genau, wer sie bedroht und wer nicht, aber

Wer unbedingt im Dunkeln draußen reiten will, muß dafür sorgen, gut sichtbar zu sein. ▼

Mein Pferd „klebt" – Was tun?

Wenn ein Pferd sich weigert, vom Stall oder von anderen Pferden wegzugehen, nennt man das *kleben*. Diese Verhaltensweise ist immer ein Zeichen von Unsicherheit. Das Pferd hat irgendwann die Erfahrung gemacht, daß überall auf der Welt Gefahren lauern und daß Menschen nicht zu trauen ist. Es läßt sich deshalb lieber verprügeln oder spornieren, als die Sicherheit der Herde zu verlassen.

Wenn man ein Pferd, das klebt, nur einmal reitet, haben Umerziehungsversuche keinen Sinn. Wenn das Pferd auf energische Hilfen nicht reagiert, ist es besser, ihm seinen Willen zu lassen, denn höchstwahrscheinlich würde man doch erfolglos bleiben.

Gehört einem das Pferd jedoch, oder soll man es längere Zeit reiten, kann man Kleben verhältnismäßig leicht korrigieren. Man sucht sich in einem solchen Fall eine kurze Strecke aus, auf die man das Pferd jeden Tag mitnimmt. Zuerst geht man mit ihm spazieren, spricht mit ihm und gibt ihm unterwegs gelegentlich einen Leckerbissen. Wenn man sicher sein kann, daß sich das Pferd bei der ganzen Sache wohl fühlt, reitet man Teile dieser Strecke. Man steigt dazu mittendrin auf und mittendrin wieder ab und reitet auch mal ein Stück hin und zurück. Nach einiger Zeit kann man dann die ganze Strecke reiten und den Ausritt schließlich ausweiten. Erst dann kommt ein Begleiter mit einem anderen Pferd dazu, und man übt das Wegreiten von der Gruppe. Das Ganze erfordert viel Geduld, aber letztlich klappt es fast immer. Manche Pferde fallen allerdings auch noch Jahre später in die Untugend des Klebens zurück, wenn sie sich in fremder Umgebung unsicher fühlen.

davon lassen Jäger sich nicht überzeugen. Um sie nicht zu verärgern, solltet ihr Wildfütterungsplätze meiden und möglichst nicht in der Dämmerung reiten, wenn sie auf den Hochsitzen auf das Wild warten. Auch lautes Herumschreien und Kichern ist im Wald nicht erlaubt. Dann laufen die Wildtiere nämlich wirklich weg, und ihr habt euch selbst um das Erlebnis gebracht, Rehe, Füchse oder andere Tiere beobachten zu können.

Lebhafter Verkehr

Auf der Straße

Auf der Straße gelten Reiter als „Fahrzeuge". Man reitet also rechts und gewöhnlich hintereinander. Nur bei ganz großen Gruppen dürfen je zwei Reiter nebeneinander reiten. Ist man im Dunkeln unterwegs, so sind Positionslampen Pflicht. Die Abteilung – oder der Einzelreiter – soll nach hinten mit einer roten, nach vorn mit einer weißen Lampe sichtbar gemacht werden. Es gibt dazu Lampen, die man sich an den Stiefel schnallt. Außerdem tragen reflektierende Bandagen für die Pferdebeine oder Armbinden für den Reiter zur Sicherheit bei.

Eigentlich sollte man nur Pferde mit in den Verkehr nehmen, die ruhig bleiben, wenn Autos sie überholen oder auf sie zukommen. Macht trotzdem eines Schwierigkeiten, so kann man die Autofahrer um Rücksicht bitten, indem man selbst oder ein Mitreiter einen Arm hebt und die flache Hand hochhält, wie ein Verkehrspolizist. Die meisten Autofahrer sind dann freundlich und fahren langsam oder halten an. Klar, daß man sich durch Handzeichen bei ihnen bedankt, wenn die Schwierigkeiten beseitigt sind!

Dem Pferd zuliebe

Die meisten Pferde gehen lieber ins Gelände, als die immer gleiche Arbeit in der Halle zu verrichten. „Draußen" sind sie munterer und gehwilliger, aber sie scheuen auch häufiger. Darauf müßt ihr immer gefaßt sein. Nicht alle Wege eignen sich zum Traben und Galoppieren. Auf Asphalt reitet man grundsätzlich nur Schritt, und auch anderer harter, steiniger Boden wird langsam begangen. Tut man das nicht, so werden die Sehnen der Pferde übermäßig belastet. Sie schwellen an und können sogar reißen.

Auch wenn es bergab geht, sollt ihr grundsätzlich vorsichtig sein und die Beine der Pferde durch langsames Reiten schonen. Beim Bergauf-Reiten richtet man sich nach dem Trainingszustand der Pferde. Man soll sie nicht treiben, wenn sie außer Atem kommen und Anstrengung zeigen. Um die Pferde zu entlasten, geht man sowohl beim Bergab- als auch beim Bergauf-Reiten in den leichten Sitz. Schlecht trainierte Pferde führt man bergauf.

Überhaupt schadet es nicht, zwischendurch ein paar Minuten abzusteigen und mit dem Pferd zu Fuß zu gehen. Besonders auf langen Strecken ist das sehr erholsam für Reiter und Pferd.

Vom guten Ton in Stall und Weide

Noch mehr über gutes Benehmen? Ja, denn auch im Stall und auf der Weide gibt es Regeln. Nicht nur Mitreiter und andere Verkehrsteilnehmer haben ein Recht darauf, daß ihr sie höflich und rücksichtsvoll behandelt, sondern auch die Pferde.

Im Stall

1. Meistens mögen es Pferde, wenn im Stall etwas los ist, aber manchmal wollen sie auch ihre Ruhe haben. Da Boxpferde nicht einfach weggehen können, wenn es ihnen zuviel wird, gibt es in den meisten Ställen feste Ruhezeiten. Natürlich beachtet ihr diese Zeiten!

2. Pferde haben nichts dagegen, wenn ihr in der Stallgasse steht und ihnen etwas erzählt. Der Gang vor den Boxen und Ständern ist aber kein Ort, sich zu jagen, zu balgen und herumzuschreien. Pferde erschrecken

▲ *Auf langen Strecken oder an unwegsamen Stellen ist es gut, das Pferd auch einmal zu führen.*

▼ *Fremde Pferde darf man nicht füttern.*

▲ ***Schreien und Toben im Stall sind verboten! Aber Gespräche sind natürlich erlaubt, denn wo läßt es sich besser fachsimpeln?***

leicht, und wenn sie in der Box stehen, können sie nicht flüchten.

3. Es kann gefährlich sein, wenn ihr von einem Pferd zum anderen geht und allen die Nasen streichelt. Ist eines krank, schleppt ihr die Erreger weiter. So nett euer Streicheln gemeint ist, laßt es lieber sein!

4. Fändet ihr es schön, wenn einige eurer Klassenkameraden etwas geschenkt bekämen, aber ihr ginget leer aus? Pferden geht es genauso. Füttert euer Lieblingspferd also möglichst nicht mit Leckerbissen, wenn seine Boxnachbarn zuschauen! Wenn die Nachbarpferde wenigstens ein kleines Stück Brot oder Möhre abbekommen, macht es den anderen nichts aus, wenn ihr euren Liebling besonders verwöhnt. Füttert fremde Pferde aber nur, wenn ihr vorher gefragt habt und es erlaubt ist.

Auf der Weide

Fast jeder freut sich über Pferde auf der Weide und sieht sie sich gern an.

Hier aber ist die Beachtung der Regeln besonders wichtig, denn Fehler können den Pferden sehr schaden. Außerdem sperrt ihr Besitzer sie sicher bald wieder ein, wenn er schlechte Erfahrungen mit der Weidehaltung macht.

Bitte lockt Weidepferde nicht an den Zaun, um sie zu füttern. Auch wenn ihr ihnen „nur Gras" abpflückt, ist das gefährlich, denn der nächste, den sie anbetteln, gibt ihnen vielleicht aus Versehen eine Giftpflanze. Außerdem können sie sich verletzen oder gegen den Zaun jagen, wenn sie sich um die Leckerbissen streiten. Auch euch können sie dabei weh tun. Wenn ein Pferd es eilig hat, einen Leckerbissen zu erwischen, bevor ein anderes kommt, beißt es leicht aus Versehen in eure Hand.

Würde es euch gefallen, wenn jemand einfach in euren Garten ginge und sich euer Fahrrad ausleiht? Sicher nicht. Auch Pferdebesitzer wollen nicht, daß ihr heimlich auf ihre Weide geht und euch womöglich noch auf eins der Pferde setzt! Wenn ein Pferd auf der Weide ist, hat es frei. Es muß sich nicht von euch reiten lassen. Viele Weidepferde sind auch noch jung und gar nicht zugeritten. Die bekommen einen Schreck fürs Leben, wenn ihr ihnen plötzlich ins Kreuz springt. Sie können euch auch herunterwerfen und verletzen. Das Reiten fremder Pferde ist ebenso verboten wie das Aufbrechen und „Leihen" fremder Autos. Wenn der Pferdebesitzer euch erwischt, bekommt ihr mit Recht Ärger!

Weidepferde soll man nicht an den Zaun locken – schon gar nicht, um sie zu füttern.

Angekommen heißt gewonnen – Distanzreiten

An diesem Sonntag sind Susanne und Andrea sehr früh aufgestanden.

„Um halb acht müssen wir zur Tierarztuntersuchung!“ hatte Susanne erklärt. „Vorher abladen, zur Meldestelle, Pferde ein bißchen herumführen, damit sie nicht so aufgeregt sind … eine Stunde müssen wir bestimmt auch fahren … Am besten bist du um sechs Uhr bei mir!“

Sehr viel geschlafen hat Andrea sowieso nicht vor ihrem ersten Distanzritt. Vierzig Kilometer weit reiten … ob Benji das aushält?

„Die Frage ist eher, ob du das aushältst“, lachte Susanne. „Benji ist schon über tausend Distanzkilometer gelaufen. Für den ist das ganz normal! Und überhaupt: Wir haben doch trainiert. Letzten Sonntag zum Beispiel – das waren fast dreißig Kilometer!“

Susanne hat gut lachen. Sie reitet schon seit Jahren Distanzritte und hat mit Benji viele Schleifen gewonnen. In diesem Jahr will sie aber ihr Nachwuchspferd Shan reiten und Andrea darf es auf Benji versuchen.

Beide Pferde steigen artig in den Pferdetransporter. Auch nach der einstündigen Fahrt wirken sie nicht aufgeregt oder verschwitzt. „Distanzpferde müssen gute Nerven haben!“ sagt Susanne.

Andrea putzt schnell noch einmal über Benjis glattes Fell, während Susanne zur Meldestelle geht. Schließlich will sie sich nicht blamieren, wenn sie ihn gleich dem Tierarzt vorführt. Eine Stunde vor einem Distanzritt, so hat ihr Susanne erklärt, werden die Pferde nämlich gründlich untersucht. Lahme oder kranke Pferde dürfen gar nicht erst starten.

Natürlich lahmen Benji und Shan nicht, als Andrea und Susanne sie der Tierärztin vorführen. Benji läßt sich nicht gern ins Maul fassen und regt sich etwas auf, als Susanne ihn zwingt, sich untersuchen zu lassen. Deshalb klopft sein Herz schneller und sein Atem geht rascher, als eine Helferin die Puls- und Atemwerte nimmt. „Der beruhigt sich auf der Strecke!“ sagt Susanne.

Die Puls- und Atemwerte der Pferde spielen beim Distanzreiten eine wichtige Rolle, denn daran erkennt man, ob ein Pferd überanstrengt wurde. In der Pause und am Ziel müssen die Werte spätestens nach 20 Minuten unter 64 Pulsschlägen und 60 Atemzügen in der Minute liegen. Ist das nicht der Fall, so scheidet das Pferd aus. Bei kurzen Distanzen, wie der, für die Andrea und Susanne sich gemeldet haben, entscheiden die PA-Werte auch mit über die Plazierung.

Voruntersuchung. Nur ganz gesunde Pferde dürfen starten.

Auf der Strecke

Andrea erhält eine PA-Karte, auf der die Ergebnisse der Voruntersuchung vermerkt sind. „Verlier sie bloß nicht!“ sagt Susanne. Die beiden Mädchen haben jetzt genug Zeit, ihre Pferde zu satteln und sich die Streckenkarte noch einmal anzusehen, die sie mitbekommen haben. Die Wegstrecke ist darauf vermerkt, aber viel kann man nicht erkennen.

„Egal“, meint Susanne, „die Strecke ist ja ausgeschildert. Achte auf die roten Pfeile. Die gelben zeigen die Strecke für den langen Ritt!“

Der lange Distanzritt, für den die Reiter schon vor einer Stunde gestartet sind, geht über 78 Kilometer.

„Eigentlich ist es eine Art Rennen“, erklärt Susanne, als die Mädchen zum Start reiten. „Bei den langen Ritten entscheidet nämlich die Reitzeit und nicht die besten PA-Werte. Aber untersucht werden die Pferde natürlich trotzdem. Wer sein Pferd überfordert, fliegt raus!“

„Wir müssen aber auch in einer bestimmten Zeit ankommen, nicht wahr?“ fragt Andrea, um sich noch einmal zu vergewissern, daß sie alles verstanden hat. „In drei Stunden und zwanzig Minuten oder?“

„Richtig!“ antwortet Susanne. „Wir reiten genau Tempo 5 – ein Kilometer in fünf Minuten!“

„Hauptsächlich Trab, ein bißchen Schritt und ab und zu ein kleiner Galopp!“ wiederholt Andrea, was sie gelernt hat, aber Susanne hört nicht mehr zu. Sie vergleicht ihre Uhr mit der Uhr am Start, wartet auf das „Start frei!“ und los geht es! Benji und Shan legen einen flotten Trab vor, aber Susanne findet immer noch Zeit, sich mit dem dritten Mitglied ihrer Gruppe, einem Mädchen auf einem rundlichen Haflinger, bekannt zu machen.

„Bei kurzen Distanzen startet man in kleinen Gruppen“, hat sie Andrea vorhin erklärt. „Bei langen Ritten gehen alle gleichzeitig los.“

Strecken-kontrolle. Noch 3 Kilometer!

Doris Melzer auf ihrem Araberhengst „Al Azim". Beide gehören zu den erfolgreichsten Distanzlern Europas.

Schon bald sehen die Mädchen die Fünf-Kilometer-Marke. „Wir sind schnell!" sagt Susanne zufrieden. Tatsächlich sind sie erst eine Viertelstunde unterwegs. Bei Kilometer 12 traben sie in eine versteckte Tierarzt-Kontrolle. Die jungen Leute, die den Pferden Puls und Atem messen, freuen sich diebisch, sie überrascht zu haben: „Nur so kann man Raser erwischen, die ihre Pferde auf der Strecke überfordern und dann vor den angekündigten Kontrollen Schritt reiten, bis sie sich wieder erholt haben", erklärt einer der Helfer. Auf Distanzritten ist gleichmäßiges Reiten erwünscht.

Benji hat ruhige Werte und könnte sofort weitergehen. Shan liegt im Puls etwas zu hoch, erholt sich aber rasch. Nur die Haflingerstute hat ernstliche Probleme. „Wir warten auf dich!" sagt Susanne zu dem Mädchen, das sie reitet. „Wenn wir jetzt wegreiten und das Pferd bleibt allein, beruhigt es sich nie!" erläutert sie Andrea. „Das wäre nicht fair!" Schließlich geht es weiter. Vor der angekündigten Pause bei Kilometer 20 reiten die drei etwas Schritt. Benji kommt mit ganz ruhigen PA-Werten herein.

„Paß auf, du gewinnst heute!" lacht Susanne, aber daran kann Andrea nicht glauben. Die beiden nutzen die Pause, um die Pferde abzuwaschen und etwas herumzuführen. Dann geht es wieder auf die Strecke. Erneut legt Susanne ein hohes Tempo vor. „Wenn wir in der Kontrolle wieder warten müssen, brauchen wir die Zeit!" sagt sie mit einem Seitenblick auf die Haflingerstute.

Die hat sich allerdings inzwischen eingelaufen. In der letzten Kontrolle geht alles gut.

„Gleich sind wir da!" sagt Andrea ungefähr drei Kilometer vor dem Ziel, aber Susanne sieht etwas besorgt aus. „Habt ihr in der letzten Zeit mal einen roten Pfeil gesehen?" Petra, das Mädchen mit dem Haflinger, erklärt, daß sie sich auch schon seit einigen Minuten Gedanken macht. „Sieht aus, als hätten wir uns verritten!"

„Also umkehren!" entscheidet Susanne und wendet ihren Shan. Die Mädchen überlegen, wo sie zuletzt einen Pfeil gesehen haben, und Petra studiert im Trab die

Karte. „Irgendwo ging es scharf rechts ab!“ stellt sie fest, und zehn Minuten später haben sie die Abzweigung auch gefunden. Aber jetzt haben sie nur noch neun Minuten Zeit für die letzten drei Kilometer. „Reitet zu!“ sagt Petra. „Vielleicht schafft ihr es noch ohne Zeitfehler! Meine Dicke lasse ich lieber nicht spurten, sonst kommt sie mit den PA-Werten nicht herunter!“

Susanne nickt. „Bis gleich!“ sagt sie, und dann zeigen Shan und Benji, daß die vierzig Kilometer sie nicht müde gemacht haben. Eine Minute vor der Zeit sind Andrea und Susanne kurz vor dem Ziel und können im Schritt einreiten. Nun haben sie zehn Minuten Zeit bis zur entscheidenden PA-Messung. Die Pferde werden abgesattelt und abgewaschen. Benji entspannt sich sofort, aber Shan ist etwas nervös. „Atem 24, Puls 52!“ Das bedeutet 16 Fehlerpunkte für Shan. Auch Benjis Pulswerte sind nach dem langen Galopp noch ein bißchen zu hoch. Andrea bekommt acht Fehler angeschrieben. „Es war trotzdem gut!“ sagt Susanne zufrieden. Am Hänger gibt es Wasser und Futter für die Pferde.

Nachuntersuchung – Wie hoch sind die Pulswerte?

Susanne und Andrea picknicken gemeinsam mit Petra, die ihre Melora auch gut ins Ziel gebracht hat. „Mit meinen 20 Zeitfehlern werde ich zwar nicht siegen, aber …“
„… angekommen heißt gewonnen!“ sagen Petra und Susanne wie aus einem Mund. Dieses Motto der Distanzreiterei wird hier wirklich sehr ernst genommen.

Zwei Stunden nach dem Ritt werden alle Pferde noch einmal vom Tierarzt untersucht. Pferde mit Lahmheiten, Satteldruck oder anderen Beschwerden fallen auch jetzt noch aus der Wertung. Bei Benji, Shan und Melora ist alles in Ordnung. Die Mädchen trinken eine Limo und warten auf die Plazierung.

Gegen fünf Uhr am Nachmittag ist es soweit. Die Plazierung wird bekanntgegeben: Zuerst für die Reiter und Pferde, die heute die 78 Kilometer geschafft haben.

Dann geht es weiter mit den Teilnehmern des kurzen Rittes. Der Sprecher macht es spannend und nennt die Plazierten von hinten nach vorn. So fällt zuerst Petras Name. Sie wird mit Melora Dreiundzwanzigste. Susanne wird Zehnte und strahlt wie ein Honigkuchenpferd. „Schließlich war es Shans erster Distanzritt und dann gleich unter den ersten zehn!“ Andrea wartet gespannt. Unter den ersten sechs ist sie schon mal … Sollte sie womöglich unter die ersten drei kommen? Sie betrachtet die glänzenden Pokale. Da fällt ihr Name als Vierte. Susanne und Petra jubeln und klatschen. Andrea erhält eine blaue Schleife – Susanne und Petra haben beide eine braune – und eine Stallplakette. Außerdem gibt es einen Sack Möhren als Ehrenpreis.

„Viel besser als alle Pokale der Welt!“ finden Benji, Shan und die Haflingerstute.

Ein Pferd für mich allein

Das Pflegepferd

„Mein Pflegepony ist krank, aber der Besitzer holt keinen Tierarzt ..."

„Ich habe meinem Pflegepferd Sattel und Zaumzeug gekauft, aber jetzt läßt sein Besitzer auch andere Kinder darauf reiten ..."

„Ich habe mir soviel Mühe gegeben, um Charly die Angst vor Menschen zu nehmen. Und dann kam die Tochter des Besitzers und ließ ihre halbe Klasse auf ihm reiten. Jetzt ist er wieder ganz scheu ..."

Immer wieder hört man solche und ähnliche Klagen pferdebegeisterter Mädchen. (Oder kennt ihr auch Jungen, die Pflegepferde haben?) Betrachten wir uns die Sache mit den Pflegepferden also einmal näher, um ihren Ursachen auf den Grund zu kommen!

Das Pflegepferd, wie es sich die meisten Mädchen vorstellen, ist ein hübsches und ordentlich ausgebildetes Pferd oder Pony, das sie putzen und vielleicht auch mal versorgen. Dafür dürfen sie es umsonst reiten. Putzen macht Spaß, reiten noch mehr, Pflegepferde wären demnach ein reines Glück ohne Kosten und Risiko, denn das Geld für Unterkunft, Futter, Tierarzt und Hufschmied soll ja nach wie vor der Besitzer aufbringen. Echte „Pflegepferde", also alte und kranke Tiere, die man nicht mehr reiten kann, sind weniger gefragt ...

Wer vergibt Pflegepferde?

Menschen, die sich Pferde halten, weil sie ebensogern putzen und reiten wie ihr, vergeben im allgemeinen keine Pflegepferde. Sie würden ihr Pferd, das sie viel Geld kostet und das sie sich oft nur unter Verzicht auf andere Dinge leisten können, auch nie einem Mädchen mit wenig Pferdeerfahrung anvertrauen. Brauchen sie einmal Hilfe, so springen erwachsene Freunde ein.

Pflegepferde vergeben andere Leute. Da ist zum Beispiel Herr X. Er hat seiner kleinen Tochter, die sich einmal ein Pony wünschte, ein Pferdchen zum Geburtstag geschenkt. Das steht nun hinter dem Haus auf einer handtuchgroßen Wiese und hat nichts zu tun, denn nachdem das kleine Mädchen einmal heruntergefallen war, hat es keine Lust mehr zum Reiten. Großvater, der angeblich viel über Pferde weiß, weil er im Krieg bei der Kavallerie war, hat gesagt, daß „dies Mistvieh wohl nicht zu reiten" sei, und geht auch nicht mehr auf die Wiese. Da kam es Herrn X gerade recht, daß die zwölfjährige Meike sich als Hilfe anbot. Und schon kann sie stolz herumerzählen, daß sie „ein Pflegepferd" hat.

Kleine Kinder brauchen Hilfe im Umgang mit Ponies.

Ein Pflegepferd bedeutet viel Arbeit.

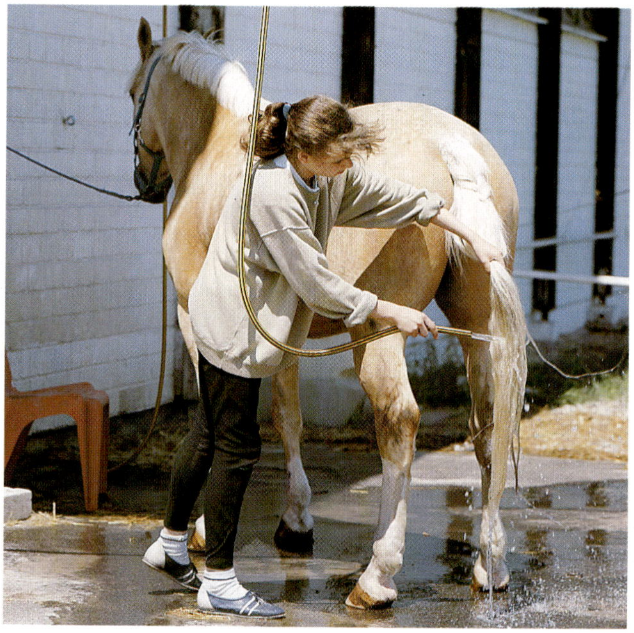

Ein Pflegepferd ist der Traum vieler reitbegeisterter Mädchen.

Ein weiterer Fall ist Frau Y. Sie hält am Stadtrand in ein paar Bretterbuden 12 Ponies. Sie versteht zwar nicht viel von ihnen, reitet auch nicht, aber findet Ponies so lieb und hat ein so gutes Herz, daß sie an keiner leidenden Kreatur vorbeigehen kann. Deshalb kauft sie auf Pferdemärkten und von zweifelhaften Händlern immer wieder „ganz arme Ponies". Mit der dadurch anfallenden Arbeit ist sie hoffnungslos überfordert, und so vergibt sie die Ponies als „Pflegepferde" an Mädchen aus der Nachbarschaft.

Wer sucht ein Pflegepferd?

Die Mädchen, die sich ein Pflegepferd wünschen, sind in der Regel keine fortgeschrittenen Reiterinnen. Wer nämlich wirklich gut reitet, der kann sich vor Berittpferden kaum retten und kriegt mit etwas Glück sogar Geld dafür, daß er sie ausbildet und bewegt. Meike und die anderen Mädchen mit Pflegepferden sind jedoch durchweg noch Anfängerinnen. Meike z. B. hat 50 Reitstunden, was noch nicht allzuviel ist, Herrn X aber gewaltig imponiert, denn, wie gesagt, in seiner Familie hat noch niemand eine Reithalle von innen gesehen.

Bei Frau Y ist Katja der Star, denn sie kann auf einen Ferienreitkurs zurückblicken. Alle anderen haben im Selbstversuch auf den Ponies von Frau Y „reiten gelernt".

Probleme mit Pflegepferden

Wer ein Pflegepferd vergibt, zumal an unerfahrene Reiter, der tut das selten aus Menschenfreundlichkeit. Im Grunde erwartet er dafür etwas von den Pflegerinnen, und zwar mehr als gelegentliches Putzen. Herr X, zum Beispiel, sucht keine Pflegerin, sondern eine Bereiterin für sein Pony. Wenn es Meike nicht gelingt, aus dem kleinen Frechdachs umgehend ein anständiges Pferd zu machen, so wird er bald ein anderes Mädchen mit der Pflege betrauen. Frau Y, deren falsch verstandene Tierliebe ihre gesamten erwachsenen Freunde bereits vergrault hat, will von ihren Mädchen Gesellschaft, benutzt sie aber auch als billige Hilfskräfte. Daß Schüler auch noch anderes zu tun haben, als bei ihr Zäune zu bauen, und daß die gesamte Arbeit rund um eine Pferdehaltung eine Gruppe 10- bis 14jähriger Mädchen einfach überfordert, versteht sie nicht. Deshalb ist Katja ihren geliebten Johnny auch schnell los, wenn sie wegen einer Klassenreise ein paar Tage wegbleiben muß. Sowohl Herr X als auch Frau Y handeln beim Umgang mit ihren Helferinnen ebenso spontan und unüberlegt wie beim Kauf ihrer Ponies. Frau Y ist zudem ständig in Geldnöten. Tierarzt, Schmied usw. kann sie sich sowieso nicht leisten und nimmt es gern an, wenn die Eltern der Mädchen etwas Geld spenden.

Wie geht es besser?

Bei der Zusammenarbeit mit Herrn X und Frau Y wird kein Mädchen glücklich. Außerdem ist der Umgang mit ihren Pferden auch noch gefährlich, denn in der Regel sind sie schlecht erzogen. Zudem sind sie meistens nicht versichert. Wenn ihr ernstlich ein Pflegepferd sucht, solltet ihr zunächst euren Reitlehrer ansprechen. Wenn er meint, daß ihr gut genug reitet und zuverlässig seid, vermittelt er euch vielleicht ein Privatpferd, das ihr in den Unterrichtsstunden reiten könnt. Viele

Aber Probleme rund ums Pflegepferd sind nicht selten.

Pferde, die in Reitställen stehen, haben zuwenig Bewegung. Es kommt auch vor, daß sich Leute ein junges Pferd zugelegt haben, ihr altes aber nicht weggeben wollen. Sie freuen sich dann oft über eine kleine Reiterin, die es liebt und unter der es leichte Arbeit tun kann. Solche Pferde sind die absoluten Glücksfälle, denn man kann eine Menge von ihnen lernen. Oft stehen sie aber nur im Winter zur Verfügung und kommen im Sommer auf die Weide. Außerdem solltet ihr eure Eltern bitten, bei der Suche nach einem Pflegepferd behilflich zu sein, indem sie z. B. eine Anzeige in einer Fachzeitschrift oder der örtlichen Zeitung für euch aufgeben. Sie sollten euch dann auch zu den Leuten begleiten, die sich melden, denn wenn Erwachsene bei der Besprechung dabei sind und Fragen nach Versicherungen, regelmäßigen Pflichten, Reitunterricht usw. stellen, ziehen sich Leute wie Herr X und Frau Y gleich zurück.

Noch besser als ein „Pflegepferd" ist aber der Abschluß einer *Reitbeteiligung* an einem Pferd im Reitstall. Dabei übernehmen eure Eltern einen Teil der Kosten für das Pferd und eure Rechte und Pflichten werden vertraglich festgelegt.

Bitte recht freundlich – Pferde fotografieren

Klick! Das soll ein Foto von Martinas Lieblingspferd werden. „Ich lasse ein Poster davon machen und hänge es in meinem Zimmer an die Wand!“

Nach der Entwicklung aber ist die Enttäuschung groß, denn leider ist Martina das Foto nicht gelungen. So geht es vielen Pferdefreunden.

Hier ein paar Tips, damit es bei eurem nächsten Film besser klappt!

Näher ran, bitte!

Die meisten eurer Pferdefotos sehen aus, als hättet ihr Angst vor Susi oder Blacky. Da ist ganz viel Himmel und Weide rund um ein winziges Pferd.

Drückt mal öfter nur dann ab, wenn das Pferd den Sucher ganz ausfüllt. Am Anfang werdet ihr ihm dabei vielleicht die Ohren oder den Schweif „abschneiden“, aber mit etwas Übung bekommt ihr Bilder, auf denen man euren Liebling auch erkennt!

Lächeln, bitte!

Pferde lächeln nicht auf Kommando. Deshalb sehen Susi oder Blacky auf euren Bildern auch oft so trübsinnig aus. Pferde mit angelegten Ohren und halb geschlossenen Augen machen sich nicht immer gut auf Fotos. Ihr müßt sie also dazu bringen, für euch die Ohren zu spitzen und freundlich zu gucken. Wenn ihr nur ihren Kopf fotografieren wollt, stellt ihr sie am besten hinter einen Zaun oder bindet sie an. Dann bittet ihr einen Helfer, ein Stück vor ihnen etwas Interessantes zu tun. Er kann zum Beispiel rufen, mit den Fingern schnipsen oder eine Möhre hochhalten. Ihr beobachtet das Pferd dabei in aller Ruhe durch den Sucher eurer Kamera und drückt ab, sobald es seine Ohren interessiert aufgestellt hat.

Ganzfotos

Ein stehendes Pferd fotografiert man am besten in „offener Stellung“, das heißt, daß das euch zugewandte Vorderbein vor, das euch zugewandte Hinterbein zurückgestellt sein sollte. Bittet wieder einen Helfer, das Pferd für euch hinzustellen. Ein angebundenes Pferd achtet nicht von selbst auf fotogene Fußstellung. Wenn der Helfer nicht mit aufs Bild soll, hilft ihm eine lange Gerte, das Pferd auf Abstand zu halten. Das geht natürlich nur dann, wenn es sich nicht vor Gerten fürchtet.

Wieder sollte das vierbeinige Fotomodell die Ohren spitzen. Der Helfer tut dazu dasselbe wie beim Kopf-Foto, aber jetzt hat er es schwerer, denn das Pferd wird versuchen, zu ihm hinzugehen, um sich anzusehen, was er da Interessantes unternimmt. Wenn es gar nicht klappt, müßt ihr einen zweiten Helfer hinzubitten.

„Nun knips doch endlich!“

Achtet auf den Hintergrund!

Nun hat man sich große Mühe gegeben, ein Pferd schön aufzustellen, und es spitzte auch tatsächlich die Ohren. Auf dem so entstandenen Bild guckt Blacky dann wirklich wie Fury, und Susi sieht aus wie gemalt. Der Blick des Betrachters fällt allerdings unweigerlich auf den knallroten, alten Putzeimer im Hintergrund, oder aus Susis Kopf ragen Äste und Strommasten. Überlegt euch also vorher, wo ihr ein Pferd fotografieren wollt und schaut, wenn die Sonne scheint, auch ein bißchen auf den Schatten, den das Pferd wirft. Beim Fotografieren nimmt man ihn kaum wahr, aber auf dem Bild kann er sehr störend wirken.

Bewegung

Nichts ist schwerer, als ein Pferd in der Bewegung, vor allem in den schnellen Gangarten, zu fotografieren. Sehr viele Aufnahmen werden unscharf, weil eine falsche Belichtungszeit gewählt wurde. Andere gelingen nicht, weil das Pferd z. B. in einer ungünstigen Trabphase „erwischt“ wurde.

Grundregel für Bewegungsfotos: Selbst ganz still stehen. Wenn Pferd und Fotograf sich beide bewegen, wird das Foto sicher unscharf. Außerdem solltet ihr genau überlegen, an welcher Stelle der Bahn ihr das Pferd fotografieren wollt. Nehmt sie ins Visier und wartet, bis das Pferd vorbeikommt.

Die richtige Trabphase erwischt ihr, wenn ihr auf das von euch abgewandte Hinterbein des Pferdes seht. Drückt in genau dem Augenblick ab, in dem es nach vorn schwingt.

Beim Galopp ist es genau umgekehrt. Wenn das euch zugewandte Hinterbein weit nach vorn greift, ist es Zeit, den Auslöser zu betätigen.

Die Reitbeteiligung

Ein Pferd im Reitstall unterzustellen ist nicht billig. Um es regelmäßig zu bewegen, auf die Koppel zu bringen und zu pflegen, braucht man zudem viel Zeit. Viele Pferdebesitzer lösen diese Probleme, indem sie sich nach einer *Reitbeteiligung* umsehen, also jemanden suchen, der sich Kosten und Arbeit mit ihnen teilt und dafür ihr Pferd reiten darf. Wenn eine solche Abmachung funktioniert, ist sie praktisch für beide Teile. Der Pferdebesitzer wird entlastet, und der Mitreiter kommt in den Genuß eines Privatpferdes, ohne gleich die ganze Verantwortung und sämtliche Kosten einer Pferdehaltung übernehmen zu müssen. Gerade für Schüler ist die Regelung ideal: Sie können sich oft nachmittags um das Pferd kümmern, der Besitzer abends.

Wichtig ist nur immer die genaue Absprache. Fragen wie die, wer für Tierarzt, Hufschmied und Versicherung aufkommt, wie oft man reiten darf und wie es mit der Teilnahme an Turnieren oder anderen Veranstaltungen aussieht, werden in einem Vertrag zwischen dem Pferdebesitzer und den Eltern seines jungen Mitreiters festgelegt. Auf jeden Fall sollte man auch eine Probezeit ausmachen, in der Pferdehalter und Mitreiter ausprobieren können, ob sie miteinander auskommen. Auch bei Reitbeteiligungen kann nämlich manches schiefgehen ...

Frau Maier hat ihr wertvolles Dressurpferd bisher von einer Bereiterin bewegen lassen. Nun bietet sie Nicola eine Reitbeteiligung an und meint, auf den teuren Beritt verzichten zu können. Da Nicola die erfahrene Bereiterin natürlich nicht ersetzen kann, fällt es Frau Maier bald schwerer, das Pferd wie gewohnt zu versammeln und dressurmäßig zu reiten. Sie macht Nicola für „Pikeurs" Leistungsabfall verantwortlich und kündigt die Reitbeteiligung.

Frau Beck hat sich Jennys Reitkünste sehr genau angesehen, bevor sie ihr die Reitbeteiligung an ihrem „Wanderer" anbot. „Niemand außer dir darf ihn reiten!" verlangt sie und läßt das auch vertraglich festlegen. Als sie Jenny ein paar Wochen später dabei erwischt, wie sie ihre Freundin auf „Wanderer" in der Halle herumreiten läßt, kündigt sie die Reitbeteiligung sofort.

Marion reitet das Pferd von Herrn Berger und trainiert mit Feuereifer für ihr erstes Turnier. Dann organisiert der Reiterverein ausgerechnet am Turnierwochenende einen Altherrenritt in der Umgebung. Herr Berger will mit seinem Pferd teilnehmen, und Marion kann

In einer Reitgemeinschaft werden Kosten, Arbeit und Reitzeit geteilt.

„Kannst du sie am Dienstag reiten? Ich muß mich auf die Mathe-Arbeit vorbereiten."

das Turnier vergessen. „Fellow gehört schließlich mir!" sagt Herr Berger.

Tina hat mit Frau Scholz, Besitzerin der Stute Laura, vereinbart, daß sie das Pferd regelmäßig nach der Schule auf die Weide bringen wird. Als sie das zum dritten Mal vergißt, ist Frau Scholz mit Recht verärgert und verzichtet in Zukunft auf Tinas Beteiligung an Kosten und Arbeit.

Diese Beispiele zeigen, daß beide, Pferdebesitzer und Mitreiter, sich an die ausgemachten Rechte und Pflichten halten müssen, wenn die Zusammenarbeit klappen soll.

Wie kommt man dazu?

Manchmal kann euch euer Reitlehrer eine Reitbeteiligung vermitteln. Viele kommen aber auch über Anzeigen in der Tageszeitung zustande. Ihr könnt selbst eine Annonce aufgeben oder euch bewerben, wenn ein Pferdebesitzer auf diese Weise Hilfe sucht. Seht euch den Pferdebesitzer, mit dem ihr eine Reitbeteiligung abschließt, aber genau an, denn eins müßt ihr immer bedenken: Das Pferd, das euch hier zur Nutzung überlassen wird, bleibt sein alleiniges Eigentum. Ihr erwerbt keine Rechte an dem Tier selbst. Wenn Frau Maier „Pikeur" morgen verkauft, weil sie aus beruflichen Gründen keine Zeit mehr zum Reiten hat, oder wenn Herr Berger seinen „Fellow" beim Pferdehändler gegen ein jüngeres Pferd eintauscht, dann könnt ihr nichts daran ändern!

Ideale Pferdebesitzer sind so wie Frau Beck. Sie mögen ihr Pferd und vertrauen es nicht jedem beliebigen Mädchen an. Vor Abschluß der Reitbeteiligung werden sie eure Reitkenntnisse genau unter die Lupe nehmen. Vielleicht bestehen sie sogar darauf, daß ihr das Pferd vorerst nur im Unterricht reitet. Sie werden achtgeben, daß ihr Vereinbarungen einhaltet, aber sicher auch Verständnis für eure schulischen Pflichten haben. Vor allem aber besitzen sie meistens gut gerittene, freundliche Pferde, und ihr müßt nicht damit rechnen, daß sie sie von heute auf morgen verkaufen!

Das erste eigene Pferd

Der Kauf des ersten eigenen Pferdes ist ein bedeutendes Ereignis im Leben eines Reiters. Oft muß man jahrelang warten, bis man Gelegenheit zur Anschaffung eines Pferdes hat, denn die meisten Reiter können es sich erst nach Beendigung von Schule und Berufsausbildung leisten, ein Pferd zu halten. Schließlich ist es mit dem Kauf des Tieres ja nicht getan. Unterkunft, Futter, Tierarzt und Hufschmied verursachen laufende Kosten. Seid also nicht allzu traurig, wenn sich euer Wunsch nach dem eigenen Pferd nicht so schnell erfüllt. Es lohnt sich, zu warten und inzwischen so gut wie möglich reiten zu lernen. Je mehr man vom Reiten und von Pferdehaltung versteht, bevor man ein eigenes Pferd anschafft, desto mehr Freude hat man dann mit ihm.

Vor dem Pferdekauf

Bevor man ein Pferd kauft, muß man sich ganz sicher sein, daß man genügend Zeit dafür hat und die Verantwortung übernehmen kann. Auch sollte man sich darüber klar sein, welche Rasse es sein soll und was man damit machen will. Wenn ihr jetzt schon in verschiedenen Reitstilen „geschnuppert" und unterschiedliche Pferderassen kennengelernt habt, fällt die Wahl leichter. Bedenkt, daß sich nicht jede Pferderasse für jede Reitsportdisziplin eignet. Wenn euch also Turniererfolge wichtig sind, solltet ihr euch zum Springreiten keinen Araber und zum Distanzreiten nicht gerade einen Isländer anschaffen.

Bevor man ein Pferd kauft, macht man sich am besten eine Liste mit Erwartungen ans Pferd. Beim Probereiten versucht man dann festzustellen, ob alles stimmt, was der Verkäufer versprochen hat.

„Meinen Caletto will ich behalten."

Es lohnt sich, auf das richtige Pferd zu warten.

Eine Freundin für Gersemi

Drei Jahre lang hatte Gersemi, die kleine Araberstute, ihren Stall mit dem alten Islandwallach Barki geteilt. Leider war er vor einigen Monaten gestorben. Gersemis Besitzerin suchte nun dringend nach einem neuen Pferd. Es sollte wieder ein Isländer sein, aber diesmal eine Stute, denn sie wollte gern einmal ein Fohlen aufziehen. Als zukünftiges Familienpferd sollte die Stute menschenfreundlich und zumindest angeritten sein. Natürlich würde es nie wieder ein Pferd geben wie Barki, aber wenn sich eine Braune fände... Gespannt verfolgte Hildegard die Anzeigen in der Fachpresse und hörte sich auch bei Gestütsbesitzern um.

Aus einem Gestüt im Münsterland kam dann ein interessantes Angebot. Die siebenjährige Stute „Hnotta" (das heißt „Nüßchen") sollte allen Bedingungen entsprechen.

„Du mußt sie probereiten und ich fotografiere!" sagte Hildegard, und so fuhren wir also an einem diesigen Sonntag nach Münster: Hildegard mit Ehemann, Baby und Fotoapparat und ich in Reitkleidung.

Hnotta stand noch im Auslauf, als wir ankamen. Ihre Züchterin nahm zu Recht an, daß wir sie selbst einfangen, putzen und satteln wollten. Das ist nämlich eine gute Gelegenheit, um auszuprobieren, ob ein Pferd im Umgang Schwierigkeiten macht.

Hnotta erwies sich als artig. Schließlich war sie in einem bekannten Gestüt aufgewachsen und gut erzogen worden.

Auch beim Satteln machte die kleine Stute keine Schwierigkeiten, obwohl sie noch keine großen Erfahrungen unter dem Reiter vorzuweisen hatte. Sie war vor zwei Jahren kurz angeritten worden und hatte dann erst einmal zwei Fohlen bekommen. Trotzdem zeigte sie sich beim Probereiten willig und angenehm. Ihr Ausbildungsstand

Ist Hnotta die richtige Freundin für Gersemi?

Auch das Führen klappt.

Hnotta läßt sich gut fangen und aufhalftern. Sie ist nicht kopfscheu.

– Ein Pferdekauf

entsprach den Angaben der Besitzerin.

Nachdem wir uns alle darauf geeinigt hatten, daß Hnotta die richtige Freundin für Gersemi wäre, ließen wir sie wieder in den Auslauf und gingen ins Haus, um die Einzelheiten zu besprechen. Natürlich garantierte die Gestütsbesitzerin Hnottas Gesundheit und war damit einverstanden, sie zurückzunehmen, falls sich bei der Tierarztuntersuchung etwas anderes herausstellen sollte. Da wir einen Hänger mitgebracht hatten, konnten wir die Stute sofort mitnehmen. Hildegard unterschrieb den Kaufvertrag, und Hnotta bewies ein weiteres Mal ihre gute Erziehung. Brav kletterte sie in den Pferdetransporter und stand ruhig während der zweistündigen Fahrt.

„Die beiden verstehen sich prächtig!" erklärte mir Hildegard gleich am nächsten Tag am Telefon. „Hier ist eine Ruhe im Stall, das glaubst du nicht! Hoffentlich geht beim Tierarzt nichts schief!"

Der Tierarzt, der Hildegards Pferde seit Jahren behandelt, kam gleich am Nachmittag zur Ankaufsuntersuchung. Ausführlich untersuchte er Hnottas Beine und hörte Herz und Lunge ab. Zum Glück war alles in Ordnung.

„Morgen feiern wir das!" sagte Hildegard erleichtert. Und das haben wir dann auch getan!

Wie versprochen ist Hnotta artig beim Putzen und macht keine Anstalten, zu beißen oder zu schlagen.

Ein kleiner Ausritt beweist, daß die Stute keinen Unsinn unter dem Reiter macht.

Wichtig für ein Freizeitpferd: Hnotta ist familienfreundlich.

Wo kauft man Pferde?

In der Regel liest man zunächst die Verkaufsanzeigen in einer Fachzeitschrift. Meistens findet man da reichlich Angebote von Privatleuten, die aus verschiedenen Gründen ihr Pferd verkaufen wollen oder müssen. Außerdem inserieren die meisten Züchter in diesen Blättern. Wer das erste Pferd kauft, ist mit dem Besuch eines bekannten Gestütes am besten beraten. Man hat dort die Wahl zwischen mehreren Pferden, und wenn der Züchter beim Probereiten sieht, wieviel man kann, wird er ein passendes Pferd empfehlen.

Einen Bogen machen sollte man dagegen um Händler und Pferdemärkte. Auch heute noch wird man beim Handel mit Pferden leicht übers Ohr gehauen!

Der Preis eines Pferdes richtet sich nach Rasse, Abstammung und Ausbildungsstand. Heute setzt man grundsätzlich einen Kaufvertrag auf, wenn ein Pferd den Besitzer wechselt. Wenn euch jemand ein Pferd „per Handschlag" verkaufen will, ist das verdächtig!

Wer ein Pferd verkauft, garantiert dem Käufer, daß es gesund ist. Das sollte ausdrücklich im Kaufvertrag vermerkt sein. Liegen irgendwelche gesundheitlichen Probleme wie etwa Allergien vor, so muß das dem Käufer mitgeteilt werden. Leider sind nicht alle Verkäufer ganz ehrlich. Deshalb vereinbart man am besten eine Probezeit, in deren Verlauf sich Dinge wie Heuallergien oder ähnliches herausstellen. Außerdem läßt man das Pferd von einem Tierarzt, den man kennt oder empfohlen bekommt, auf Herz und Nieren prüfen. Findet er gesundheitliche Schäden, so kann man das Pferd entweder zurückgeben oder zumindest neu über den Preis verhandeln.

Man sollte auf eine Ankaufsuntersuchung übrigens auch dann nicht verzichten, wenn man den Verkäufer des Pferdes kennt und für absolut verläßlich hält. Manchmal findet der Tierarzt nämlich gesundheitliche Mängel, die dem Besitzer noch nicht bekannt waren, weil sie dem Pferd bis jetzt noch keine Beschwerden verursachen, in Zukunft aber ein Problem werden könnten.

Wenn ihr euer eigenes Pferd dann nach Hause holt, vergeßt nicht, daß ihr hier nicht etwa ein Sportgerät gekauft habt, sondern einem Lebewesen den Umzug in ein neues Heim zumutet. Euer Pferd braucht Zeit, um sich einzugewöhnen, die neuen Menschen und die neuen Stallgefährten kennenzulernen. Plant also nicht gleich große Ausritte oder gar eine Turnierteilnahme, sondern macht euch in Ruhe mit eurem neuen Freund bekannt!

In Fachzeitschriften findet man viele Verkaufsanzeigen.

Sport- und Freizeitpferde

Deckhengst
Dunkelfuchs, geb. 1987, gekört und erfolgreich geprüft (über 100 Punkte). Material gesiegt, leichttrittig. Überragender Bewegungsablauf. **Dressurpferd!** Sieger seines Landeschampionates. 60000 DM. Zuschriften erbeten unter **an „Reiterjournal", Postfach 103144, 7000 Stuttgart 10**

2 Super-Turnier-Ponys
ideal auch für Anfänger und Turniereinsteiger.
Telefon

Deckhengst
Fuchs, geb. 1986, Stm. 167 cm. Seriensieger in Materialprüfungen und A-Dressuren. Gekört und leistungsgeprüft (104 Punkte), Sieger seines Landeschampionates. Beste Nachzucht und hohe Bedeckungsziffern im Jahr 1990. Zuschriften erbeten unter **an „Reiterjournal", Postfach 103144, 7000 Stuttgart 10**

Züchter verkauft:
8jährige Stute
Stm. 168 cm, mit viel Springvermögen, unkompliziert im Umgang. Vater: Fugato/Furioso II, Mutter: Airfunk/Fax II, VB 7500 DM.
Tel.

11j. Stute
dunkelbraun, 162 cm, Holländerin, FN eingetr., das ideale, vorzüglich ausgebildete Familienpferd zum Reiten und Fahren (1- bis 4sp.), 8000 DM.
Telefon

Nachwuchspferde
für Dressur und Springen
– Ausbildung, Kommission, freier Ankauf Ihres Pferdes

S-Dressurpferd
schicker Rapp-W., rahmig, Stm. ca. 170 cm, 12 J., gesund (Röntgen o. B.) und absolut zuverlässig, geht 1. Wechsel, zu verkaufen. 30000 DM.

Eine gründliche Untersuchung vor dem Pferdekauf.

Ein Tierarzt prüft den Gesundheitszustand des Pferdes.

Reitabzeichen: Wissen schwarz auf weiß

Nicola und Conny machen Ferien auf dem Ponyhof.

„Wie sieht es denn aus mit den Reitkünsten?" fragt die Reitlehrerin vor der ersten Stunde.

„Ich kann schon reiten!" erklärt Conny.

Nicola sagt: „Ich habe das *Kleine Hufeisen!*"

Mit Connys Antwort kann die Reitlehrerin gar nichts anfangen. Sie weiß nicht, wie lange Conny schon reitet, ob sie Unterricht hatte oder nur gelegentlich auf dem Pony ihrer Freundin sitzen durfte.

Bei Nicola sieht das anders aus. Sie hat eine Prüfung abgelegt und dabei bewiesen, daß sie ein Pferd putzen und satteln und in einer Abteilung reiten kann. Die Reitlehrerin weiß nun genau, was sie von ihr erwarten kann.

Das *Kleine Hufeisen* und das *Große Hufeisen* sind die ersten von mehreren Prüfungen, in denen man zeigen kann, wie gut man die Grundlagen des Reitens und des Umgangs mit Pferden beherrscht. Sie bestehen aus zwei Teilen, einem praktischen und einem theoretischen. Im praktischen Teil reitet man vor und bewältigt beim Großen Hufeisen auch ein paar kleine Sprünge. Danach beweist man in einer mündlichen Prüfung sein Wissen rund ums Pferd. Jeder Reitlehrer, der von der Deutschen Reiterlichen Vereinigung anerkannt ist, darf die Hufeisenprüfungen abnehmen. Wer besteht, erhält eine Urkunde und ein Stoffabzeichen.

Wenn ihr weniger in der Bahn als im Gelände reitet, zieht ihr es vielleicht vor, den *Reiterpaß* zu erwerben. Dazu müßt ihr nachweisen, daß ihr draußen in allen Grundgangarten reiten könnt. Euer Pferd muß euch soweit gehorchen, daß es sich allein von der Gruppe wegreiten läßt und auch ein kleines Hindernis springt. In der mündlichen Prüfung geht es neben Grundwissen rund ums Pferd auch um Verkehrsregeln, Umweltschutz und Erste Hilfe.

Für die Abnahme des Reiterpasses kommen Richter der Deutschen Reiterlichen Vereinigung in euren Reitstall. Wahrscheinlich wird euch das ganz schön nervös machen, aber keine Angst: Euer Reitlehrer wird schon das Richtige mit euch üben! Lohn für die Mühe sind eine Anstecknadel und ein Paß, den man vorzeigen kann, wenn man zum Beispiel im Urlaub an Ausritten teilnehmen möchte.

Schließlich könnt ihr die Prüfungen für das *Kleine Reitabzeichen* oder das *Bronzene Reitabzeichen* ablegen. Dazu müßt ihr aber schon recht gut reiten können, denn es werden Spring- und Dressuraufgaben wie auf kleinen Turnieren verlangt.

Prüfungen zum Hufeisen, Reiterpaß und Reitabzeichen werden meistens im Reitverein abgelegt. Erkundigt euch danach, bevor ihr in einen Verein eintretet. Wenn es an eurem Wohnort keinen Reitstall gibt, der solche Prüfungen durchführt, könnt ihr auch Ferienkurse belegen, die darauf vorbereiten. Entsprechende Angebote findet ihr in Fachzeitschriften für Reiter und Pferdefreunde. Auch bei der Deutschen Reiterlichen Vereinigung e.V. (FN), Freiherr-von-Langen-Str. 13, 48231 Warendorf, hilft man euch gern weiter.

Auf den nächsten Seiten könnt ihr euer Reiterwissen mit einem Quiz prüfen. Ob ihr schon fit für ein Abzeichen seid?

Wer das „Kleine Reitabzeichen" erwerben will, muß schon recht gut reiten können.

Der „Reiterpaß" ist eine Prüfung für das Reiten im Gelände.

Fit für die Abzeichenprüfung?

Ein kleines Quiz rund ums Pferd

Hufeisenprüfung, Reiterpaß, Reitabzeichen – egal welche Prüfung ihr anstrebt, theoretisches Wissen ist immer gefragt. Hier könnt ihr herausfinden, wie gut ihr Bescheid wißt – und ganz nebenbei noch einiges über Pferde erfahren!

Die Hauptfragen unseres kleinen Tests prüfen Grundwissen. Wer Zusatzpunkte erringen will, bekommt dagegen manche harte Nuß zu knacken!

Achtung: Es kann jeweils eine, aber auch mehrere richtige Antworten geben.

Pferderassen, Farben und Abzeichen

1. Woran erkennt man einen Fuchs?

A. An braunem Deckhaar mit schwarzem Langhaar
B. An braunem Deckhaar mit hellerem oder gleichfarbenem Langhaar
C. An dunkler Äpfelung auf den Hinterbacken

Zusatzfrage:
Bei welchen Pferderassen gibt es ausschließlich Füchse?

A. Islandpferde
B. Haflinger
C. Zweibrücker
D. Schwarzwälder

2. Welches andere Wort gibt es für Schecke?

A. Appaloosa
B. Pinto
C. Paint Horse

Zusatzfrage:
Bei welchen Pferderassen gibt es keine Schecken?

A. Trakehner
B. Welsh Cobs
C. Andalusier
D. Shetlandponys
E. Dartmoorponys

3. Was versteht man unter „Blesse"?

A. Eine ungesunde Gesichtsfarbe
B. Ein blaßgelbes Pferd
C. Ein weißes Abzeichen auf der Stirn des Pferdes

Zusatzfrage:
Welche Begriffe gehören zu den Abzeichen am Kopf des Pferdes?

A. Flocke
B. Laterne
C. Pfanne
D. Keilstern
E. Morgenstern
F. Milchmaul

Pferdehaltung und Pflege

1. Was braucht ein Pferd, um sich wirklich wohl zu fühlen?

A. Einen warmen Stall
B. Einen regelmäßigen Stehtag
C. Täglichen Auslauf in Gesellschaft von Artgenossen

Zusatzfrage:
Welche Bezeichnungen treffen auf Pferde zu?

A. Lauftiere
B. Steppentiere
C. Schmusetiere
D. Raubtiere
E. Herdentiere
F. Einzelgänger

2. Wie hältst du Box- oder Offenstall sauber?

A. Ich miste einmal wöchentlich richtig durch.
B. Ich entferne jeden Tag die ganze Streu und erneuere sie.
C. Ich entferne jeden Tag die Misthäufchen aus Stall und Auslauf, nehme feuchte Stellen aus der Streu und fülle mit frischem Stroh auf.

Zusatzfrage:
Welche Haltungsformen sind vertretbar im Sinne einer artgerechten Pferdehaltung?

A. Reine Boxhaltung
B. Laufstallhaltung
C. Offenstallhaltung
D. Ständerhaltung
E. Boxhaltung mit mehrstündigem Auslauf

3. Was bezweckst du mit dem Putzen des Pferdes?

A. Ich möchte mein Pferd sauber haben.
B. Ich möchte mein Pferd vor der Reitstunde etwas warm massieren.
C. Ich möchte meinem Pferd etwas Gutes tun, damit es das Zusammensein mit mir genießt.

Zusatzfrage:
Welche Utensilien gehören zum Putzzeug?

A. Striegel
B. Kardätsche
C. Zahnbürste
D. Hufkratzer
E. Nagelbürste
F. Staubsauger

4. Wie oft wird ein Pferd gefüttert?
A. Mindestens dreimal am Tag, besser noch öfter
B. Zweimal täglich
C. Je nachdem, wann man Zeit hat

Zusatzfrage:
Was gehört nicht auf die Pferdespeisekarte?
A. Bananen
B. Frisches Brot
C. Kartoffeln
D. Rote Bete
E. Leinöl
F. Gras aus dem Rasenmäher

Gesunde und kranke Pferde

1. Wie hoch ist die Normaltemperatur beim Pferd?
A. 36,5 – 37° C
B. 37,5 – 38,2° C
C. 38 – 40,2° C

Zusatzfrage:
Wann mißt du vorsichtshalber Fieber?
A. Wenn mein Pferd sich ständig wälzt
B. Wenn mein Pferd nicht frißt
C. Wenn mein Pferd hustet
D. Wenn mein Pferd schwitzt
E. Wenn mein Pferd mit trüben oder glasigen Augen herumsteht
F. Wenn mein Pferd mittags flach auf der Weide liegt

2. Wie nennt man Bauchschmerzen beim Pferd?
A. Gastritis
B. Kolik
C. Infekt

Zusatzfrage:
Was solltest du tun, wenn ein Pferd unter Bauchschmerzen leidet?
A. Den Tierarzt rufen
B. Das Pferd daran hindern, sich hinzulegen und zu wälzen
C. Die Ohren des Pferdes sanft massieren
D. Das Pferd warm eindecken und herumführen
E. Versuchen, das Pferd mit allen möglichen Leckerbissen zum Fressen zu bewegen
F. Das Pferd möglichst flott longieren

3. Womit verhinderst du eine Vergiftung?
A. Ich lasse das Pferd niemals irgendwelche Pflanzen fressen, die ich nicht kenne.
B. Ich kontrolliere neue Weiden auf Giftpflanzen – auch auf solche, die in der Nähe wachsen, denn man muß damit rechnen, daß Spaziergänger sie abreißen und die Pferde damit füttern.
C. Ich verlasse mich auf den gesunden Instinkt meines Pferdes.

Zusatzfrage:
Welche Pflanzen sind giftig für Pferde?
A. Kirsche
B. Tollkirsche
C. Goldregen
D. Weißklee
E. Eibe
F. Fichte

4. Was beugt Krankheiten am sichersten vor?
A. Artgerechte Haltung und regelmäßige Gesundheitsvorsorge wie Wurmkuren und Impfungen
B. Möglichst gutes Futter und so wenig Arbeit wie möglich
C. Am besten kauft man sich ein unempfindliches Robustpferd und reitet es nur Sonntags

Zusatzfrage:
Welche Begriffe bezeichnen Pferdekrankheiten?
A. Kreuzverschlag
B. Schlaganfall
C. Mauke
D. Droste
E. Druse
F. Gnispe

Ausrüstung für Pferd und Reiter

1. Wann reitest du mit Sporen?
A. Wenn ich ein besonders faules Pferd auf Trab bringen will.
B. Wenn ich genug Reiterfahrung habe, um meine Beine ruhig zu halten, und wenn schwierigere Dressuraufgaben die Verstärkung der Hilfen fordern.
C. Gar nicht. Das ist Tierquälerei.

Zusatzfrage:
Welche Ausrüstungsgegenstände sind beim Reiten besonders wichtig?
A. Eine schicke Reitjacke
B. Ledervollbesatzreithosen
C. Die gleiche Reitweste, die Isabell Werth trägt
D. Eine sturzsichere Reitkappe
E. Geeignete Reitstiefel, mit denen ich nicht im Bügel hängenbleiben kann
F. Zweckmäßige, eher eng anliegende Oberbekleidung

2. Wann paßt ein Sattel?
A. Wenn ich mich darin wohlfühle.
B. Wenn die Sattelkammer dem Widerrist genug Freiheit gibt, und der Sattel gleichmäßig aufliegt.
C. Wenn er so richtig schön platt auf dem Pferd liegt und sich dem Widerrist anschmiegt.

Zusatzfrage:
Welche Satteltypen gibt es?
A. Dressur- und Springsättel
B. Vielseitigkeitssättel
C. Westernsättel mit verschiedenen Schwerpunkten wie z. B. Reining oder Barrel Racing
D. Damensättel
E. Spezialsättel für den Gangpferdesport
F. Spezialsättel für die Iberische Reitweise wie z. B. Portuguesa oder Española

3. Wozu braucht man ein Reithalfter (Sperrhalfter)?
A. Das gehört einfach zur Zäumung. Der Kopf des Pferdes wirkt dann nicht so lang und sieht netter aus.
B. Das sichert die Zäumung am Pferdekopf. Das Pferd könnte sie sonst abscheuern oder abschütteln.
C. Es verhindert, daß das Pferd das Maul aufreißt, um der Zügeleinwirkung zu entgehen.

Zusatzfrage:
Welche Reithalfter sind vertretbar?
A. Das Hannoversche Reithalfter
B. Das Englische Reithalfter
C. Das kombinierte Reithalfter
D. Das Mexikanische Reithalfter
E. Das Indische Reithalfter
F. Das Albanische Reithalfter

4. Braucht ein Pferd eine Decke?
A. Nicht für jeden Tag. Aber wenn es geschwitzt hat und im kühlen Stall oder im Auslauf steht, sollte es eine Abschwitzdecke tragen.
B. Ja, wenn es geschoren ist oder für Körungen, Messen oder Shows ein kurzes, glänzendes Fell behalten soll. In vielen Ländern der Welt schert man Sportpferde in der kalten Jahreszeit, damit sie bei der Arbeit nicht so stark schwitzen. Auf die Weide oder in den Auslauf schickt man sie dann unter dicken, wasserfesten Neuseelanddecken.
C. Ach was! Wildpferde brauchen auch keinen Schlafanzug. Wenn mein Pferd friert, soll es sich warmzittern.

Zusatzfrage:
Welche Ausrüstungsgegenstände brauchst du für ein normales Reitpferd?
A. Trense und Kopfstück
B. Sattel, Satteldecke und Sattelgurt
C. Stallhalfter und Abschwitzdecke
D. Auf jeden Fall ein Martingal oder Schlaufzügel zum Dressurreiten
E. Bandagen und Springglocken
F. Schweifriemen oder Vorderzeug

Reiten und Gangarten

1. Wie heißen die Grundgangarten des Pferdes?
A. Schritt, Trab, Galopp
B. Schritt, Trab, Galopp, Paß
C. Schritt, Trab, Galopp, Tölt

Zusatzfrage:
Welche der folgenden Gangarten sind Bewegungen im Viertakt?
A. Trab
B. Galopp
C. Schritt
D. Tölt
E. Running Walk
F. Paß

2. Was verstehst du unter „Leichtem Sitz"?
A. Leicht und locker durchs Gelände bummeln
B. Ein Entlastungssitz, der beim Galoppieren im Gelände und beim Springen eingenommen wird
C. Ein vereinfachter Reitstil, den man an einem Wochenende lernen kann

Zusatzfrage:
Was gehört zu den Grundregeln für den Sitz des Reiters?
A. Entspannt und ruhig sitzen
B. Geschmeidiges Mitgehen in der Bewegung
C. Der Schwerpunkt des Reiters muß mit dem des Pferdes übereinstimmen
D. Möglichst weit hinten im Sattel sitzen, damit das Pferd das Reitergewicht mit der Hinterhand aufnimmt
E. Locker im Sattel herumlümmeln. Was für mich bequem ist, gefällt auch meinem Pferd!
F. Unterschenkel möglichst weit wegstrecken. Zuviel Kontakt mit dem Reiterbein stumpft das Pferd ab.

3. Was versteht man unter „Hilfen"?
A. Bahnfiguren wie Zirkel, Volten und Schlangenlinien
B. Die körpersprachlichen Zeichen, mittels derer ich mich mit dem Pferd verständige
C. Besondere Ausrüstungsgegenstände wie Schlaufzügel, Ausbinder usw.

Zusatzfrage:
Welche Hilfen kennst du?
A. Steigbügelhilfe
B. Gewichtshilfe
C. Schenkelhilfe
D. Hüfthilfe
E. Zügelhilfe
F. Sattelhilfe

4. Was versteht ein Reiter unter einer „Parade"?
A. Aufmarsch der Kavallerie, z. B. zum Geburtstag der Königin von England
B. Extra gründliches Putzen des Pferdes vor Festtagen
C. Hilfenkombination, mit der unter anderem das Abbiegen in eine Bahnfigur eingeleitet wird

Zusatzfrage:
Welche dieser Ausdrücke bezeichnen Bahnfiguren?
A. Durch die viertel Bahn wechseln
B. Dreifache Schlangenlinie
C. Durch den Zirkel wechseln
D. In der Ecke kehrt
E. Schlangenlinien durch die Bahn, fünf Bogen
F. Durch die Länge der Bahn wechseln

Reiter und Pferd im Gelände

1. Du reitest an einer stark befahrenen Straße entlang. Wo ordnest du dich ein?
A. Ganz links wie ein Fußgänger
B. Rechts wie ein Radfahrer
C. Ich reite in der Mitte der Straße, dann sehen mich die Autofahrer und fahren langsam.

Zusatzfrage:
Was gehört zum richtigen Verhalten auf der Straße?
A. Zwei Reiter sollten hintereinander reiten.
B. Zwei Reiter reiten am besten nebeneinander, dann können die Autofahrer sie nicht übersehen.
C. Am besten bringt man die Straße möglichst schnell hinter sich, indem man flott trabt.
D. An der Straße entlang wird das Pferd grundsätzlich geführt.
E. Bei Dunkelheit müssen Reiter und Pferd beleuchtet werden.
F. Auf Asphalt reitet man grundsätzlich Schritt.

2. Wie sind Reitwege gekennzeichnet?
A. Durch ein rotumrandetes Schild, das einen Reiter zeigt

B. Durch ein blauumrandetes Schild, das einen Reiter zeigt
C. Durch ein grünumrandetes Schild, das einen Reiter zeigt

Zusatzfrage:
Wo darfst du traben und galoppieren?
A. Auf Feldwegen
B. Auf Sandwegen
C. Auf jedem Acker
D. Auf Wiesen
E. Auf unbefestigten Waldwegen
F. Auf Kies

3. Worauf achtest du beim Bergabreiten?
A. Ich reite grundsätzlich senkrecht bergab.
B. Ich lasse mein Pferd nicht eilen.
C. Ich verlagere mein Gewicht nicht nach hinten, sondern entlaste eher den Pferderücken, indem ich mich etwas vorneige.

Zusatzfrage:
Was ist sonst beim Ausritt zu beachten?
A. Wenn man Fußgängern begegnet, pariert man zum Schritt durch und grüßt.
B. An Fußgängern reitet man flott vorbei, damit sie Gelegenheit haben, die eleganten Bewegungen der Pferde zu bewundern.
C. Beim Bergaufreiten entlastet man den Pferderücken, indem man in den leichten Sitz geht. Die Hände geben in Richtung Pferdemaul nach, und es ist erlaubt, mit einer Hand um den Halsansatz des Pferdes oder in die Mähne zu fassen.
D. Bergauf wird das Pferd am besten geführt.
E. Wasserdurchquerungen probiert man nur, wenn man weiß, daß der Untergrund hier nicht sumpfig ist.
F. Bei Wasserdurchquerungen kann man sich auf den Instinkt des Pferdes verlassen.

4. Wann braucht dein Pferd einen Hufbeschlag?
A. Immer, wenn es im Gelände geritten wird.
B. Wenn es regelmäßig im Gelände mit wechselndem Untergrund geritten wird.
C. Wenn es regelmäßig im Gelände geritten wird, und ich merke, daß das Hufhorn sich abläuft und das Pferd vorsichtig auftritt.

Zusatzfrage:
Welche Alternativen zum üblichen Hufbeschlag gibt es?
A. Hufschuhe, die nur zum Reiten angelegt werden
B. Kunststoffhufschutz, der aufgeklebt wird
C. Ein Spray, welches das Hufhorn härtet
D. Plastikhufschutz, der aufgenagelt wird
E. Ein spezielles Futtermittel, das für härtere Hufe sorgt
F. Systematisches Training und ein speziell befestigter Auslaufboden führen auf die Dauer zu härterem Hufhorn

Auflösung und Auswertung

Pferderassen, Farben und Abzeichen

1. Stichwort „Füchse"
Ein Hufeisen gibt es für die Antwort B. A trifft für Braune zu, und die Äpfelung im Fell tritt bei fast allen Pferdefarben auf, wenn die Tiere in gutem Futterzustand sind.
Zusatzpunkte erhälst du für B und D. Sowohl *Isländer* als auch *Zweibrücker* gibt es in allen Grundfarben.

2. Stichwort „Schecken"
Ein Hufeisen gibt es für B, *Pinto. Appaloosa* und *Paint Horse* sind Rassenbezeichnungen. Die Tigerschecken Appaloosas entstammen ursprünglich der Zucht der Nez Percé-Indianer am Fluß Palouse. Paint Horses sind gescheckte Quarter Horses mit eigenem Zuchtbuch.
Zusatzpunkte bringen die Buchstaben B, C, und E. *Andalusier* gibt es nur in den Grundfarben, meist sind es Schimmel, Braune oder Rappen. Bei *Welsh Cobs* dominieren Braune, Rappen und Füchse. Schimmel kommen bei dieser Rasse nicht vor. *Dartmoorponys* zeigen grundsätzlich Naturfarbe: verschiedene Brauntöne mit Mehlmaul. Weiße Abzeichen sind nicht erwünscht.
Bei *Shetlandponys* hingegen gibt es alle Farben. *Trakehner* sind heutzutage zwar meist einfarbig, früher wurden jedoch auch gescheckte Trakehner gezüchtet. In Polen hat sich diese Linie bis heute erhalten.

3. Stichwort „Blesse"
Richtig ist natürlich C.
Bei dieser Frage wurde es erst bei den **Zusatzpunkten** etwas komplizierter. A, B und D bezeichnen Abzeichen. *Pfanne* und *Morgenstern* sind reine Erfindungen und statt *Milchmaul* müßte es richtig *Mehlmaul* heißen.

Pferdehaltung und Pflege

1. Stichwort „Wohlfühlen"
Ein Hufeisen gibt es für C. Häufige Bewegung in Freiheit und das Zusammensein mit gleichartigen Freunden sind für ein Pferd durch nichts zu ersetzen! Ein warmer Stall und ein regelmäßiger Stehtag in der Box sind dagegen eher gesundheitsschädlich. Wer sein Pferd nicht täglich reiten kann, läßt es besser auf die Weide, als ihm „Boxenruhe" zu verordnen!
Zusatzpunkte könnt ihr euch für A, B und E notieren. Natürlich gibt es gelegentlich auch *Schmusetiere* unter den Pferden, aber als Gattung ist ihnen doch eher das Bewegungsbedürfnis des *Lauf- und Steppentieres* und der Wunsch des *Herdentieres* nach Gesellschaft zu eigen!

2. Stichwort „Stall"
Ein Hufeisen verdient hier nur C. Tägliches Wechseln der gesamten Einstreu ist zwar lobenswert, aber teuer und aufwendig. Einmal wöchentliches Misten ist hingegen viel zu wenig. Auch wenn man jeden Tag Einstreu nachgibt, feuchten Stroh oder Sägemehl durch, und die Pferde liegen in Nässe und Mist.
Zusatzpunkte gibt es für B, C und E.

Ideal für eigentlich alle Pferderassen ist *Offenstallhaltung.* Auch in großen, gemeinsamen *Laufställen* fühlen Pferde sich wohl. Besonders empfindliche Pferde, die viel geritten werden und Zusatzfutter brauchen, verbringen auch gern die Nacht in der *Box.* Dort haben sie ihre Ruhe und können ungestört fressen. Allerdings sollten sie dann tagsüber genügend Auslauf unter dem Reiter und in Freiheit erhalten. Zehn Minuten longieren oder laufenlassen in der Reithalle genügen nicht! *Ständerhaltung,* also dauerndes Angebundensein in engen Abteilen, sollte es heute eigentlich gar nicht mehr geben!

3. Stichwort „Putzen"
Eigentlich wolltest du alle drei Buchstaben ankreuzen? Das ist richtig! Ein Hufeisen bekommst du für mindestens zwei Nennungen. Putzen ist nämlich viel mehr als nur das Sauberreiben des Pferdes. Für Pferde hat die gegenseitige Fellpflege wichtige soziale Aufgaben. Wenn ein Pferd ein anderes krault, gibt es ihm damit zu verstehen, daß es den Partner mag und in friedlicher Stimmung ist. Auch das Verhältnis zwischen Reiter und Pferd wird besser, wenn man den Vierbeiner häufig krault und putzt. Aber Achtung: wer sein Pferd beim Putzen anschnauzt, schlägt oder sonstwie schlecht behandelt, hat am Ende vielleicht ein sauberes Pferd, aber keinen Freund!
Zusatzpunkte bringen die Buchstaben A, B und D. *Zahnpflege* beim Pferd ist meist unnötig. Das regelt sich von selbst, wenn das Pferd hin und wieder Äste und Zweige von Obstbäumen zum Benagen erhält. Bei älteren Pferden sollte der Tierarzt zweimal jährlich nach Zahnhaken schauen. Allerdings können auch Pferde an Karies erkranken! Oft sind Zahnschmerzen der Grund dafür, daß sie das Gebiß nicht gern annehmen und unwillig mit dem Kopf schlagen. Süßigkeiten und Zucker als Verursacher von Karies sind deshalb auch für Pferde sehr ungesund!
Anstelle der *Nagelbürste* kommt natürlich die *Wurzelbürste* bei der Hufpflege zum Einsatz, und was den Staubsauger angeht: Selbst wenn in deinem Stall ein *Pferdestaubsauger* zur Verfügung steht, solltest du ihn nur in Ausnahmefällen einsetzen. Er entzieht dem Fell zu viel Staub und nimmt ihm damit die Möglichkeit, das Pferd gegen Kälte und Nässe zu isolieren.

4. Stichwort „Futter"
Die richtige Antwort war hier A. Pferde haben nämlich einen kleinen Magen und einen langen Darm. Sie sind dafür eingerichtet, ständig zu knabbern, aber nie große Futtermengen auf einmal zu sich zu nehmen. Zu große Portionen können daher zu Bauchschmerzen führen. Zudem sind Pferde Gewohnheitstiere. Sie lieben regelmäßige Futterzeiten.
Die **Zusatzfrage** war nicht so einfach, wie sie zunächst schien, aber sicher hast du richtig B, C und F angekreuzt. *Frisches Brot* kann im Pferdemagen gären und damit Koliken hervorrufen. *Kartoffeln* sind Nachtschattengewächse und werden ebenfalls schlecht vertragen. *Gras aus dem Rasenmäher* ist so fein gehäckselt, daß die Pferde dazu neigen, es zu schnell herunterzuschlingen. Auch das führt zu Magen- und Darmproblemen. *Leinöl* und andere pflanzliche Öle beugen dagegen Koliken vor und helfen bei der Verdauung Vitamin-A-reicher Futtermittel wie Möhren und rote Bete. *Rote Bete* ist ebenso gesund wie Möhren, aber nicht alle Pferde mögen sie. *Bananen* versorgen das Pferd auf natürliche Weise mit Magnesium. Wenn dein Pferd sie mag, solltest du ihm jeden Tag eine spendieren.

Gesunde und kranke Pferde

1. Stichwort „Fieber"
Ein Hufeisen gibt es für B.
Zusatzpunkte kannst du für B, C und E notieren. Wälzen und Schwitzen sind eher Symptome für Kolik, also Bauchschmerzen. Und ein Pferd, das in der Mittagssonne platt im Gras liegt, hält wahrscheinlich nur ein Schläfchen.

2. Stichwort „Bauchschmerzen"
Die richtige Lösung ist B, *Kolik.* Mit *Gastritis* liegst du aber auch nicht ganz falsch. Magenschleimhautentzündung kann Koliken verursachen. *Infekt* ist einfach der Sammelbegriff für alle durch Bakterien und Viren verursachten Erkrankungen.
Zusatzpunkte gibt es für A, C und D. Bei Koliken muß immer ein *Tierarzt* hinzugezogen werden. *Ohrmassieren* schafft Erleichterung, weil an den Ohrenspitzen die Akupressurpunkte für Beruhigung und Entspannung liegen. Auch Wärme trägt zur Entkrampfung bei, und leichte Bewegung kann die Darmperistaltik anregen. *Schnelles Longieren* belastet dagegen den Kreislauf und kann zum Zusammenbruch des Pferdes führen. Das Pferd sich nicht hinlegen und wälzen zu lassen, wurde früher bei Kolik empfohlen. Man glaubte, das *Wälzen* könne zur Darmverschlingung führen. Inzwischen gilt dies jedoch als veraltet. *Fressen* sollte ein Koliker auf keinen Fall. Besonders bei Verstopfung und Darmverschluß macht Futteraufnahme die Krankheit nur noch schlimmer.

3. Stichwort „Vergiftung"
Ein Hufeisen gibt es, wenn du A und B angekreuzt hast, oder wenigstens eins davon. Auf den Instinkt deines Pferdes darfst du dich bei Giftpflanzen auf keinen Fall verlassen! Wenn Pferde aufgeregt sind, schnappen sie leicht auch mal nach einer falschen Pflanze. Zudem verlieren manche Giftpflanzen ihren bitteren Geschmack, sobald sie etwas angewelkt sind. So kann es passieren, daß die Pferde sie zwar zunächst ablehnen, wenn Spaziergänger sie ihnen hinhalten. Werfen die Leute die Pflanzen aber auf die Weide, so werden sie nach einigen Stunden aufgenommen.
Zusatzpunkte gibt es für B, C und E.

4. Stichwort „Vorbeugung"
Richtig ist natürlich A. Zuviel Futter und Bewegungsmangel machen Pferde eher krank, als sie gesund zu erhalten. Und die Vorstellung, Robustpferde wie Isländer, Norweger

oder Haflinger würden nie krank, ist ohnehin irrig. Nordlandponys sind genauso anfällig für Infektionen wie andere Pferde, und auch gegen Koliken sind sie nicht gefeit. Bei wenig Bewegung neigen sie obendrein besonders zur Rehe, einer Huferkrankung, die durch zu eiweißreiche Fütterung verursacht wird.
Zusatzpunkte bringen A, C und E. *Kreuzverschlag* ist eine schwere Form von Muskelkater. Sie zeigt sich durch deutliche Bewegungsstörungen und häufig auch durch rötliche Verfärbung des Harns. Wenn der Tierarzt nicht hinzugezogen wird, kann sie tödlich enden. *Mauke* ist nicht ganz so schlimm. Es handelt sich dabei um eine Entzündung in der Fesselbeuge, die meist durch Nässe verursacht wird. Man beugt ihr vor, indem man die Fesselbeuge sauber und trocken hält, und dem Pferd auf keinen Fall den Kötenbehang rasiert! *Druse* ist eine schwere Infektionskrankheit der Atemwege, die besonders häufig junge Pferde befällt. Einen *Schlaganfall* erleiden Pferde eher selten. *Droste* ist ein Phantasiewort, und *Gnispe* bezeichnet eine Mückenart, auf deren Stiche leider viele Pferde allergisch reagieren. Sie entwickeln dann das gefürchtete *Sommerekzem*.

Ausrüstung für Pferd und Reiter

1. Stichwort „Reitkleidung"
Ein Hufeisen gibt es für B. Gute Reiter bringen faule Pferde auch mit Kreuz- und Schenkelhilfen in Schwung, oder benutzen die Gerte, um sie aufzuwecken. Sporen dienen zur Verstärkung der Schenkelhilfen in fortgeschrittenen Dressurlektionen, und selbstverständlich darf man sie nur anlegen, wenn man gelernt hat, sie gezielt einzusetzen. Dann ist ihre Verwendung aber auch gerechtfertigt und stellt keine Tierquälerei dar.
Zusatzpunkte bringen D, E und F. Schicke Reitjacken und Westen machen zwar Spaß, erhöhen die Sicherheit beim Reiten aber nicht, und auch die teuersten Vollbesatzhosen können einen schlechten Sitz nicht verbessern. Gib dein Geld also besser für eine gute Kappe, Stiefel und eine einfache, zweckmäßige Reithose aus. Schlabberlook in der Reitstunde ist nicht ratsam, da er Sitzfehler verbirgt.

2. Stichwort „Sättel"
Klar, daß du hier B angekreuzt hast! Der Sattel muß den Widerrist des Pferdes selbstverständlich freilassen. An dieser empfindlichen Körperstelle gäbe es sonst Scheuerstellen und Satteldruck.
Drei **Zusatzpunkte** erhälst du, wenn du alle Satteltypen angekreuzt hast. Für jede Reitweise gibt es Spezialsättel, und inzwischen kann man auch hierzulande alle möglichen Modelle kaufen. Selbst Damensättel, die den graziösen Seitsitz erlauben, werden wieder gebaut.

3. Stichwort „Reithalfter"
Richtig ist natürlich C.
Zusatzpunkte bringen die Antworten B, C und D. Das *Hannoversche Reithalfter* wirkt atembeengend und sollte deshalb in modernen Reitställen nicht mehr angewandt werden. Auch an den Kopf eines Isländers gehört es nicht, wenngleich die kleinen Nordländer noch oft damit geritten werden. *Indische* und *Albanische Reithalfter* gibt es nicht.

4. Stichwort „Reitausrüstung"
Ein Hufeisen bekommst du, wenn du A oder A und B angekreuzt hast. C ist natürlich Unsinn, aber es gibt tatsächlich Leute, die so argumentieren. Oft wird auch Robustpferden wie Isländern oder anderen nordischen Ponys keine Decke zugestanden. Tatsächlich können sich aber gerade Pferde mit langem Winterfell leicht erkälten, denn wenn sie ohne Decke nachschwitzen, bleibt ihr Fell bei kalter, feuchter Witterung oft stundenlang naß.
Zusatzpunkte gibt es für A, B und C. *Hilfszügel* solltest du bei einem normalen, unproblematischen Reitpferd nicht einschnallen. Ihr Wert ist ohnehin umstritten: Ein guter Reiter kommt auch bei schwierigen Pferden ohne sie aus. *Bandagen* und *Springglocken* sind bei Pferden mit normaler Beinstellung und im Rahmen einer einfachen Reitstunde oder eines Ausrittes nicht nötig. Sie schützen das Pferdebein auch nur bedingt. Besser als solche Hilfsmittel ist häufiges Ausreiten, damit das Pferd Geländeerfahrung und Trittsicherheit gewinnt. *Schweifriemen* oder *Vorderzeug* verhindern das Verrutschen des Sattels. Viele Reiter lehnen sie ab, weil sie meinen, ein richtig angepaßter Sattel säße auch ohne sie. Tatsächlich können sie aber auch bei einem gut sitzenden Sattel nützlich sein, wenn das Pferd ein bißchen zu dick ist oder so „stromlinienförmig" gebaut, daß der Sattel nach hinten rutscht.

Reiten und Gangarten

1. Stichwort „Gangarten"
Auch wenn es dich erstaunt: Die richtige Antwort ist B! Du darfst dir aber auch ein Hufeisen notieren, wenn du statt dessen A angekreuzt hast, denn die Grundgangart *Paß* wird in fast allen Reitlehren vergessen. Paß ist ebenso wie *Trab* eine Gangart im Zweitakt. Allerdings setzen dabei nicht rechtes Vorderbein und linkes Hinterbein zusammen auf und umgekehrt, sondern rechtes Vorderbein und rechtes Hinterbein gleichzeitig. Vielleicht bist du ja schon einmal auf einem Kamel geritten? Bei Kamelen ersetzt diese Gangart den Trab nämlich vollständig. Der *Tölt* ist eine gebrochene Gangart im Viertakt, die aus Trab oder Paß entsteht. Die Pferde setzen die Beine dann nicht gleichzeitig auf, sondern etwas zeitversetzt hintereinander.
Die **Zusatzfrage** war ein bißchen kniffelig, aber wer die Fußfolge der drei meistgenannten Grundgangarten kennt, konnte sich eigentlich nur mit dem Paß vertun ... Auf jeden Fall gibt es Zusatzpunkte für C, D und E. *Running Walk* ist wie der Tölt eine gebrochene Gangart zwischen Tölt und Trab. Er ist dem Schritt sehr ähnlich, denn er hat genau die gleiche Fußfolge. Gute Pferde erreichen

im Running Walk aber Geschwindigkeiten wie ein durchschnittlich schneller Traber. Die Gangart ist bei Pferderassen wie dem Tennessee Walking Horse oder dem Missouri Foxtrotter genetisch fixiert.

2. Stichwort „Sitz"

Ein Hufeisen gibt es für B. Beim *Leichten Sitz* stellt sich der Reiter leicht in den Steigbügeln auf und beugt sich ein wenig nach vorn, wobei er aber unbedingt in Übereinstimmung mit dem Schwerpunkt des Pferdes bleibt. Die Unterschenkel dürfen nicht nach hinten bzw. oben verrutschen. Besonders zum Springen oder zum Jagdreiten verkürzt man die Steigbügel um zwei bis vier Loch, damit das Einnehmen des Leichten Sitzes leichter fällt.

Zusatzpunkte gibt es für A, B und C. Zwar glauben viele Reiter, besonders im Gangpferdesport, daß auch D zutreffend ist, und legen den Sattel extrem weit hinten auf. Das belastet aber die Nieren des Pferdes. Tatsächlich wird das Pferd nur durch systematische Dressurarbeit soweit gymnastiziert, daß es sein eigenes Gewicht und das des Reiters vermehrt mit der Hinterhand aufnimmt. E ist natürlich völliger Unsinn: ein Reiter, der undiszipliniert im Sattel herumhängt, belastet das Pferd. Auch F trifft beim gutgerittenen Pferd nicht zu. Der Unterschenkel wird zur Hilfengebung gebraucht und liegt dazu leicht am Pferd an. Nur schlecht ausgebildete Pferde reagieren panisch auf die Berührung mit dem Schenkel.

3. Stichwort „Hilfen"

Richtig ist natürlich B. C bezeichnet sogenannte Hilfszügel, die mitunter angewandt werden, um junge oder verdorbene Pferde leichter an den Zügel zu bringen. Ein guter Reiter kommt aber auch ohne diese mechanischen Hilfsmittel aus.

Zusatzpunkte bringen B, C und E. In der Regel werden Schenkel-, Kreuz- und Zügelhilfen gemeinsam angewandt, um das Pferd sanft in eine Übung zu führen.

4. Stichwort „Bahnfiguren"

Ein Hufeisen gibt es für C. Eine *Parade* ist die beim Reiten eingesetzte Kombination von Zügel-, Gewichts- und Schenkelhilfen. Sie wird unter anderem angewandt, um das Pferd vor einer Übung aufmerksam zu machen und um es von einer schnelleren Gangart in eine langsamere durchzuparieren. In diesem Fall spricht man von einer *Halben Parade*. Die *Ganze Parade* bringt das Pferd zum Anhalten.

Die **Zusatzfrage** war hier schwieriger, als es auf den ersten Blick schien. Richtig waren die Antworten C, E und F. Einen *Wechsel durch die viertel Bahn* gibt es nicht, nur den durch die ganze oder die halbe. Auch *„Dreifache Schlangenlinie!"* gehört nicht zu den üblichen Kommandos in der Reitbahn. Wenn drei Bögen geritten werden sollen, so leitet der/die Reitlehrer/in das mit dem Befehl *„Schlangenlinien durch die Bahn, 3 Bögen!"* ein. Ansonsten gibt es nur *einfache* und *doppelte Schlangenlinien*. Statt *In der Ecke kehrt* muß es *Aus der Ecke kehrt* heißen.

Reiter und Pferd im Gelände

1. Stichwort „Straße"

Richtig ist B. Ein Reiter gilt als Verkehrsteilnehmer, vergleichbar mit einem Radfahrer oder Mopedfahrer. Er kann sogar ein Strafmandat bekommen, wenn er sich nicht an die Verkehrsregeln hält.

Zusatzpunkte bringen die Antworten A, E und F. Das Nebeneinanderreiten an der Straße ist nur in großen Reitergruppen erlaubt. Traben und Galoppieren auf der Straße schädigt die Sehnen und Gelenke der Pferde. Gegen ein Führen besonders junger und ängstlicher Pferde am Straßenrand ist natürlich nichts einzuwenden, es ist aber nicht zwingend vorgeschrieben.

2. Stichwort „Reitwege"

Ein Hufeisen gibt es für B. Rotumrandete Schilder kennzeichnen Wege, auf denen das Reiten verboten ist, grünumrandete gibt es nicht. Traben und galoppieren solltest du grundsätzlich nur auf Wegen mit weichem Untergrund. Ansonsten werden Sehnen und Gelenke des Pferdes überanstrengt, und obendrein besteht die Gefahr, auszurutschen. Aber auch wenn der Untergrund weich und griffig scheint, wie auf Feldern und Wiesen, ist Reiten nicht unbedingt erlaubt. Auf landwirtschaftlichen Nutzflächen würden die Hufe deines Pferdes Löcher hinterlassen und damit Schäden in der Einsaat oder der Grasnabe verursachen. **Zusatzpunkte** gibt es also nur für A, B und E.

3. Stichwort „Ausritt"

Hier hättest du wieder alle drei Buchstaben ankreuzen müssen, um ganz richtig zu liegen. Ein Hufeisen bekommst du für mindestens zwei Nennungen.

Zusatzpunkte bringen die Buchstaben A, C und E. Rücksichtsvolles Verhalten gegenüber Fußgängern ist sehr wichtig – zum einen aus Gründen der Höflichkeit, zum anderen aber auch im eigenen Interesse: Wanderverbände haben großen politischen Einfluß und konnten schon so manches Reitverbot durchsetzen. Wer Spaziergänger gegen sich aufbringt, riskiert, bald aus dem Wald verbannt zu werden! Ein Pferd bergauf zu führen ist sehr rücksichtsvoll, aber nicht grundsätzlich notwendig. Ein gut trainiertes Pferd kann auch steile Berge hinauf traben oder galoppieren, ohne Schaden zu nehmen. Wasserdurchquerungen sollten natürlich sorgfältig geplant werden. Riskiert man sie an einer sumpfigen Stelle, so kann das Pferd dadurch dauerhafte Angst vor Wasser entwickeln. Auf den Instinkt des Pferdes kann man sich hier nicht verlassen. Das Tier ist ja kein Hellseher! Außerdem wüßte man in einem solchen Fall auch nie, wann das Pferd den Einstieg in den Bach aus Vernunftsgründen verweigert, und wann es einfach keine Lust hat, der Anweisung seines Reiters Folge zu leisten.

4. Stichwort „Beschlag"

Ganz richtig ist Antwort C, aber

auch wenn du B angekreuzt hast, darfst du dir ein Hufeisen notieren. Tatsächlich brauchen die meisten Pferde einen Hufschutz, wenn sie regelmäßig im Gelände geritten werden. Nur wenige haben von Natur aus so harte Hufe, daß sie ohne auskommen. Am besten testet man dies, indem man ein neues Pferd zunächst ohne Eisen reitet, es dann aber sofort beschlagen läßt, sobald es anfängt, vorsichtig aufzutreten. Die **Zusatzfrage** war schwieriger, als es auf den ersten Blick schien! Punkte gibt es für die Antworten A, B und D. *Sprays* und *Futtermittel*, die härtere Hufe versprechen, sind zwar tatsächlich auf dem Markt, aber sie bewirken nicht so viel, als daß man sie als echte Alternative zum Hufeisen bezeichnen könnte. Auch die Behauptung, Barfußlaufen ließe sich trainieren, wird von vielen Reitern vertreten und ist sogar in Büchern nachzulesen. In der Praxis bewährt sich das aber nicht. Kein Pferdehuf ist vor Abnutzung geschützt, wenn das Pferd auf Asphalt, Kies oder auch in körnigem Sand bewegt wird.

Hinweise zur Auswertung

Wenn du deine Hufeisen und die Zusatzpunkte zusammengezählt hast, kannst du hier nachlesen, wie es mit deinen Chancen bei der nächsten Abzeichenprüfung steht. Damit es dir leichter fällt, eventuelle Lücken zu schließen, waren die Fragen nach Sachgebieten geordnet. In speziellen Büchern über Abzeichenprüfungen wirst du diese Themen wiederfinden und kannst dich dann gezielt informieren. Allerdings hat dieses Quiz nur dein allgemeines Wissen über Pferde abgefragt. Besonders bei den schwierigeren Prüfungen, wie z. B. dem Kleinen Reitabzeichen, werden zusätzlich noch Fragen zum Turniersport, zu verschiedenen Gesetzen und zum Aufbau von Reitervereinen gestellt.

17 bis 23 Hufeisen
46 bis 68 Zusatzpunkte
Alle Achtung! Du kennst dich nicht nur bei den wichtigsten Fragen rund ums Pferd aus, sondern zeigst auch ein umfangreiches Wissen in Bezug auf Einzelheiten. Sicher hast du keine Probleme beim Bestehen deiner Abzeichenprüfung.

17 bis 23 Hufeisen
23 bis 45 Zusatzpunkte
Ein wirklich schönes Ergebnis! Du interessierst dich sehr für Pferde und weißt über die wichtigsten Dinge Bescheid. Mach dir nichts daraus, wenn dir noch ein paar Einzelheiten neu waren! Das Wissensgebiet „Pferde" ist so groß, daß jeder Reiter noch etwas dazulernen kann. Deine Abzeichenprüfung wirst du sicher bestehen.

17 bis 23 Hufeisen
0 bis 22 Zusatzpunkte
Ein gutes Ergebnis. Die wichtigsten Dinge rund ums Pferd sind dir geläufig, und nur mit den Einzelheiten hapert es noch. Hier solltest du Lücken auffüllen! Beim Bestehen deiner Abzeichenprüfung dürftest du aber trotzdem keine größeren Probleme haben.

9 bis 16 Hufeisen
46 bis 68 Zusatzpunkte
Dein allgemeines Wissen über Pferde ist schon ziemlich gut, und auch über viele Einzelheiten bist du informiert. Die letzten Lücken kannst du vor der Abzeichenprüfung sicher noch auffüllen!

9 bis 16 Hufeisen
23 bis 45 Zusatzpunkte
Du verfügst schon über ein ganz gutes Grundwissen, auch wenn es bei den Einzelheiten noch ein wenig hapert. Sicherlich hat dir dieser Test gezeigt, welche Lücken du vor der Abzeichenprüfung noch auffüllen solltest.

9 bis 16 Hufeisen
0 bis 22 Zusatzpunkte
Deine allgemeinen Kenntnisse über Pferde sind schon ganz ordentlich, aber sie gehen noch nicht sehr in die Tiefe. Bestimmt tröstet es dich, daß bei Abzeichenprüfungen weniger Einzelheiten erfragt werden, als bei diesem Test. Und schließlich hast du ja schon beim Lesen der Auflösung eine Menge dazugelernt!

0 bis 8 Hufeisen
46 bis 68 Zusatzpunkte
Was deine allgemeinen Kenntnisse über Pferde und Reiten angeht, bestehen noch einige Wissenslücken. Dafür interessierst du dich aber für alle Einzelheiten rund um dein Lieblingsthema. Sicher hilft dir dieser Test, herauszufinden, über welche speziellen Themen du dich vor einer Abzeichenprüfung noch genauer informieren mußt. Bei deinem großen Interesse an jeder Kleinigkeit rund ums Pferd fällt dir das sicher nicht schwer!

0 bis 8 Hufeisen
23 bis 45 Zusatzpunkte
Sicher beschäftigst du dich noch nicht sehr lange mit Pferden, so daß dir einige Bereiche des Themas Reiten und Pferdehaltung fremd sind. Mit Hilfe dieses Buches und auch beim Ausfüllen des kleinen Tests hast du aber bestimmt viel Neues erfahren und brennst jetzt darauf, noch mehr herauszufinden. Wenn du weiterhin viel liest und Fragen stellst, wird sicher auch aus dir bald ein Pferdeexperte!

0 bis 8 Hufeisen
0 bis 22 Zusatzpunkte
Ist das „Kosmos-Buch vom Reiten" dein erstes Pferdebuch? Deine Wissenslücken rund um dein Lieblingsthema verraten, daß du noch ein Neuling in der Welt der Pferde bist! In der nächsten Zeit wirst du aber sicher noch viel über sie lernen und irgendwann bist du auch fit für die erste Reiterprüfung. Vielleicht haben dich die vielen Informationen in diesem Buch auch ein bißchen „erschlagen"? In diesem Fall liest du es am besten noch einmal und versuchst anschließend auch diesen kleinen Test ein zweites Mal. Bestimmt kannst du dir dann schon mehr Hufeisen und Zusatzpunkte anschreiben!

Kleines Lexikon

Wer mehr über ein Stichwort wissen will, findet im Register (S. 162) den Hinweis auf die entsprechende Seite im Buch.

Abteilung – Gruppe von Reitschülern desselben Ausbildungsstandes, die gemeinsam Reitunterricht erhalten.

Aktion – Manche Pferde heben die Beine sehr elegant an, wenn sie traben oder tölten. Man sagt dann, sie laufen mit „viel Aktion".

Anzüge (Bäume) – Die Hebel, die bei Stangenzäumungen – manchmal auch bei Trensenzäumungen und bei der mechanischen Hackamore – die Wirkung der Zügel verschärfen.

Artgerechte Pferdehaltung – Naturgemäße Haltung von Pferden, also Gruppenhaltung mit viel Auslauf.

Atmung – Normalerweise macht ein Pferd 8–10 Atemzüge in der Minute. Wenn es sich bei der Arbeit anstrengt oder aufregt, können es aber viel mehr werden.

Aufmarschieren – Aufstellung der Abteilung in der Mitte der Reitbahn nach Kommando des Reitlehrers.

Auskammern – Hineinziehen der Satteldecke in die Sattelkammer.

Aussitzen – Locker im Sattel sitzenbleiben, während das Pferd trabt oder galoppiert.

Behang – Mähne und Schweif des Pferdes, auch „Langhaar" genannt.

Blauspray – Desinfektionsspray für kleine Wunden.

Box – Geschlossener Einzelstall für Pferde.

Brauner – Braunes Pferd mit schwarzem Behang.

Cob – Englischer Ausdruck für kompakte, kalibrige Pferde um 1,50 m Stockmaß.

Cremello – Ganz helles Pferd mit blauen Augen.

Distanzreiten – Wettkampfmäßiges Streckenreiten. Man reitet dabei bis zu 100 Meilen (160 km).

„Doppelpony" – Veraltete Bezeichnung für Kleinpferde, die kräftig genug sind, um auch Jugendliche und Erwachsenen tragen zu können.

Englische Reitweise – Der Reitstil, den ihr in den meisten Reitschulen lernt.

Falbe – Helles Pferd mit schwarzem Behang.

Flehmen – Das Aufnehmen eines interessanten Geruchs mit dem sogenannten „Jakob'schen Organ". Die Pferde ziehen dabei die Nüstern hoch und recken den Hals.

FN – Deutsche Reiterliche Vereinigung (Féderation Nationale).

Fuchs – Braunes Pferd mit gleichfarbigem oder hellerem Behang.

Galopp – Gesprungene Gangart im Dreitakt.

Gangarten – Die „Grundgangarten" sind Schritt, Trab und Galopp. Bei manchen Pferderassen kommen Tölt und Paß dazu.

Gangpferde – Pferde, die neben Schritt, Trab und Galopp auch andere Gangarten, z. B. Tölt und/oder Paß gehen.

Gewichtshilfe – Die Verlagerung des Reitergewichts bringt das Pferd zum Abbiegen.

Großpferd – Jedes Pferd über 1,48 m Stockmaß.

Hackamore – Gebißlose Zäumung. Die „klassische Hackamore", die man auch „Bosal" nennt, ist pferdefreundlich. Die „mechanische Hackamore" nicht so sehr.

Handwechsel – Richtungswechsel in der Reitbahn.

HB-Punkt – Orientierungspunkt in der Reitbahn. Hilfe zum korrekten Reiten von Hufschlagfiguren. Er bezeichnet die Mitte einer langen Seite (Halbe Bahn).

Hilfen – Die Zeichen, mit denen der Reiter sich dem Pferd verständlich macht. Es gibt Kreuzhilfen, Zügelhilfen, Gewichtshilfen und Schenkelhilfen. Meistens wendet man mehrere Hilfen gemeinsam an.

Hilfszügel – Lederzeug, das dem Reiter helfen soll, ein Pferd in die Dehnungshaltung zu bringen. Besonders gebräuchlich ist das Martingal.

Hinterhand – Alle Körperteile des Pferdes, die hinter der Reiterhand liegen, besonders die Hinterbeine. Ihre Knochen entsprechen den Beinknochen des Menschen.

„Hohe Schule" – Dressurübungen des höchsten Schwierigkeitsgrades. Man unterscheidet die Schulen auf und über der Erde.

Hufschlag – Ausgetretener Pfad rund um die Reithalle oder den Reitplatz.

Hufschlagfiguren – Vorgegebene Figuren, die auf dem Reitplatz oder in der Reithalle geritten werden.

Iberische Reitweise – Spielart der klassischen Dressur, verbreitet in Spanien und Portugal.

Isabell (Palomino) – Helles Pferd mit weißem Behang.

Kaliber – Schwere des Knochenbaus eines Pferdes. Ein Kaltblut ist z. B. ein „kalibriges Pferd", ein Araber ist ein „leichtes Kaliber".

Kaltblut – Kräftige Pferderassen, die zum Ziehen schwerer Lasten und für die Arbeit in Land- und Forstwirtschaft gezüchtet wurden.

Kandare – Kombinationszäumung, bestehend aus einer dünnen Trense und einer Stange, die das Pferd beide im Maul trägt.

Kleber – Ein Pferd, das sich weigert, vom Stall oder von anderen Pferden wegzugehen.

Kleinpferd – Jedes Pferd unter 1,48 Meter Stockmaß.

Kolik – „Bauchschmerzen" beim Pferd.

Kopfstück – Zaumzeug und Zäumung.

Korrektur – Die Umerziehung eines schwierigen oder verrittenen Pferdes durch Fachleute.

Kraftfutter – Hafer oder Fertigfuttermischungen, die das Pferd mit Energie versorgen, wenn es arbeiten muß.

Kreuzhilfe – Treibende Hilfe, bei der man das Pferd durch Anspannen der Rückenmuskulatur zum stärkeren Untertreten veranlaßt.

Kreuzverschlag – Muskelerkrankung.

Leckerbissen – Gesunde Leckerbissen sind Möhren, Äpfel, hartes – aber auf keinen Fall verschimmeltes – Brot. Würfelzucker dagegen ist ungesund.

Leichte Reitweise – Pferde- und reiterfreundliche Reitweise, entwickelt im FS-Testzentrum Reken.

Leichter Sitz – Entlastungssitz, meist beim Galoppieren im Gelände eingenommen.

Leichttraben – Aufstehen und Hinsetzen im Sattel im Rhythmus des Trabes.

Longe – Lange Leine, an der man ein Pferd um sich herumlaufen lassen kann. Longiert wird beim Voltigieren, um ein Pferd zu bewegen oder im Anfängerunterricht.

Mash – Futtermischung aus gekochtem Leinsamen, Weizenkleie und Hafer.

Mineralfutter – Fertigfutter, das die Vitamin- und Mineralstoffversorgung des Pferdes sichert.

Mundstück – Stangen- oder Trensenzäumung.

Nachgurten – Festziehen des Sattelgurtes vor dem Reiten und nach dem Aufwärmen des Pferdes.

Nasenbremse – Hilfsmittel zur Beruhigung eines Pferdes durch Akupressur.

Offenstall – Ein Stall, der zum Auslauf oder zur Weide hin offen ist, so daß die Pferde selbst wählen können, ob sie drinnen oder draußen stehen wollen.

Ohrenspiel – Pferdeohren sind sehr beweglich. Ihre jeweilige Stellung läßt den erfahrenen Pferdemenschen auf ihre augenblickliche Stimmung schließen.

Pad – Englisch für „Satteldecke".

Paint Horse – Geschecktes Quarter Horse.

Panikhaken – Verbindet Halfter und Anbindestrick und löst sich automatisch, wenn das angebundene Pferd in Panik gerät.

Parade – Zügelhilfe, die immer gemeinsam mit einer Kreuzhilfe erfolgt. Die „halbe Parade" macht das Pferd aufmerksam, die „ganze Parade" bringt es zum Stehen.

Paß – Gangart im Zweitakt.

Pelham – Englische Stangenzäumung, die mit zwei Zügeln geritten wird. Das sogenannte „gebrochene Pelham" ist eine Trensenzäumung mit Anzügen.

Pinto – Schecke.

Pony – Anderes Wort für „Kleinpferd".

Puls – Normalerweise hat ein Pferd zwischen 28 und 48 Pulsschläge pro Minute. Bei Anstrengung und Aufregung erhöhen sich diese Werte.

Putzzeug – Besteht aus Striegel, Kardätsche, Wurzelbürste, Schwämmen, Hufkratzer und Mähnenkamm.

Quarter Horse – Amerikanische Pferderasse, besonders zum Westernreiten geeignet.

Rauhfutter – Heu und Stroh.

Rehe – Huflederhautentzündung.

Reitbahnregeln – „Verkehrsregeln" innerhalb der Reithalle oder des Reitplatzes.

Reitbeteiligung – Übernahme eines Teils der Haltungskosten für ein Reitpferd, das man dafür regelmäßig reiten darf. Rechte und Pflichten des Pferdebesitzers und des Mitreiters werden vertraglich festgelegt.

Reitabzeichen – Die „Freischwimmerprüfungen" des Reiters. Das erste Abzeichen, das ihr erwerben könnt, ist das „Kleine Hufeisen". Dann kommen das bronzene und das silberne Reitabzeichen. Die Beherrschung des richtigen Verhaltens im Gelände bestätigt der „Reiterpaß".

Reitgerte – Langer, mit Leder bezogener Stock, der dazu dient, die Reiterhilfen im Bedarfsfall zu verstärken.

Reithalfter – Lederzeug, das die Aufgabe hat, das Pferd daran zu hindern, sich durch Aufsperren des Mauls der Reitereinwirkung zu entziehen.

Reithose – Eine Hose, die überall da gepolstert ist, wo der Reiter mit Pferd oder Sattel in Berührung kommt.

Reitkappe – Kopfschutz des Reiters. Wichtig für eure Sicherheit!

Reitstiefel – Spezialstiefel zum Reiten aus Gummi oder Leder.

Robusthaltung – Offenstallhaltung, artgerechte Pferdehaltung. Jedes Pferd – nicht nur ein Robustpferd – kann so gehalten werden.

Robustpferde – Pferderassen, die in ihren Ursprungsländern oft noch halbwild gehalten werden, und deshalb recht widerstandsfähig und unkompliziert sind. Es stimmt allerdings nicht, daß Robustpferde nie krank werden und keinerlei Pflege brauchen!

Saftfutter – Gras, Möhren und anderes Frischfutter.

Sattel – Ermöglicht einen richtigen und bequemen Sitz auf dem Pferd. Es gibt verschiedene Sättel, die auf verschiedene Pferdesportarten zugeschnitten sind, z. B. Dressursättel, Springsättel, Westernsättel, Töltsättel und viele andere.

Satteldecke – Hilft Satteldruck zu vermeiden und schützt das Sattelleder vor Pferdeschweiß.

Satteldruck – Schwellungen und Wunden auf dem Pferderücken, die davon herrühren, daß der Sattel nicht paßt. Vergleichbar den Blasen, die wir bekommen, wenn wir Schuhe tragen, die drücken.

Sattelkammer – Der Raum, in dem Sattelzeug aufbewahrt wird, aber auch die Bezeichnung für die Aufwölbung vorn am Sattel, die verhindert, daß der Sattel am Widerrist des Pferdes aufliegt.

Schabracke – Viereckige Satteldecke.

Schenkelhilfen – Verwahrend oder treibend wirkende, mit dem Unterschenkel gegebene Hilfen. Sie können „am Gurt" oder „hinter dem Gurt" erfolgen.

Schenkelweichen – Das Pferd durch richtige Hilfen (Schenkelhilfen und Zügelhilfen) dazu bringen, seitwärts zu gehen.

Schritt – Gangart im Viertakt.

Schweifriemen – Hindert den Sattel, nach vorn zu rutschen.

Schweißmesser – Putzgerät, mit dem das Wasser aus dem Fell eines gebadeten oder abgespritzten Pferdes entfernt wird.

Sitz – Der richtige Sitz ist Voraussetzung für korrekte Hilfengebung.

Soziale Fellpflege – Gegenseitiges Kraulen von Pferden untereinander, das bei wildlebenden Pferden das Putzen ersetzt.

Sperren – Ein Pferd, das sperrt, reißt das Maul auf, um sich der Einwirkung des Gebisses zu entziehen.

Stallhalfter – Leichtes Halfter aus Leder oder Nylon, das das Pferd trägt, wenn es zum Putzen und Satteln angebunden wird. Sollte in der Box oder auf der Weide nicht dauernd am Kopf des Pferdes bleiben.

Steigbügel – Metallbügel, die dem Fuß des Reiters Halt geben. Wer Steigbügel kauft, sollte sich für Sicherheitssteigbügel entscheiden, in denen man bei einem Sturz nicht hängenbleiben kann.

Tasthaare – Lange, dicke Haare am Kinn und rund um das Maul des Pferdes. Sie dürfen nie ausrasiert oder geschnitten werden, denn sie helfen dem Pferd, seine nähere Umgebung zu erkunden.

Temperatur – Die Körpertemperatur des erwachsenen Pferdes liegt normalerweise zwischen 37,5 und 38,2 °C.

Tölt – Gangart im Viertakt, deren Fußfolge genau der des Schrittes entspricht.

Trab – Gangart im Zweitakt.

Trense – Gebrochenes Mundstück. Der Einfachheit halber wird in Reitschulen oft das ganze Kopfstück „Trense“ genannt.

Turnier – Sportveranstaltung mit Pferden. Es gibt Dressur- und Springturniere, aber auch Western-Turniere und Turniere für Gangpferderassen.

Turnierpferd – Pferd, gleich welcher Rasse und Größe, das regelmäßig auf Turnieren geritten wird.

Verlesen des Schweifs – Sorgfältiges Ordnen und Lösen verklebter oder verfilzter Schweifhaare.

Versammlung – Der Grad der Konzentration, die das Reitpferd auf den Reiter richtet; Einnehmen einer runden, dressurmäßigen Haltung.

Verziehen der Mähne – Kürzen der Mähne durch Abreißen der Haare.

Vollblut – Rennpferde und Arabische Pferde mit lückenlosem Stammbaum.

Voltigieren – Turnen auf dem Pferd.

Vorderzeug – Hindert den Sattel, nach hinten zu verrutschen.

Vorhand – Alle Körperteile des Pferdes, die vor der Reiterhand liegen, besonders die Vorderbeine. Ihre Knochen entsprechen den Armknochen des Menschen.

Wallach – Ein Hengst, den man durch eine kleine Operation unfruchtbar gemacht hat.

Warmblut – Reitpferde, die im Kaliber zwischen Vollblut und Kaltblut liegen.

Wechselpunkt – Orientierungspunkt in der Reitbahn. Hilfe zum korrekten Reiten von Hufschlagfiguren, speziell zum Handwechsel durch die halbe oder ganze Bahn.

Western-Riding – Reitweise, die sich aus der Arbeit der amerikanischen Cowboys entwickelt hat.

Widerrist – Wölbung am Übergang zwischen Hals und Rücken des Pferdes. Am Widerrist wird die Größe des Pferdes gemessen.

X-Punkt – Orientierungspunkt in der Reitbahn. Hilfe zum korrekten Reiten von Hufschlagfiguren. Er bezeichnet die Mitte der Reithalle oder des Reitplatzes.

Zäumung – Das Mundstück oder die Nasenauflage, mit dessen Hilfe der Reiter dem Pferd seine Wünsche mitteilt. Trensen und Stangen wirken u. a. auf das Maul, gebißlose Zäumungen auf die Nase des Pferdes.

Zaumzeug – Das Lederzeug, das die Zäumung am Pferdekopf hält.

Zirkelpunkt – Orientierungspunkt in der Reitbahn. Hilfe zum korrekten Reiten von Hufschlagfiguren, speziell zum Reiten auf dem Zirkel.

Register